U0750555

中国信息通信研究院 组编

金融科技

应用创新实践录

人民邮电出版社

北京

图书在版编目（ＣＩＰ）数据

金融科技应用创新实践录 / 中国信息通信研究院组
编. -- 北京 ： 人民邮电出版社，2020.10
ISBN 978-7-115-54873-3

Ⅰ．①金… Ⅱ．①中… Ⅲ．①金融－科学技术 Ⅳ.
①F830

中国版本图书馆CIP数据核字(2020)第175393号

内 容 提 要

　　本书由中国信息通信研究院的云计算与大数据研究所金融科技研究中心组编完成，旨在整合一系列前沿技术在金融领域的创新应用，以行业应用案例的形式，为读者在金融科技应用和探索实践方面提供全方位的借鉴和引导。

　　本书基于金融科技领域涉及的技术进行分类，涵盖 5 章内容，从金融云与大数据、金融人工智能、金融区块链与网络信息安全、金融业务应用系统、金融基础软硬件等方面介绍了一系列典型的金融科技行业应用。本书适合金融领域的从业者和金融科技企业的工作人员阅读，读者可通过书中丰富且典型的案例，了解金融科技的发展蓝图，为相关领域的研究和实践提供指引。

◆ 组　　编　中国信息通信研究院
　　责任编辑　胡俊英
　　责任印制　王　郁　焦志炜

◆ 人民邮电出版社出版发行　　北京市丰台区成寿寺路 11 号
　　邮编　100164　　电子邮件　315@ptpress.com.cn
　　网址　https://www.ptpress.com.cn
　　北京虎彩文化传播有限公司印刷

◆ 开本：800×1000　1/16
　　印张：22.75
　　字数：368 千字　　　　　　　　　2020 年 10 月第 1 版
　　印数：1－1500 册　　　　　　　　 2020 年 10 月北京第 1 次印刷

定价：168.00 元

读者服务热线：(010)81055410　 印装质量热线：(010)81055316
反盗版热线：(010)81055315
广告经营许可证：京东市监广登字 20170147 号

本书编写组

指导组：何宝宏　栗　蔚

编写组：何　阳　冯　橙　何月停　马　聪　阳湘懿

在新一轮科技革命和产业变革的背景下，金融科技蓬勃发展，云计算、大数据、区块链、人工智能、5G等新兴技术与金融业务深度融合，为金融发展提供源源不断的创新活力。当前，金融科技应用已经成为金融机构转型发展的必然选择。然而，金融科技的真正落地，仍面临着与企业应用场景的匹配、与实际业务的结合、与原有技术系统的平滑过渡、与公司整体体系的适配等一系列问题。

本着"他山之石，可以攻玉"的出发点，基于金融科技应用的实际需求，本书收录了45个金融科技领域典型案例，以行业应用案例的形式，为读者在金融科技应用过程中的技术路径选择、技术选型、产品创新、场景落地等提供全方位的借鉴参考。

本书聚焦银行、保险、证券、期货、基金等金融机构在云计算、大数据、区块链、人工智能、5G等新兴技术领域的创新应用，涵盖金融机构、科技厂商在金融服务领域的技术转型升级、业务模式创新、服务流程优化、风险管控能力提升、用户应用体验改善等方面已经实际得到应用并有明显成效的金融科技类产品/服务/解决方案。

本书基于金融科技领域涉及的各类新兴技术进行分类，第1章"金融云与大数据"旨在用真实案例解答如何更好地将云计算和大数据技术应用于金融行业。第2章"金融人工智能"旨在剖析人工智能技术如何更好地赋能金融行业，助力各金融机构实现智能风控、舆情管理和智能客服等智能服务。第3章"金融区块链与网络信息安全"介绍如何应用区块链等技术加强金融行业的信息安全管理，包括如何提升移动安全管理、数据防泄密等。第4章"金融业务应用系统"旨在分享金融机构在各核心业务系统（如投资管理、实时风控等系统）的具体实践。第5章"金融基础软硬件"涉及中间件、存储系统、数据库、交易系统、支付系统和交换机等产品在金融行业的实际应用落地。

本书所有案例的展示均涉及案例背景、案例概述、解决难点、创新亮点和应用落地等方面，并对应用成果的实用性、先进性、可推广性以及合规性等进行阐述，涵盖云计算、大数据、区块链、人工智能、5G等新兴技术在金融领域的实际应用落地情况，旨在汇集行业内典型的金融科技创新应用案例，为金融科技建设提供优质素材，为金融机构进行金融科技转型提供参考，推动我国金融科技生态健康发展。

本书得到了社会各方的大力支持，感谢各位专家为本书写推荐语，也感谢以开放共享心态积极贡献金融科技创新应用案例的各大企业和机构。同时，本书在编写过程中难免存在疏漏和不足，还望大家不吝指教，谨此致谢！

资源与支持

本书由异步社区出品，社区（https://www.epubit.com/）为你提供相关资源和后续服务。

提交勘误

作者和编辑尽最大努力来确保书中内容的准确性，但难免会存在疏漏。欢迎你将发现的问题反馈给我们，帮助我们提升图书的质量。

当你发现错误时，请登录异步社区，按书名搜索，进入本书页面，单击"提交勘误"，输入勘误信息，单击"提交"按钮即可。本书的作者和编辑会对你提交的勘误进行审核，确认并接受后，你将获赠异步社区的100积分。积分可用于在异步社区兑换优惠券、样书或奖品。

扫码关注本书

扫描下方二维码，你将会在异步社区微信服务号中看到本书信息及相关的服务提示。

与我们联系

我们的联系邮箱是contact@epubit.com.cn。

如果你对本书有任何疑问或建议，请你发邮件给我们，并请在邮件标题中注明本书书名，以便我们更高效地做出反馈。

如果你有兴趣出版图书、录制教学视频，或者参与图书翻译、技术审校等工作，可以发邮件给我们；有意出版图书的作者也可以到异步社区在线投稿（直接访问www.epubit.com/selfpublish/submission即可）。

如果你来自学校、培训机构或企业，想批量购买本书或异步社区出版的其他图书，也可以发邮件给我们。

如果你在网上发现有针对异步社区出品图书的各种形式的盗版行为，包括对图书全部或部分内容的非授权传播，请你将怀疑有侵权行为的链接发邮件给我们。你的这一举动是对作者权益的保护，也是我们持续为你提供有价值的内容的动力之源。

关于异步社区和异步图书

"异步社区"是人民邮电出版社旗下IT专业图书社区，致力于出版精品IT技术图书和相关学习产品，为作译者提供优质出版服务。异步社区创办于2015年8月，提供大量精品IT技术图书和电子书，以及高品质技术文章和视频课程。更多详情请访问异步社区官网https://www.epubit.com。

"异步图书"是由异步社区编辑团队策划出版的精品IT专业图书的品牌，依托于人民邮电出版社近30年的计算机图书出版积累和专业编辑团队，相关图书在封面上印有异步图书的LOGO。异步图书的出版领域包括软件开发、大数据、AI、测试、前端、网络技术等。

异步社区

微信服务号

目录

第4章　金融业务应用系统 243

第1章　金融云与大数据

案例1　海通证券——混合金融云平台

海通证券股份有限公司

案例背景

伴随着互联网金融的快速发展和普惠金融的深入落地，金融科技能力正逐步成为传统金融企业支持未来业务发展、实现企业数字化转型的核心能力。在此背景下，IT逐渐从后台走向前台，IT服务能力和管理水平直接影响着企业核心竞争力的打造。首先，在互联网经济背景下，证券行业催生出更加丰富的业务场景，交易额快速增加、数据量爆发式增长、交易系统和数据处理系统复杂性不断提高，同时对IT系统的扩展能力、大规模集群和高效管理能力提出了更高的要求；其次，科技创新已经成为企业的核心竞争力，新型业务的研发、测试、部署和多业务系统的运营给IT基础设施的性能、敏捷性、可靠性和管理效率都带来了更大的挑战。

1. 公司有建设云计算数据中心的需求

数据中心在从物理机转向虚拟化的阶段完成了安全隔离和安全防护的工作，构建了差异化的资源池，从而满足不同业务的需求。随着实践的不断深入，我们发现了几个突出的问题，比如资源申请周期长、虚拟机资源利用率低且资源分配不均衡、缺少资源全局管理视图、集团内公司无法统一管理等。因此，公司也面临着从传统数据中心向分布式云计算数据中心转型的需求，从而使IT资源能够弹性扩展、按需服务，将服务作为IT的核心，进一步提升业务敏捷性。

2. 国家有推进云计算平台发展的支持

作为支撑金融科技的全新基础设施形态，云计算已成为企业金融科技能力建设的关键抓手。工业和信息化部指导推进企业上云工作，引导企业加快数字化转型步伐，促进新一代信息技术与实体经济深度融合；同时国务院明确指出"支持银行、证券、保险企业稳妥实施系统架构转型，鼓励探索利用云服务平台开展金融核心业务"。云计算成为金融行业实施"创新驱动发展战略"的引领性创新技术之一。包括银行、证券、保险企业在内，金融云的建设进程持续深入，越来越多的金融机构将面向互联网场景的IT系统迁移至云平台。

3. 社区有日趋成熟的云计算技术方案

随着开源OpenStack框架的快速迭代，核心功能日趋成熟，竞争格局日趋落定，生态定位日趋细化，已经成为基础设施服务的事实标准，国内外的大型互联网公司、金融公司也都纷纷采用此开源分布式的方案，并结合国内成熟的商业服务模式，取得了显著的收益。

4. 制定"稳步建设混合金融云平台"的战略

作为中国综合性证券机构的龙头企业，海通证券积极拥抱金融科技的发展浪潮，坚持"统一管理、自主可控、融合业务、引领发展"的科技指导思想，于2016年率先在证券行业启动混合金融云的建设规划，并描绘了混合金融云的蓝图，制定了"五朵云"（桌面云、研发测试云、生产云、灾备云和托管云）的实施步骤，如图1所示。

图1

案例概述

混合金融云平台的建设和推广，不仅解决了数据中心资源浪费、虚拟化无统一视图管理、资源在集团各个部门分散等一系列痛点，还获得了良好的经济效益和社会效益，具体内容如下。

1. 推广应用情况和服务模式创新

目前混合金融云平台在集团内部广泛推广和使用，采用自助服务的模式，使用的应用超过500个，使用的部门和分支机构包括集团总部、子公司和营业部。

2. 节能减排，降本增效

混合金融云平台使用400台服务器承载了6000台虚拟机，回收率40%+，极大地提高了资源利用率，每年为数据中心节省近亿元的电费、机柜租赁费用、运营管理费等，同时也大量减少了二氧化碳的排放。混合金融云平台的用户可以在配额范围内通过自助服务来按需申请所需资源，使得资源获得周期从数月降低为数分钟，实现了资源的敏捷交付，降低了软件开发周期、提高了运维人员的工作效率。

3. 自助服务，敏捷交付

混合金融云平台的用户可以在配额范围内通过自助服务来按需申请所需资源，使得资源获得周期从数月降低为数分钟，实现了资源的敏捷交付，降低了软件开发周期、提高了运维人员的工作效率。

4. 科技赋能业务创新

以营业部原恒生交易系统历史库为例，每个营业部都要投入专门的硬件、网络资源来部署此系统，后续运维人员还需要做更换硬件、升级系统等工作，不但需要定期投入成本，还要费时费力地维护。通过在混合金融云平台上提供SaaS服务，营业部不需要关注部署运维工作，可以聚焦业务创新。混合金融云平台通过提供一系列的"聚合"服务，充分发挥了规模化、集团化、专业化的优势，帮助子公司、营业部创造更多业务价值。

5. 推动证券行业云计算的发展

海通证券积极探索混合金融云技术架构并率先在证券行业启用，在实践过程中遇到的各种问题不仅仅是公司的经验积累，更是整个证券行业的财富。金融云团队多次在技术峰会上分享混合金融云平台的实践与思考，多家证券、期货、基金、保险等公司前来就此项目进行深度交流。

解 决 难 点

行业内的各家证券、期货公司均面临着以下几个问题，虽然可以针对某个点提出有一定改善的解决方案，但是都不够彻底，公司通过混合金融云平台高效地解决了此类问题。

1. 异构资源无法统一池化管理

为了支持业务的快速发展，在应用开发、部署、上线时会用到多种类型的资源池，比如 X86 服务器设备、存储设备、网络设备，基于 VMware 的虚拟化资源池、私有云资源池、公有云资源池等，这些异构资源池的管理界面不统一、操作使用方法不标准，导致运维效率低下。使用混合金融云平台，可以统一纳管私有云、行业云、公有云的资源，通过全软件定义技术还可以为用户提供虚拟机（软件定义计算，SDC）、虚拟网络（软件定义网络，SDN）、分布式存储（软件定义存储，SDS）、虚拟防火墙（防火墙即服务，FWaaS）、虚拟负载均衡（负载均衡即服务，LBaaS）等服务，从而构建 IT 资源成本分析与管理体系，实现异构混合资源池的纳管和编排。

2. 集团资源无法集约化管理

集团内数十家子公司、数百家营业部都有自己的 IT 设备资源，管理比较分散，没有一个统一的视图对资源进行跟踪和分析。集团以托管云的模式把资源开放给子公司、营业部，使得所有应用都可以获得按需使用、按需计量的弹性资源。混合金融云平台目前已为期货子公司、投资子公司、资产管理子公司、租赁子公司、控股基金公司和数十家营业部提供了托管云服务，在一定程度上实现了集团资源的集约化和统一管理。

3. 设备采购周期长

一个应用的上线，除了设计、编码、测试、部署等阶段外，还会有硬件招标采购的过程，这个过程可能要经历长达几个月的时间，而且每次招标都不是标准化的流程，可能会给项目人员带来很多困扰。使用混合金融云平台，用户可以在配额范围内实现自助服务并按需申请所需资源，使得资源获得周期从数月降低为数分钟，实现了资源的敏捷交付，降低了软件开发周期，提高了运维人员的工作效率。

创 新 亮 点

混合金融云平台在架构设计、原创技术和安全可控等多方面进行了创新，具体内容如下。

1. 架构创新

（1）证券行业首个混合金融云平台

通过云管理平台实现了对私有云、行业云和公有云的统一纳管，为用户提供按需服务、按需计量的弹性扩展资源池，形成了异构资源池的业务流程编排、IT资源成本分析与管理体系。

（2）"两地三中心"架构支持

混合金融云平台采用Multi-Region（多区域）的架构，通过多地多数据中心的部署，不仅支持应用跨Region的高可用，实现滚动升级，还为应用的"两地三中心"架构提供了云原生支持。

（3）多类型资源池服务能力

通过全软件定义技术，混合金融云平台可以为用户提供虚拟机、虚拟网络、分布式存储、虚拟防火墙、虚拟负载均衡等服务。

2. 技术创新

（1）完成新型云平台资源管理与交付方法

该平台将传统开源云平台的管理界面功能独立出来，形成新的管理组件。该管理组件直接对接开源云平台的功能模块，实现原管理界面功能。该平台实现了对其他云平台及虚拟化平台的统一管理，大幅度改进了原管理界面的结构和功能展现方式，以业务团队能够理解的极简方案引导他们自助完成开源云平台的日常使用。

（2）提供信息标签的管理方法及管理系统

标签（键–值对）作为进行IT资源管理的重要手段，广泛应用于云平台中进行资源管理，以方便给用户提供资源的不同维度信息，并进行灵活的资源统计报表分析。混合金融云平台使用标签保证云资源全生命周期资源的标签都能够正确"粘贴"上，且可以随时查看；在兼容云资源生命周期的过程中，不同的角色对于资源标签有不同的诉求；建立完整的标签管理体系，让标签自身的管理能够在不同角色之间达到标准与灵活、成本与收益之间的平衡。

（3）实现云平台资源配额灵活使用和严格管控

配额一方面可以从不同用户层级进行云平台资源使用管理，另一方面可以从不同维度进行资源使用的粒度管控。混合金融云平台中将云平台底层资源建设与面向用户资源服务类型进行转化，既平衡了配额管理的灵活性和严格性，也实现了平台配额管理和用户使用两方面的灵活性。

（4）使用云平台负载按应用的流量监控方法

按照应用程序实现了对容器云平台Ingress流量的统一监控，改变整体部署结构，形成新的信息提取、信息转换、统一管理模块。同时扩展了原有模块管理及监控功能，大幅度改进了原管理界面的结构和功能展现方式，使业务团队能够极为方便地进行使用和管理。

3. 安全可控

混合金融云平台基于多租户模型设计，可以实现网络和计算资源的隔离，从而保障不同层面的安全。除此之外，此项目还实现了硬件设备、基础软件、基础服务层面的安全可控，具体内容如下：

（1）硬件设备安全可控

混合金融云平台是证券行业首家集成国产硬件SDN、国产负载均衡设备的金融云平台，此外混合云平台中使用的服务器、存储设备、高精度时钟服务也均是国产设备，实现了硬件设备100%的国产化。

（2）基础软件安全可控

混合金融云平台率先使用了国产Euler（欧拉）操作系统和Gauss（高斯）数据库，云计算软件使用开源分布式OpenStack框架，云管理平台投入了大量资源联合研发，申请了

4项发明专利，所有功能均开放API（Application Programming Interface，应用程序接口）并可以"被集成"。积极贯彻"坚持安全可控和开放创新并重，立足于开放环境维护网络安全"的思想。

（3）基础服务安全可控

混合云平台中部署了病毒库服务和正版激活服务，不仅可以对宿主机和虚拟机进行病毒防护，还可以保证100%的正版授权。另外，混合云平台采用多租户模式，不同租户间、租户与云外应用的互访均需要配置安全组和防火墙策略，从而通过多种安全手段达到基础服务安全可控的目标。

应 用 落 地

应用创新的混合金融云平台落地，不仅实现了多资源池统一纳管、编排，同时还结合自助工单模块和体系管理办法，将技术和合规融合，实现敏捷管理、敏捷交付、敏捷反馈，推进了研发管理的应用创新。通过技术能力创新，保障业务运行稳定、基础资源可扩展，同时高度国产化的软硬件设施和完善的监控体系，以科技赋能业务为目标的自助服务能力得到了有效体现。基础设施资源实现共享和自动化管理，按需服务、按需计量以及快速部署的能力进一步加强。

目前混合金融云平台在集团内部广泛推广和使用，采用自助服务的模式，使用的应用超过500个，使用的部门和分支机构包括集团总部、子公司和营业部。

案例2 中国银河证券——容器云平台

中国银河证券股份有限公司

案 例 背 景

金融科技向平台化、数据化、数字化、智能化方向发展，数据、基础设施资源、应用服务、组织流程等也逐步走向融合，为此中国银河证券适时提出了"单体集成到平台融合"的理论。该理论指导银河证券逐步建设统一的基础设施平台、统一的数据平台、统一的技术平台等，构建企业级服务中台，以大数据为原料，以云计算为基础设施平台，以机器学习、深度学习等技术应用为契机，实现企业业务的转型、创新和服务模式的变革。在此背景下，中国银河证券着手进行中国银河证券容器云平台（以下简称"银河容器云"）的建设。

案 例 概 述

银河容器云基于中国银河证券的实际需求设计定义，同时兼顾标准化和规范化设计，使其具备行业实用性和可推广性。基于创新性的技术思想和理念，重视安全合规要求，严格按照风险管控思路进行项目设计和实施，采用多种手段降低新技术带来的潜在风险。

1. 实用性

银河容器云实用性主要体现在平台设计和实施始终以应用管理为核心，使之成为应用部署和运维运营的统一管控平台；辅以基础设施资源管理服务，为应用的部署管理、运维运营提供基础设施资源支持；以镜像仓库为媒介，实现"一次构建，多环境部署运行"。

（1）以应用管理为核心

银河容器云建设的目的就是为了支撑企业业务应用，实现业务应用微服务化的统一平台部署和运维管理。把容器云平台建设成为企业级应用管理平台，采用微服务架构，实现业务应用的整合与重构、快速响应业务需求。多租户的设计满足不同业务场景合规上的隔离要求；应用管理支持应用、服务、实例三层对象管理机制，实例运行在容器中，借助容器的特性实现服务实例的弹性伸缩；服务治理实现容器平台层和 API 网关层双层服务治理能力，在容器云平台借助容器的特性实现服务的注册、负载均衡、灰度、自愈、弹性伸缩、容灾备份、链路跟踪等能力，在 API 网关层则实现服务的认证、访问控制、路由分发、转换、过滤、限流、熔断、访问统计等能力。

（2）以资源管理为辅助

应用服务的部署运行离不开基础设施资源的支持，但对租户来说资源应该是透明的。租户关心的是业务应用，透明地按需使用资源。我们依托轻量化容器平台，通过基础设施资源的整合和融合，构建了统一的基础设施资源服务。基础设施资源（CPU、内存、存储、网络等资源）由平台统一来管控和分配。租户只使用基础设施资源，而不需要维护基础设施资源，这使他们能专注于应用的管理运维；基础资源供租户按需使用，也可根据配置规则在资源不足时自动扩展资源，并同时告警，以提醒租户管理员和平台管理员能及时地检查并更改资源分配。

（3）以镜像仓库为媒介

银河容器云构建了以镜像仓库为媒介的两段机制，使开发和运维分离，既兼顾传统开发运维模式，又满足实现开发运维一体化需求。

以镜像仓库为媒介，采用开发环境"一次构建，交付标准化镜像，多环境运行"的方式，自动上传到测试镜像仓库，部署于测试容器云环境。在完成测试后同步到生产环境，从而完成部署，既简化了 DevOps 流程，又提高了安全性和效率。测试和生产环境可以实现物理隔离，提高了安全性。虽然构建流程是自动化的，但是在不同环境构建既浪费时间和资源，又带来了潜在的不安全因素。因此，采用镜像仓库为媒介这种简单的方式来满足需求，提高了效率和安全性。

2. 先进性

银河容器云得益于先进的技术理念指导，在项目实施之初就进行了深入的研究和测试，采用了松耦合、分布式、标准化接口的产品设计方式，定义了领先的"三视角、四层次、一闭环"的平台架构。

（1）先进的技术理念指导

以适时提出的"单体集成到平台融合"（见图1）理论为指导；整合和融合虚拟化、资源池、云计算等基础设施构建统一的企业基础设施资源平台，提供资源服务；以数据仓库、大数据平台、数据治理平台等为基础构建统一的数据平台，提供数据服务，以期实现OneID、OneDataSource、OneService、OneWorld的数据服务生态体系；整合业务流程、业务应用、技术路线、技术工具等构建统一的企业级业务中台服务和消息、算法、搜索、计算、语音、自然语言处理、图形图像等中间件中台服务；整合企业人力、组织、流程构建敏捷的DevOps平台，构建轻量、弹性、敏捷、标准化交付能力，实现敏捷响应和反馈。以大数据为原料，以融合平台为依托，以机器学习、深度学习等技术应用为契机，赋能业务研发团队，以实现企业业务的转型、创新和服务模式的变革。

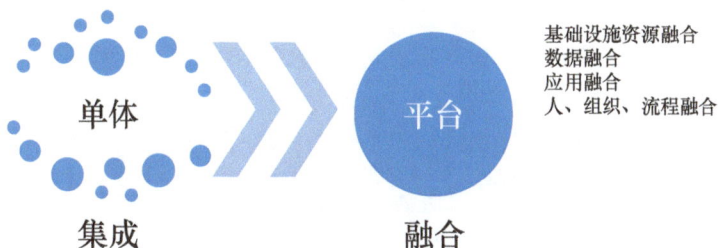

基础设施资源融合
数据融合
应用融合
人、组织、流程融合

单体　　　　　　　平台

集成　　　　　　　融合

图1

（2）领先的技术架构设计

为了更好地实现平台各组件的松耦合、可扩展等特性，分别从纵向、横向、应用生命周期过程等不同视角来考虑架构设计。横向来看，不同的用户关注自身的应用，按需使用资源，实现完整的应用生命周期管理过程，因此划分为租户应用管理视角、平台资源管理视角和标准化交付视角。纵向根据相对独立的基础设施资源、资源调度管理框架、为了支撑业务应用需要建立的各项功能以及业务应用概念，划分为基础设施资源层、资源调度层、平台层（业务应用支撑层）、业务应用层。基于DevOps的持续集成、持续部署、持续发布、持续监控、持续反馈、持续改进的需求（服务和应用全生命周期管理），定义整个DevOps链路为一个闭环。因此，我们把容器云平台能力归纳为"三视角、四层次、一闭环"。以容器化PaaS平台来支撑企业级中台服务，实现敏捷的业务开发、部署、运维、运营和反馈，支持业务的快速创新、实验、验证和部署运营。

① 三视角

租户视角关注应用管理，如图2所示。为满足监管隔离要求和各业务团队业务独立性需要，实现多租户能力。容器云平台的设计目的是为了承载企业业务应用服务的，业务应用管理是其核心能力。租户使用资源开发、部署、运维运营业务应用。

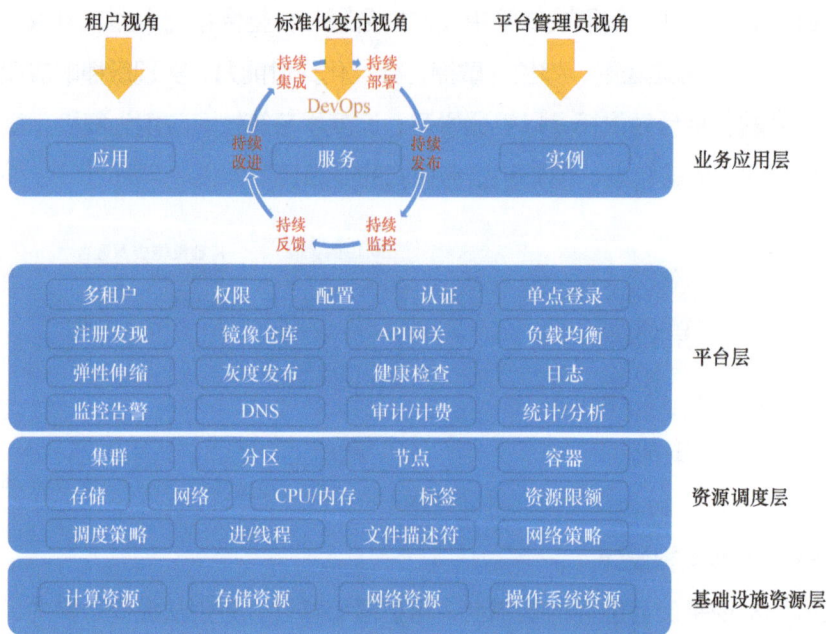

图2

平台管理员视角关注基础设施资源和平台管理、中间件服务能力，实现基础设施资源、平台服务的统一管控，按需申请和使用。

标准化交付视角关注应用服务的标准化交付流程和支撑工具，提升业务应用研发、构建、测试、部署、运维、运营、更新等的效率和敏捷性，实现 DevOps 工具链和标准化交付流程。

② 四层次

基础设施资源层实现基础设施资源的统一管控，也就是计算资源（CPU、内存）、存储资源、网络资源以及操作系统资源甚至其他云资源的统一管理。

资源调度层采用 Kubernetes 并扩展其能力，实现对基础设施资源层的合理调度，为业务应用服务调度合适的基础设施资源。

平台层（业务应用支撑层）是容器云平台建设的核心能力，是支撑业务应用的功能实现层，需要实现权限、认证、注册发现、服务配置、日志、监控、告警、API 网关、部署管理、负载均衡、弹性伸缩、灰度发布、健康检查、DNS 服务、审计计费、统计分析等服务支撑能力。

业务应用层是指具体业务应用实现，是构建于平台层上的业务服务。通过服务的编排实现敏捷的业务应用开发、部署和运维。

③ 一闭环

从租户视角来看，容器云平台更多的是定位于一个应用管理和运营的平台，只是应用生命周期管理的一部分，尚未纳入应用开发。把应用的开发阶段和流程分离，作为一个持续集成的组件，以镜像仓库为媒介，完成持续集成和持续部署的衔接，从而使"持续集成—持续部署—持续发布—持续监控—持续反馈—持续改进"流程形成闭环 DevOps 链路。

（3）先进的产品设计思路

因为银河容器云在设计之初就是以产品化设计思路来定义的，而不是仅仅去实施一个项目，所以其在组件松耦合性、可扩展性、稳定性、安全性等方面有很高的要求。

① 提取基础组件

银河容器云以微服务架构思想将认证、权限、日志、监控、配置、调度、告警、API 管理等通用基础组件提取了出来，作为组件微服务，独立部署。这些组件自身具备独立性和可扩展性，采用多租户设计，既可支撑容器云平台，又可以满足不同业务场景需求。

公共组件的提取也可扩展为企业级组件，从而避免重复建设和投入，避免重复造轮子。

② 标准化接口

银河容器云采用标准化接口设计，以实现组件之间的松耦合架构，从而具备弹性、可扩展性、可推广性，按需部署，按需扩展。这种插件式的组件设计方式很好地诠释了微服务架构的分布式思想。

③ 以安全为重心

容器云平台屏蔽了命令行操作，从而减少终端命令操作带来的潜在风险；禁用容器root用户，确保系统安全；以Kubernetes内部安全访问机制映射到容器云平台访问控制机制，通过界面操作、配置、监控来提升容器云平台的安全性。

3. 可推广性

无论是银河容器云平台本身还是其技术理念、产品设计方式、平台架构都具有可推广性。

（1）平台的可推广性

基于容器云平台的产品化设计思路使其具备很强的可推广性。松耦合的架构和插件式的组件可以根据需要进行部署、扩展或者替换。标准化的接口使其具备便利的集成能力和松耦合架构，基础组件和容器平台具备同样的可扩展性、可推广性。

（2）技术理念的可推广性

实践离不开理论指导。IT技术的理论研究和软件开发同样重要。我们在对技术发展趋势的深刻研究和洞察的基础上，提出了"单体集成到平台融合"的理论，指导容器云平台架构和设计，从而使其具备很好的领先性和实用性。

（3）产品化设计方式的可推广性

产品化的设计方式比传统项目性实施具有更好的通用性、标准化和可扩展性。虽然对技术人员的能力要求相对较高，但是保证了项目的顺利实施和交付，并且确保了交付的质量。

（4）平台架构的可推广性

"三视角、四层次、一闭环"的容器云平台设计架构，可以适应于不同的业务场景需求。从纵、横不同角度定义了平台的架构和功能，厘清了容器云平台不同角色的职责和权限，满足金融行业对容器云平台或者轻量容器化 PaaS 平台的稳定性、可扩展性、安全性等要求。

4. 合规性

合规性是容器云平台设计着重考虑的一个方面。多租户机制确保满足不同业务的隔离性要求，双重服务治理访问控制为业务服务提供了两层保护机制，禁用 Kubernetes 终端和 root 用户操作则屏蔽了潜在的操作风险。统一的授权认证系统为访问控制和审计提供了保障，同时也减少了重复建设的投入。

解 决 难 点

以前公司业务应用系统建设采用单体应用的开发模式，这种传统单体应用功能耦合性高、建设周期长、对业务响应慢、部署更新运维烦琐、可扩展性差，难以建立一致性的开发、测试和生产环境。基于容器云平台，采用云原生思想和微服务架构，实现业务应用的微服务化、轻量化、容器化、敏捷化、弹性伸缩以及开发、测试、生产环境一致性，开发运维一体化。银河容器云以镜像仓库为媒介，将应用的开发阶段和运维运营阶段分离，用标准化镜像交付，实现开发运维一体化，完成了持续集成和持续部署的衔接，从需求提议、项目管理、设计架构、开发测试，到部交付、运营监控、反馈改进，形成了闭环 DevOps 链路，为业务研发团队赋能，支撑业务敏捷响应，为公司向数据化、数字化、智能化深入发展奠定了基础。

创 新 亮 点

在建设银河容器云的过程中，在理念、架构和产品上都进行了研究、探索实践和创新。

1. 理念创新

金融科技向平台化、数据化、数字化、智能化方向发展，云计算、大数据、人工智能等技术也在逐步成熟落地。传统单体系统建设模式和传统系统集成方式已经不能满足业务敏捷发展的要求，平台融合势必成为一种趋势。在对技术发展深入洞察的基础上，中国银河证券开创性地提出了"从单体集成到平台融合"的理论，指导行业技术应用和系统发展建设趋势。

产品化设计思路使容器云平台在设计之初就具备松耦合、可扩展性、高可用性等特点，以产品化高标准来实现平台的架构和设计，以高质量确保项目的顺利实施。

2. 架构创新

对微服务架构思想的深入理解，使我们能够用微服务的思想来实现容器云平台的架构设计，不同于其他容器产品仅仅基于开源的简单封装，"三视角、四层次、一闭环"的容器平台架构，以应用管理为核心，是容器平台实用性、可扩展性、可推广性等的保障，为平台规范化、可扩展性、安全性等方面奠定了基础。

公共组件的提取和独立部署、标准化接口的定义为下一步利用容器云平台构建企业级中台提供了高标准平台支撑。

3. 产品创新

容器云平台以应用管理为核心，提供了完善的应用管理能力，实现了应用全生命周期管理。和DevOps的持续集成、持续部署、持续交付、持续运营、持续监控、持续反馈形成闭环链路。

双层微服务治理体系提供了完善的服务治理能力，也有侧重地实现了服务治理能力的划分，以满足不同场景的需求。

应 用 落 地

目前，银河容器云已经支撑了公司客户中心、服务中心、产品中心、基金服务、网上交易运维中心、数据中心等众多业务部门的应用，也已部署了机器学习平台等组件，以提供智能化的服务支持。已实现业务应用部署、扩容时间从周、日为单位减少为以小时、分钟为单位。已经部署运行的业务服务在弹性、可用性、性能、容错灾备、日志监控告警等生产就绪方面都满足业务要求，极大地缩短了业务应用部署周期，使业务应用运行轻量化、需求响应敏捷化，使代码构建到测试环境完成部署在分钟级，使业务开发人员专注于业务逻辑的开发，不用关心基础设施平台的搭建和维护，极大地节省了开发团队的精力。

1. 项目成果

技术上：搭建了容器轻量化PaaS平台，建立了统一的服务开发、托管、运维平台，建立了统一的权限管理体系、授权认证体系、服务配置治理体系、集中日志收集分析、监控告警预警体系、API标准接口管理等，实现公司内统一的应用服务部署运维监控生态系统。

管理上：通过引入DevOps理念，根据公司实际逐步建立开发、测试、运维等适合自身发展需要的流程，定义相关数据、业务、技术等标准、规范，实现开发、测试、生产环境的一致性，提升敏捷开发的能力，提升自动化运维的水平。

业务上：提供快速业务原型的开发以支持业务变化需求，让业务人员更早地介入，熟悉使用并有效持续反馈，形成业务和开发的良性循环。

2. 获得奖项

银河容器云获得2019 IDC金融行业技术应用场景——最佳创新奖，并且该案例被选入IDC《金融机构IT转型在云化方面的实践与探索》研究报告。

案例3 南京证券——"宁证云"

南京证券股份有限公司

案例背景

伴随着互联网金融的快速发展和普惠金融的深入落地，开展金融科技的能力已经成为传统金融企业支持未来业务发展、实现企业数字化转型的核心能力。这一发展趋势在证券行业催生出丰富的业务场景和日趋复杂的服务需求。为了及时跟上金融科技的发展步伐，充分提升专业化服务能力，券商的自主研发规模持续扩大，迫切需要有一个高度智能化和个性化的服务平台，以应对新型业务的研发、测试、部署和多业务系统的运营给IT基础设施的性能、敏捷性、可靠性和管理效率所带来的挑战，提升IT系统的弹性扩展能力、敏捷开发能力、快速部署能力、安全运维效率，满足金融科技要求。

通过"云服务"的方式为券商各项业务的开展提供技术平台，这种方式已经在全行业得到较为广泛的应用。证券公司将行情、资讯以及基于大数据计算处理的智能分析等系统部署为云服务，可以有效增强技术平台的弹性扩展能力，充分提高信息系统的效率和性能，并节约运行成本。在构建云服务平台的基础上进一步构建技术中台，则是券商下一步需要考虑的课题。

南京证券始终把提升金融科技创新能力作为增强企业核心竞争力的手段，早在2013年就建设了私有云系统，并在2015年采用超融合架构提升了系统性能。但是由于系统的建设时间较早，在PaaS和SaaS层提供的服务不够完善，这也制约了公司各项业务系统整体向云平台的快速迁移。

为了解决这些问题，南京证券决定对云平台进行全面升级，全新提升PaaS和SaaS服务能力，并在此基础上建设运维开发一体、基于敏捷开发架构的全新技术中台，实现统一交付环境，统一部署与配置流程，集成自动化测试与发布的结合，打造适应未来金融业务的"技术＋业务＋服务"的"宁证云"，为公司全面发展金融科技战略夯实基础。

案 例 概 述

南京证券股份有限公司"宁证云"平台项目从2018年4月开始建设，到2019年8月完成了全部云平台基础架构的搭建、"技术中台"的建设调试等工作，实现了上线运行。

1. 项目建设目标

一是按照IaaS、PaaS、SaaS三层云网架构规划设计并打造贴合金融行业需求的"宁证云"。其中，IaaS层稳定、高可用并提供弹性、高效的服务；PaaS层包含各种业务应用组件，支持不同的编程语言和技术框架；SaaS层具备高拓展性的分层系统架构与分布式服务。二是在"宁证云"上搭建的面向互联网服务化的技术中台，重点打造DevOps敏捷开发体系，服务公司大中台战略发展目标，全面推进公司云战略，推动公司数字化转型升级。

2. 项目实施方案

项目分两个阶段实施。

第一阶段进行云平台基础架构建设。云平台层面实行统一管理，虚拟化、云平台服务、综合运维和监控层面统一建设。统一纳管计算、存储、网络资源、对外提供服务。云平台分灰度生产区和开发测试区。技术上采用分布式架构搭建（见图1），完全以虚拟化和"软件定义"的理念规划建设，以满足南京证券对基础架构平台建设的所有需求和目标。

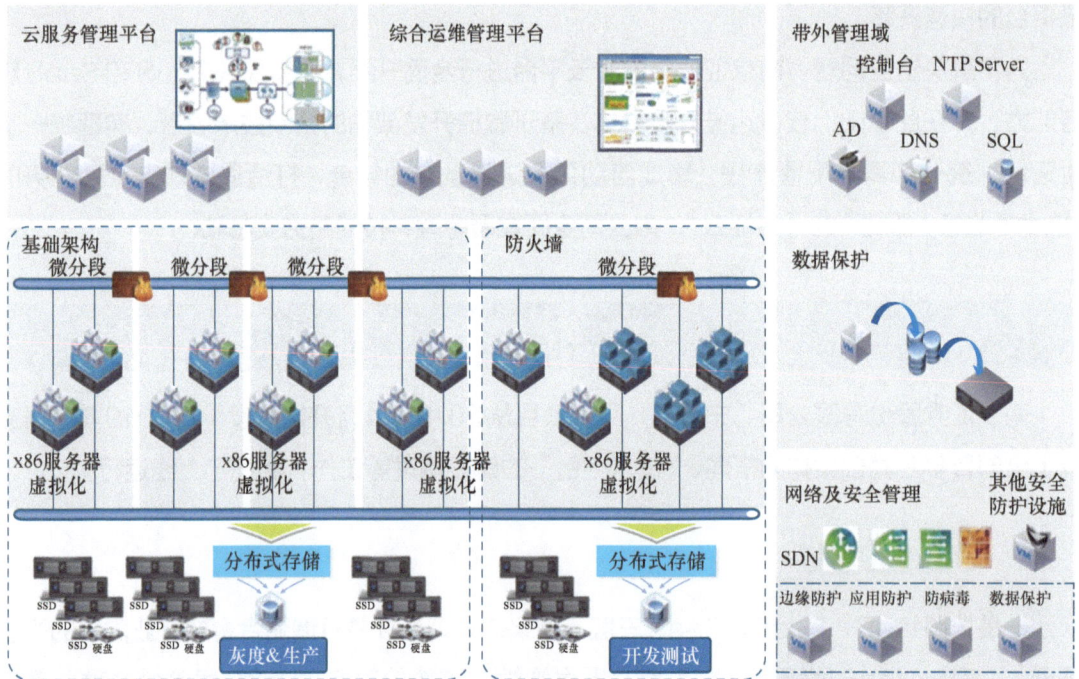

图1

第二阶段是在云平台基础上建设技术中台（见图2）。南京证券技术中台是为了打造一个符合互联网分布式系统开发的Java开发技术平台，具备可复用（Resume）、可扩展

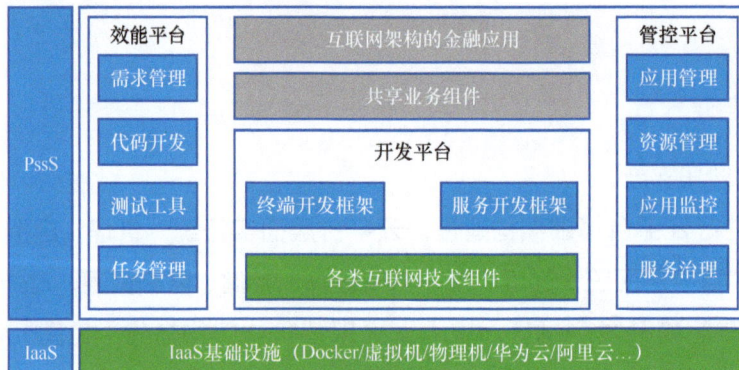

图2

（Extend）、高安全（Security）等特性，旨在降低对业务开发人员的技术要求、提升开发效率和稳定性。

3. 项目实现功能

（1）提供完善的云服务

"宁证云"平台提供IaaS、PaaS、SaaS三层服务，是标准的云平台结构。在IaaS层面，借助云资源管理系统完成对物理机器、网络等实现统一管理和分配；借助容器技术对硬件进行虚拟化管理，进行K8S容器虚拟化，提供业务系统弹性的计算与存储服务。在PaaS层面主要是实现对通用技术组件的服务化，部署技术中台各组件服务，实现敏捷开发和安全运维。在SaaS层面，根据不同的业务场景完成对应的业务应用承载，打通系统数据共享和服务共享，提供应用快速部署管理。

（2）建设高效的技术中台

技术中台在Paas层提供基于开源架构的服务开发框架，提供统一的开发规范、各种分布式技术组件API接口，支持做联机类服务、批处理类服务、流程类服务等多种模式，丰富的技术组件封装减少开发人员的重复劳动，提升开发效率；针对大数据平台提供了统一的数据分析的开发规范以及框架，进一步降低大数据业务开发的难度；监控运维组件可以提供智能运维服务。让业务系统根据自己的监控需要完成开发定制，打通需求和测试平台，真正实现DevOps流程的串联，提高云平台整体的需求交付能力。

解 决 难 点

"宁证云"项目的规划实施，除了需要达到项目预期的目标之外，还将采取有效措施，解决以下几个带有普遍性的难点。

1. 自主可控能力

随着证券行业的发展，业务需求的专业化水平、客户需求的个性化水平与日俱增，对信息系统的功能、性能及开发周期的要求也越来越高，如果完全依赖第三方软件开发商，那么无论是资金成本还是时间成本都将居高不下。针对这一问题，"宁证云"充分利用开源技术，降低对开发商的依赖，提高证券公司对系统平台的自主可控能力，构建高效的基础云平台以及运维开发一体化的"敏态"体系，从而充分利用证券公司自有的开发能力，缩短项目开发周期，提高迭代升级能力，降低开发实施成本，夯实证券公司开展金融科技工作的基础。

2. 弹性扩展能力

对于证券行业而言，由于业务的波动性较大，各类业务的时段特征明显，导致系统处理能力和建设成本始终是一对难以缓解的矛盾，按传统方式构建系统，如果看中峰值处理能力，就会造成设备在大部分时间的低负载运行，产生浪费；如果看中投入的积极性，又将难以应对业务高峰期对处理能力暴涨的需求，对开展业务产生影响。宁证云整合了高性能服务器与优质网络资源，充分发挥云平台的效能。交易高峰资源倾向于业务中台，闭市后资源倾向于数据中台。云平台提供整体的资源管理能力，较好地兼顾了应用处理能力与系统建设成本，提升了系统效率以及稳定性，此外还大幅度降低了流程管理的复杂度。

3. 敏捷开发能力

传统开发瀑布模型的典型问题就是周期长、发布烦、变更难。基于微服务架构的敏捷开发流程管理，提高开发效率以及组件的复用率。在"宁证云"平台上，公司项目开发全部以微服务为总体框架进行设计，可以更好、更方便地管理微服务进程实例。配套容器管理平台以及微服务治理平台，辅以自动化和全面的服务监控，打造DevOps敏捷开发运维交付体系，全面提升创新速度与效率。

4. 快速部署能力

资本市场的机会有可能稍纵即逝、变化不定。灵活应对市场需求出现的变化和波动事关公司的经验。在传统模式下，内部部署软件可能需要几个月的时间才能部署完成，而借助

"宁证云"的SaaS服务，只要几天即可启动项目，几周内即可完全部署到位。对于自主研发所涉及的各类开源组件，"宁证云"通过优化的开源组件组合，实现各类应用落地的一站式开发与部署，所有的开源组件全部标准化、模块化，以减少不同开发人员在组件使用上的差异而引发的项目开发风险。

5. 安全运维效率

运维安全与效率永远是两个需要平衡的点。"宁证云"基于容器的全新应用交付架构落地以后，利用云计算技术以及容器本身的特性，充分发挥资源调度优势，提供全面的公共资源服务和运维功能，降低运维过程中人为参与的程度，提高运维准确性、即时性以及效率。将系统稳定和安全保证尽可能从开发中分离出来，依托云平台本身具备的稳定保障和安全防御，充分挖掘IT资源价值。

创 新 亮 点

"宁证云"是南京证券借助云计算技术，结合最佳应用实践，统一架构规划、分布式部署将一站式开发管理框架融入私有云的Paas和Saas层，建立了流水线式的IT服务链，打通了开发与运维的鸿沟，实现Devops运维开发一体化的敏捷模式和全网在线运营的成功案例。

"宁证云"技术中台建成后，将在SaaS层开发部署公共业务组件层，让通用业务独立出来，成为上层应用可以复用的模块，从而实现各业务系统数据的共享和互联互通，形成业务大中台；整个技术中台运行架构是一个"大中台，小应用"的模式，让技术组件和业务公共模块下沉，从而做到支持业务的快速创新和迭代，提升用户需求的快速响应能力。

项目具有如下创新亮点。

1. 运维管理更便捷

整个平台从研发之初就是按照"运维优先"的思路来搭建的，分为两大块：一块是底层技术组件以及计算资源的运维，提供云平台本身的运维视角；另一块是应用视角的运维，每个应用都有自己的运维视图，按照不同的应用系统可以分配各自的运维人员，资源互相隔离，互不影响。微服务所依赖的中间件、操作系统等标准化，自动化实现微服务的灰度发布、弹性伸缩等功能。微服务的运行状态包括调用链、运行日志、metrics 等数据，能够以业务系统为中心进行多维度的清晰展示。平台提供了从应用视角、平台视角两个维度的监控，提供了全方位的技术组件以及业务的监控指标，让业务系统内部隐藏的问题可以提前暴露出来。

2. 应用平滑易扩展

整个"宁证云"按照微服务理念进行设计和开发，所有的技术组件以及框架自身都可以平行扩展，性能可以无限扩展，只要硬件资源允许。基于平台来开发业务系统，自身做好微服务的拆分，所有的业务服务也可以快速弹性扩展，从而进一步提升整体业务系统的并发。

3. 业务编排本地化

"宁证云"建立了完善的灰度升级、弹性扩展的场景编排功能。方便 IT 人员部署升级工具，实现真正全白屏化的操作，降低手动操作的风险。编排自动化功能可以实现业务开市之前或闭市之后所有的规定操作，降低运维人员的工作量。通过监控、部署升级、自动化三大功能，极大地提高运维人员的工作效率。

4. 持续交付上线快

"宁证云"提供面向互联网产品的一体化研发平台，实现 Devops 开发，贯通需求管控、设计管理、研发管理、测试管理、集成管理与发布管理等产品研发生命周期，统一业务产品研发技术栈、优化产品研发生命周期交付链路、提升业务产品研发效率、降低业务产品研发门槛，可以缩短项目研发周期、提高项目研发效率、降低项目研发技术门槛、减少项目研发出错率，使业务产品能够紧跟市场步伐、快速将需求转换为线上功能。

5. 端、网、云、数统一融合

"宁证云"打造了符合互联网架构的技术平台，实现了端、网、云、数统一融合的技术架构体系，使得南京证券的开发基础实现了提高。通过灵活架构的轻薄前端，用数据驱动，加上稳固的后台系统，打通前中后三线，实现大中台体系。"端"重点倾向移动端，这是面向客户服务的基础面，通过终端服务支持平台为投资者提供更加个性化的千人千面的场景化服务；"网"是依托中台强大的服务能力快速构建起金融服务网络，打通各种产品，用场景驱动连接，推动业务发展；"云"是把所有资源、数据、业务系统部署在云端，成为一体化可扩展的生态系统；"数"是基于云平台来联通大量数据处理分析，打造数据中台，实时结合人工智能应用，高效推动金融科技的融合发展。通过该项目，南京证券实现了端、网、云、数的有机融合，建立起高效的敏捷研发平台及应用体系，有力地加快了公司金融科技的创新应用。

应 用 落 地

"宁证云"项目于2019年5月30日完成落地，之后成为公司主要的业务开发和应用支撑部署平台。

1. 智能账户

智能账户基于大数据和微服务技术为客户提供丰富细化的账户分析服务，支持7×24小时的实时资产处理及查询操作，系统前端以微服务＋容器的方式部署在"宁证云"上，使客户可以实时查看统一资产视图以及智能账单，满足客户多样化的账户管理需求。

在"宁证云"上以容器方式部署的智能账户系统能够完美适配互联网业务本身高并发、流量波谷性以及客户需求变更频繁的特性。"宁证云"能够随时根据智能账户访问量来动态调整服务实例数量，系统性能随时可以进行扩展，既能满足高峰期客户使用需求，同时又能在低谷期缩减实例数量，节约资源。系统能够满足客户的差异性需求，针对不同的客户提供不同的数据服务，极大地改善了客户体验，提升了经纪业务服务水平。图3为智能账户实际使用界面。

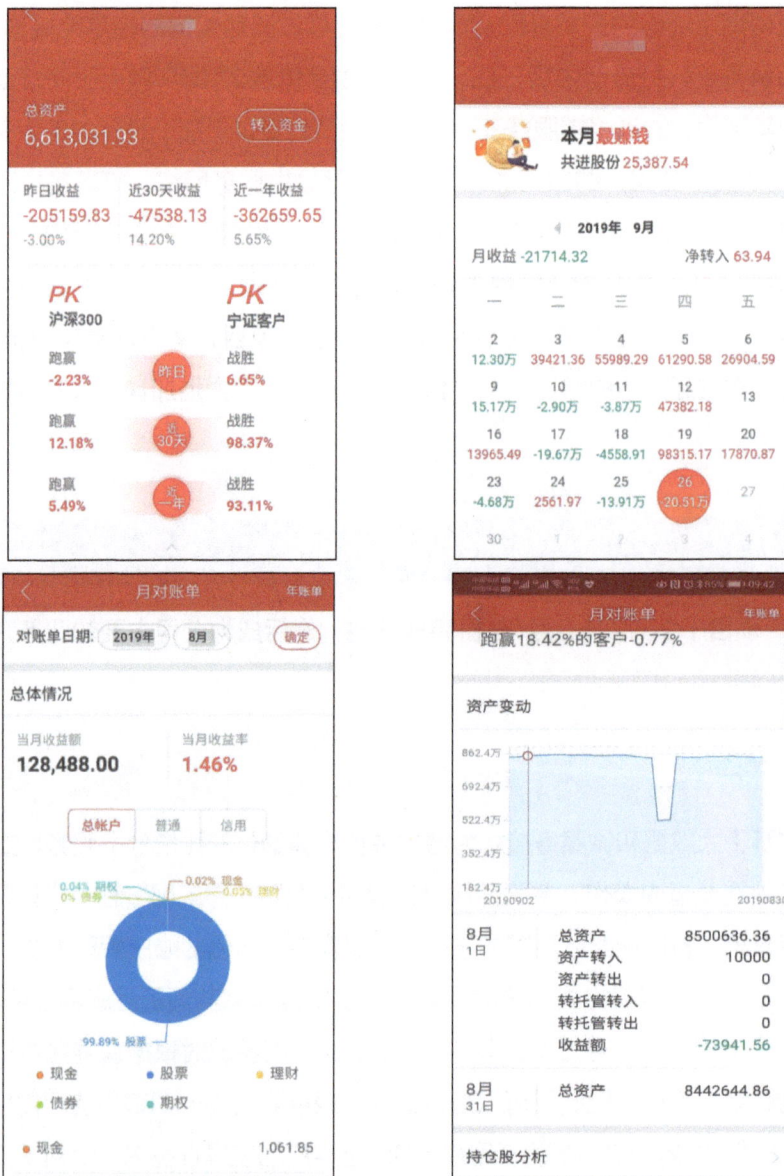

图3

2. 领导驾驶舱

如图4所示，基于"宁证云"平台自主研发的"领导驾驶舱"为公司内部领导及高管提供公司运营状况的实时指标分析。系统打破了原本数据隔离的现状，实现指标分析及决策场景落地。通过详尽的指标体系，并将采集的数据形象化、直观化、具体化。系统部署在"宁证云"上，通过云平台统一架构规划、分布式部署实现了一站式开发，借助于云计算技术，系统实现了实时数据的采集及计算，实时反映企业的运行状态。系统最大化地发挥高层经理了解、领导和控制公司业务的管理室（驾驶舱），实际上是一个为高层管理层提供的"一站式"（One-Step）决策支持的管理信息中心系统。

图4

3. 公司内部业务审计系统

由公司稽核部和信息技术总部联合自主开发的公司内部业务审计信息化系统也

在"宁证云"上完成开发、测试并正式上线运行。系统开发过程采用CI/CD服务编排技术，实现开发全流程自动化，极大地提高了开发效率、降低了开发时间，实现了开发的敏捷管理以及版本更新的持续迭代。系统最终同样以容器化的方式部署在"宁证云"上，依托于"宁证云"的统一监控，提高了系统运维便捷性，确保了系统运行的稳定性。

基于"宁证云"新一代技术服务平台，运用CI/CD服务编排技术，这些项目的实际开发周期比预估时间大大缩短，同时系统架构先进、部署便捷，运维实现可视化，极大地降低了试错成本，让金融科技能够更快地在公司落地，也为公司业务循序发展提供了极大的支撑。

案例4　兴业证券——SmartCloud

恒生电子股份有限公司

案 例 背 景

　　随着人工智能、大数据、云计算、移动互联等现代信息技术的快速发展，数字化浪潮正引领人类社会迈向信息化建设的新阶段，金融科技逐渐在业内呈现和发展。同时，证券行业对创新的需求日益强烈，行业内的创新业务层出不穷，应用系统数量不断增加，业务逻辑越来越复杂，客户服务越来越互联网化。这些变化要求技术支持部门能够快速实现用户的想法、支持应用快速上线和迭代、准确快速地获取用户的行为等。因此，公司的IT架构需要能够将业务系统进行服务化改造，根据业务边界进行合理的服务化拆分，通过HTTP等轻量级通用协议实现服务间的通信，实现业务系统的服务间解耦，方便公司研发团队能够更加快速高效地开发应用服务，方便运维监控，快速定位异常问题。

　　兴业证券通过剖析集团内部的IT建设现状，发现存在一些行业"通病"，即重复建设、创新缓慢、业务难以沉淀、组织间协作困难、自研能力弱等问题，而烟囱式的系统架构可以说是造成这一困境的重要原因。在传统的系统建设过程中，多数证券公司由于自身的自研能力不足，外包给IT开发商，结果是一旦有了新需求、新业务便建立起一套独立的系统，而面临越来越快的市场更新和业务变化，一套套的系统拔地而起，这就导致金融机构内部"烟囱林立"。与此同时，不同系统有着不同的数据源，数据标准不一样，不同系统之间对接也非常困难，并且存在着很多重复建设。所以证券公司迫切需要打造属于自己的平台，提升自身研发能力、整合集团内部能力，提高效率，降低成本。

案 例 概 述

兴业证券SmartCloud交易云平台，围绕交易、产品、服务3个流程，提供全流程云服务支持。通过交易云服务平台为集团内部、客户（长期目标）提供统一的交易服务门户，以微服务理念打造原子服务，实现所有服务能力的弹性组合和自动管理。围绕三大业务流程，整合集团内部的智能化交易服务能力、大数据交易服务能力，为业务流程的不同场景化应用提供全流程服务能力。该平台解决了旧系统传统烟囱式架构的问题，统一了数据标准，统一了服务接口标准，避免功能的重复建设。同时也解决了不同IT开发商系统间对接难的问题，进一步提升了自主研发能力，能够及时响应业务创新、客户个性化需求。平台的建设给公司节约了成本，极大地提升了创新效率。

解 决 难 点

早期的金融机构将大多数系统外包给IT开发商，对于一些个性化需求，一方面开发商不接受开发，另一方面开发商不愿意被复制，从而导致外包实现周期过长，被对手后来居上。另外，外包开发的产品质量不稳定。这样自主掌控能力比较弱，产品同质化严重，业务响应及时性得不到保证。金融科技求稳的特性决定了技术架构迭代升级缓慢，传统的烟囱式架构难以保持良好的模块化结构，难以保持模块内修改的内聚性，而且各系统间对接困难，接口不统一，不同系统功能重复建设（如图1所示）。兴业证券结合恒生JRES3.0云原生技术平台，打造属于自己的具有"快速迭代、敏捷开发、自主可控"特点的云原生平台。采用最新的微服务架构以及先进的云原生技术，对旧系统进行改造，有效整合众多厂商系统，整合集团内部各种能力。

如果重新完全自己打造平台，从技术层面分析，存在很大的挑战，需要投入一定的研发资源。同时业务方面的沉淀也是一大难点，涉及业务模式的创新、传统建设思路的改变、相关组织架构的调整等多方面的内容。本身平台建设就是一个非常个性化的工作，每家企业面临的情况都不一样，同时也是一项长期工作。兴业证券采用恒生最新的 JRES3.0 云原生技术平台，结合一整套的解决方案，从很大程度上降低了研发整合难度。

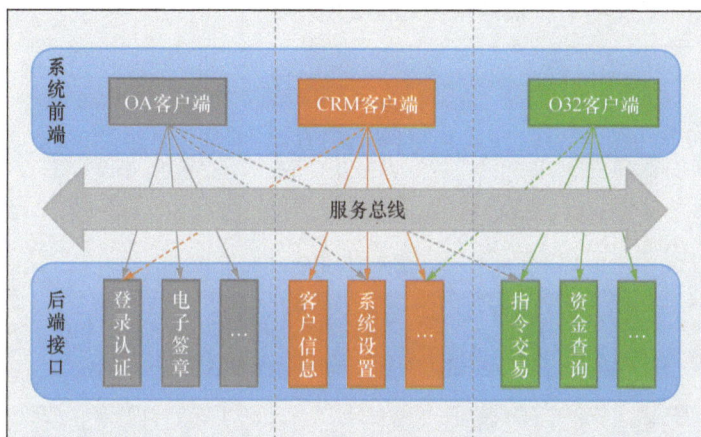

图 1

创 新 亮 点

传统的单体式架构、集中式架构存在诸多问题，方法级耦合、业务之间相互影响、无法做到快速迭代；整个项目包含的模块非常多、模块的边界模糊、依赖关系不清晰、代码质量参差不齐、混乱地堆砌在一起；无法突破数据库的瓶颈；单点故障影响整个应用；无法完成单一模块的扩展，如交易慢，则只扩展交易模块，其他保持不动；单体应用往往使用统一的技术平台或方案解决所有的问题，团队中的每个成员必须使用相同的开发语言和框架，要想引入新框架或新技术平台会非常困难。

兴业证券云平台采用的恒生 JRES3.0 云原生技术平台，结合恒生 20 多年金融业务理解能力和技术能力，已经有多年的发展历程，并一直沿着分布式服务技术发展线路不断演进和优化。可提供完整的金融企业级应用开发套件，从而降低了对业务开发人员的技术要求，提升开发效率以及系统稳定性。技术平台的架构升级将带来全新价值：用户可以在线随时获得服务（7×24）；业务可以快速创新和试错（周迭代）；团队可以并行协同工作；方便快速地与场景或合作伙伴互联；可以支撑海量用户访问；业务自动化，可以感知线上情况，可以在线管控和调整业务；数据资产积累及决策支持，丰富的智能化应用场景。

JRES3.0云原生技术平台整体架构如图2所示。

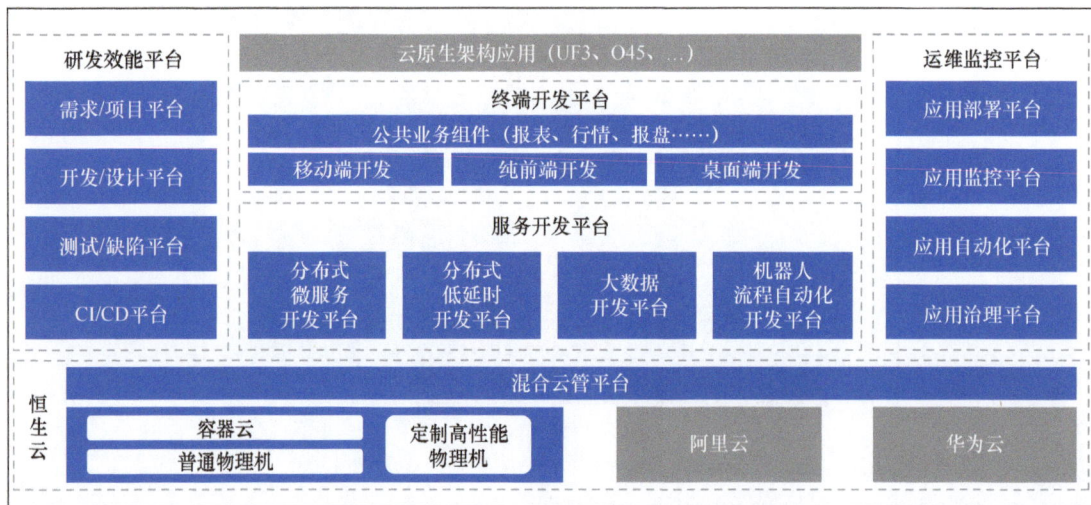

图2

平台主要分为5个主要部分：①混合云管平台，其中的私有云、公有云在整个架构来看，需要一体化的管控，传统IOE也可以管控，作为云计算时代的管家平台，该平台可以极大地提升效率、优化流程；②服务开发平台，采用最新的微服务技术栈，摒除传统架构的弊端，并且提供了很多研发工具和实践，提升研发效率；③研发效能平台，提供业界公认的比较实用的Devops工具链，高效进行资源、开发管控；④运维监控平台，保障业务连续性，简化分布式系统的应用操作，并且提供容器化部署方式，提升运维效率；⑤终端开发平台，包含了比较先进的大数据技术套件，让大数据开发变得简单，让大数据更好地服务于业务系统。

如图3所示，恒生JRES3.0云原生技术平台采用微服务、大数据、人工智能等新兴科技技术打造金融行业组件仓库，区别于以往的产品开发交付模式，未来将采用创新的组件仓库模式打造组件商城，从而创造金融科技业界新形态。

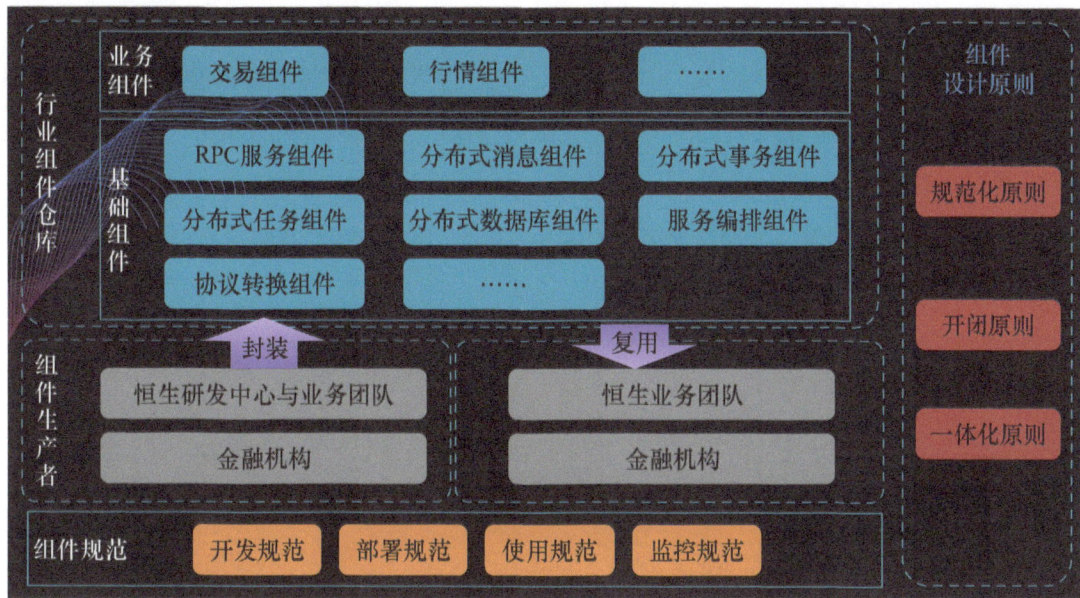

图3

应　用　落　地

　　兴业证券 SmartCloud 交易云平台投产以后，正在逐步整合集团内部的智能化交易服务能力、大数据交易服务能力，为业务流程的不同场景化应用提供全流程服务能力。平台的建设作为中台建设的重要一环，也是基础底座，打破了集团内部单一技术团队负责整个项目的建设方式；打破了传统的立项方式；打破了各业务线、各产品部门间的界限；打破了单一供应商，提供完整交付的模式；打破了外部采购为主的单一建设模式。该平台的大数据服务提供精准交易辅助、精准营销、用户行为、用户体验、行情增强服务；人工智能服务整合集团内部的智能能力，提供交易机器学习、产品机器学习、服务机器学习、行情图像识别、OCR、人脸识别等。平台内置的微服务框架，实现了去中心化，降低了硬件成本，降低了故障率；集群线性扩容，实现了扩容自动感知，无须配置；应用直连调用，可以保持长连接，保障高性能；宕机自动容错，无须人工干预，提高了开发质量和效率。金融安全是金融系统重要的保证，在 JRES3.0 云原生技术平台的框架设计中，有很多安全方面的功能在框架层就进行了保护，接入网关的流量控制、SQL 注入防范、跨站脚本检测、国密支持、HTTPS 支持等，除了网关层入口的保护，在服务框架层也有熔断限流的进一步保护，确保整个业务系统的安全。

兴业证券 SmartCloud 交易云平台（见图 4）为 SmartTrader 专业交易终端提供专业交易服务。

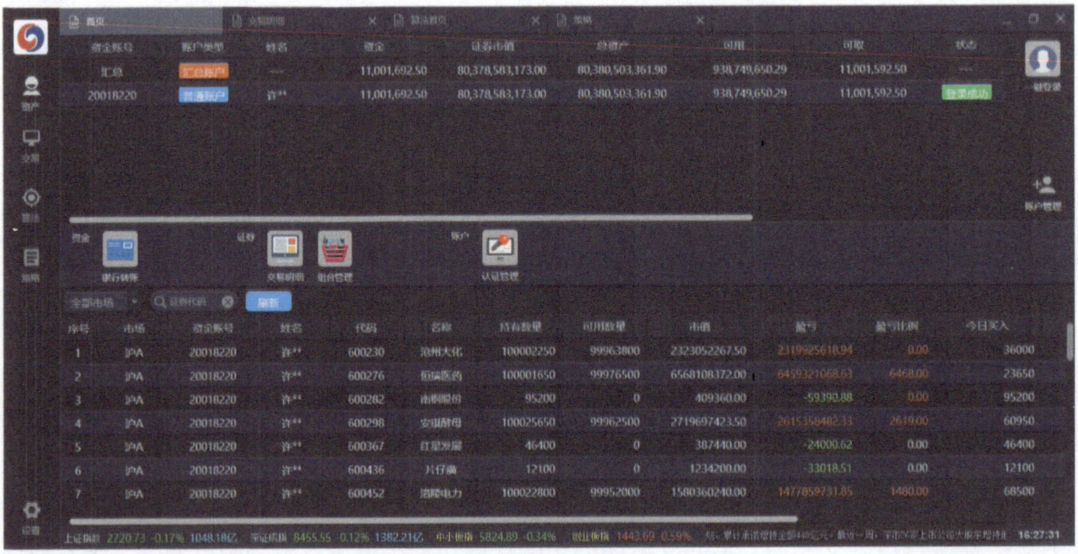

图 4

兴业证券 SmartCloud 交易云平台为支持场外基金全天候申赎提供个性化产品服务，支持智能路由、订单缓存、定时提交等功能。

案例 5　申银万国期货——SD-WAN 智能网络及营业部的分支云建设

申银万国期货有限公司

案 例 背 景

随着申银万国期货的业务范围不断扩张，申银万国在全国各地设立了 20 余家轻型营业部，加快现有业务的发展。为了保障营业部高效、稳定的运行，对轻型营业部而言，快速安全接入、网络安全、数据安全以及安全审计变得尤为重要。同时，对广域网的运维和管理要求也在不断提升，从网络安全、应用安全、数据优化到业务数据安全的要求都在不断提高。

案 例 概 述

基于对期货广域网建设的深刻理解，申银万国期货联合深信服打造了 SD-WAN 智能网络及营业部的分支云建设解决方案。

该方案基于软件定义广域网 SD-WAN 智能组网架构，同时将分支云融合进去，提供更强的组网、优化、安全的解决方案。该方案提供 abos 一体机解决方案，其中 abos 一体机基于虚拟化架构，包含 SD-WAN VPN、上网行为管理、下一代防火墙、广域网加速、负载均衡等多个安全模块。根据自身需求，申银万国期货选择了 SD-WAN VPN 替换专线，在互联网传输的过程中使用加密算法，保证数据的安全性；在选择上网行为管理模块上，对每个网点访问互联网数据进行审计和留存，控制每个应用的访问带宽，提升网点的网络速度，同时符合相关安全法规；选择广域网加速模块，利用缓存、压缩等技术，提高总分支之间文件、视频会议传输速度，提高带宽利用率，大大节省带宽费用。总部部署统一管理平台BBC，对分支所有abos一体机进行管理，实时监控每条线路的状态。

解 决 难 点

在传统广域网建设场景中，总部与营业部之间的广域网建设需要确保总部和轻型营业部之间的互联互通。随着广域网上各种应用的业务量和复杂度不断提升，其安全及性能问题变得越来越突出，主要涉及以下几个方面。

快速组网： 如何实现快速组网，并在组网的基础上减小运维成本，线路能达到专线的效果？

访问控制： 如何实现各轻型营业部和总部间、各轻型营业部之间复杂的访问控制？

安全威胁： 分支机构的安全级别低、安全管理松散，容易引入蠕虫、木马、病毒、黑客等，如何防范这些安全威胁在广域网上快速扩散？

带宽保障： 非关键业务或垃圾流量占用了有限的广域网带宽资源，造成广域网拥塞，如何保证数据流在广域网中按业务的重要程度进行不同优先级的调度？

安全审计： 按照公安部"82号令"的要求，要避免员工、客户乱发言论，对此是否能做到有依据可查？

统一管理： 如何实现广域网集中管理全网设备，对整网部署统一的安全策略，进行统一的安全事件监控？

节省开支： 轻型营业部需要更少的设备投入，要求一个设备可以同时实现多个设备的功能，以此减少开支。

针对申银万国期货建设轻型营业部的需求，深信服提供了整体解决方案：深信服虚拟化下一代防火墙组件提供了广域网安全建设需求的多维度集中化安全功能需求；深信服虚拟化广域网优化组件能够实现快速优化VPN组网，让普通的Internet线路达到专线的效果；深信服虚拟化上网行为管理能够对营业部所有上网行为进行审计以及流量管理，实现所有访问及言论有依据可查。

另外，为了解决广域网带宽资源有限的问题，深信服广域网优化WOC提供了基于应用的可视化带宽保障，保障核心业务正常运行；对于轻型营业部相对技术力量薄弱的地方，深信服集中管理BBC平台，能够实现统一监管，解决了分支机构专业安全维护困难的问题。深信服整体解决方案能够对营业部网络设备实现集中管理、统一部署，在有效解决广域网安全问题的前提下，简化管理运维成本，实现最优投资回报。

SD-WAN-aBos一体机解决方案融合了网络设备、服务器虚拟化、存储三大模块，通过一体机的方式承载中小型或者分支机构的IT网络建设。采用SD-WAN-aBos解决方案能够将前面提及的规划困难、维护成本高、扩容不灵活等问题解决掉。SD-WAN-aBos一体机可以满足多种类型的小型机构业务办公需求，提供具备业务上线速度快、分支安全性考虑全面、业务发展扩展性高的一站式分支机构解决方案，帮助机构快速搭建分支网络，让IT建设走到业务发展的前端。

如图1所示，深信服的abos一体机（Mini超融合）解决方案软件架构主要包含三大组件（网络设备虚拟化、服务器虚拟化、存储虚拟化）和一个Web控制平台（虚拟化管理平台VMP）、总部集中管理平台（BBC管理中心）。硬件架构上，可以通过一体机的方式实现开机即用，利用一体机服务器实现基础架构的承载。

通过SD-WAN结合分支云的解决方案，可以实现以下目标。

SD-WAN互联： 深信服分支一体机abos开启SD-WAN VPN模块可以实现总部与轻型营业部的安全、快速组网。

数据优化： 深信服分支一体机abos开启WOC模块可以实现对广域网上的数据进行压缩、缓存，避免冗余数据在广域网上传输。

链路优化： 深信服分支一体机abos开启WOC模块可以实现对线路丢包做优化，避免因为线路丢包问题导致传输缓慢。

带宽保障： 深信服分支一体机abos开启流控功能模块，在资源有限的广域网实现核心业务的可用性保障，基于应用的流量控制实现核心业务，如 OA、ERP、视频会议等系统的可靠带宽保障。

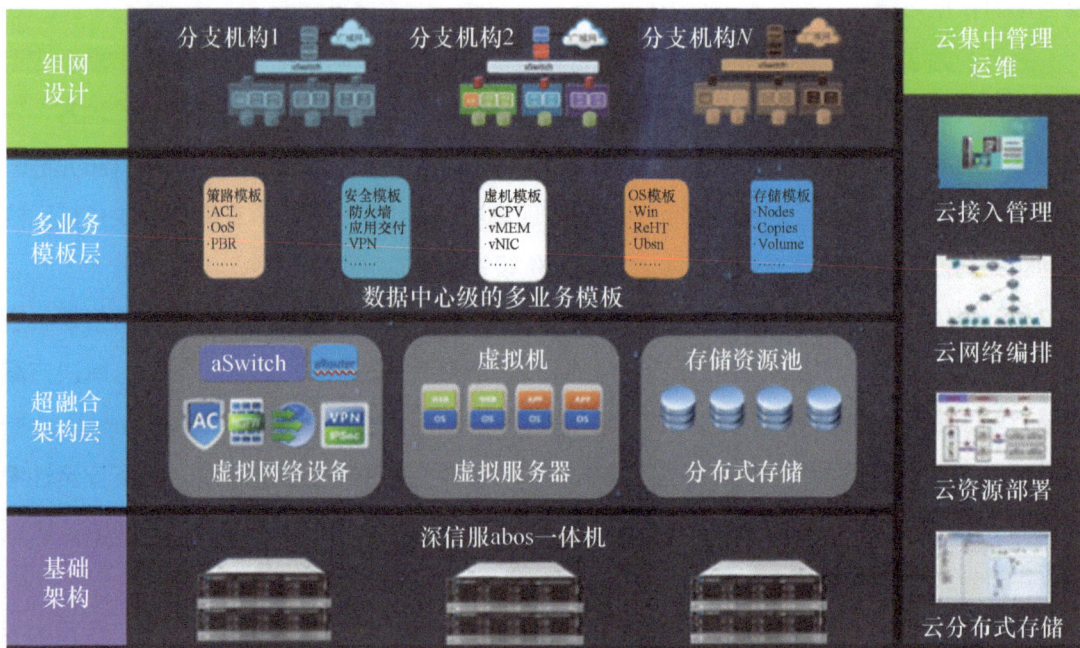

图1

安全审计：深信服分支一体机 abos 开启审计功能模块可以实现对员工的上网记录进行审计，做到异常言论有依据可查。

集中管理：通过总部部署的 BBC 集中管理平台，可以实现对 abos 一体机 AC、WOC 模块的集中管理，便于内部的运维管理。

如图2所示，一体机采用现在主流的云计算超融合架构，用户可按需使用虚拟上网行为管理（vAC）、虚拟应用层防火墙（vAF）、虚拟广域网优化（vWOC）、虚拟 SSL VPN（vSSL VPN）等资源服务。用户可根据业务需求灵活组合 NFV 虚拟网络设备，随着业务发展有新的网络功能需求时，只需 license 激活即可使用，无须重新购买和部署替换硬件设备。可以通过可视化的 Web 管理平台管理所有虚拟设备。所画即所得的业务逻辑网络拓扑可实时监控网络流量、排查网络问题，几分钟就可以解决。

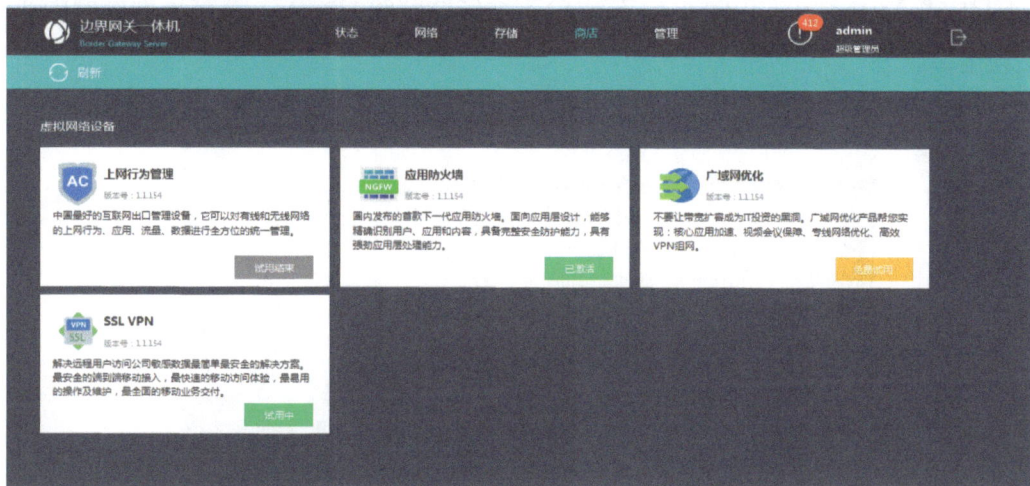

图2

创 新 亮 点

该方案实际是期货行业首次大规模应用，并在行业内有共性需求，可供同行参考。其产品创新和技术独特性涉及以下几个方面。

第一，业内首个融合SD-WAN组网和综合安全的解决方案（见图3），利用云计算技术将多NFV虚拟化组件融合在一台设备，同时满足分支营业部路由器、SD-WAN网关、上网行为管理、下一代防火墙、广域网加速优化等功能。

SD-WAN-aBos一体机集成服务器虚拟化功能，采用裸金属架构的X86虚拟化技术，实现对服务器物理资源的抽象，将CPU、内存、I/O等服务器物理资源转化为一组可统一管理、调度和分配的逻辑资源，并基于这些逻辑资源在单个物理服务器上构建多个同时运行、相互隔离的虚拟机执行环境，实现更高的资源利用率，同时满足应用更加灵活的资源动态分配需求，例如提供热迁移、HA等高可用特性，实现更低的运营成本、更高的灵活性和更快速的业务响应速度。因此，可以满足中小型数据中心、分支机构的服务器资源需求，可以按需开启不同性能的虚拟机，安装用友、金蝶、ERP等App系统（见图4）。节省分支服务器资源的投入，提高小型数据中心的资源利用率。

图3

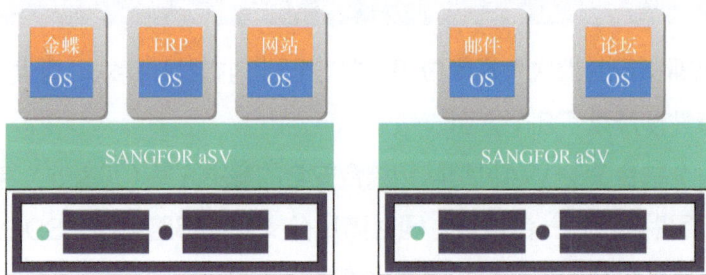

图4

SD-WAN-aBos一体机集成存储虚拟化aSAN功能，基于集群设计，将服务器上的硬盘存储空间组织起来形成一个统一的虚拟共享存储资源池（ServerSAN分布式存储系统），进行数据的高可靠、高性能存储。分布式存储系统在功能上与独立共享存储完全一致，一份数据会同时存储在单台aBOS一体机或者多台一体机的不同硬盘上，提升数据可靠性；此外，通过SSD缓存，可以大幅提升服务器硬盘的I/O性能，实现高性能存储。同时，由于存储与计算完全融合在一个硬件平台上，用户无须像以往那样购买连接计算服务器和存储设备的SAN网络设备（FC SAN或者iSCSI SAN）。

如图5所示，单台一体机可以提供1TB/2TB的可用存储空间，搭载高速的SSD 120GB缓存盘，实现平台的高I/O读写，在低成本投入的同时能够满足中小型、分支机构的数据存储以及业务I/O的需求。

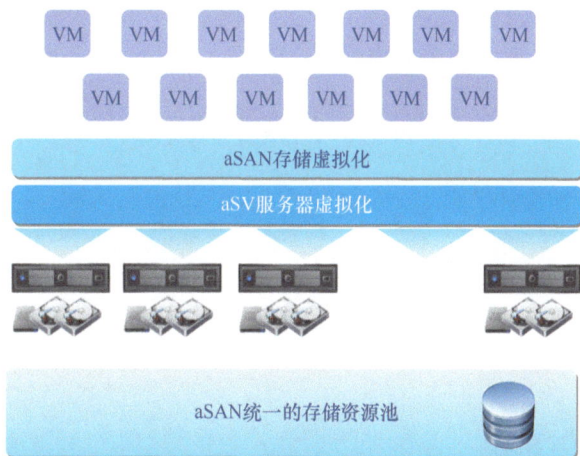

图5

第二，真正意义上实现了营业部零IT，总部集中管理。总部可以对营业部的网络策略、流控策略、安全策略等全部集中管理，并能实现可视化的大屏展示。

第三，大大降低设备采购成本、链路成本、运维成本、电力成本等。除可以节省多设备投入和专线链路费用外，更重要的是不再需要在营业部本地部署IT专职人员，节省了人员投入，降低了运维成本，还可以真正实现总部的便捷运维。

应 用 落 地

这套方案已经在申银万国期货稳定运行3年，并在多家期货行业得到复制和使用，包括海通期货、东兴期货等。这种集成方案还可以作为无线管理节点，未来更是可以支持扩展到桌面终端管理的分布节点。之前营业部在部署桌面设备时饱受困扰的占带宽、体验差、分布节点造价高等难题也随之迎刃而解，极大地降低了轻型营业部建设费用以及总部运维人员对分支机构生产网、办公网的管控难度。

此次的方案还提供了全套的营业部安全防护解决方案，包括网络安全防护、主机安全防护、内容防护、上网安全等，还利用上网行为管理模块来满足公安部对上网审计的相关要求。同时，利用数据防泄密模块，对数据的安全防护进行全面的防护和数据外发追踪等。

案例6 星联云服科技——金融私有云

星联云服科技有限公司

案 例 背 景

　　随着我国信息技术的飞速发展，在5G、云计算、移动互联网、大数据、AI等新科技快速应用的当下，金融企业的业务产生了深刻的变化，企业引入科技力量促进业务发展、提高工作效率、加强风险把控成为一种常态；而云计算作为基础架构，其应用也越来越广泛，它为企业带来了高标准的部署规范、灵活的横纵向扩展能力、快速的项目交付能力以及强大的资源整合能力。通过对行业云计算典型案例进行分析，我们认为云计算是企业IT技术发展到一定阶段的必然产物。在当前阶段企业必须针对业务特点开展云计算建设，为数字化转型提供可靠的基础设施支撑，促进业务发展。

　　金融行业客户在云建设及数字化转型过程中，已逐步将办公系统和互联网业务系统迁移上云，提高了办公效率，促进了互联网业务的推广，提升了企业IT管理能力和使用效率。企业云的发展已经进入深水区，架构转型和全业务上云已经成为必然。金融企业核心业务在上云过程中进度缓慢，主要是受监管及业务特点所决定的，必须解决以下问题。

● 集中式架构：核心系统采用传统集中式架构，与云平台对接难度高。

● 高可用性：核心系统高可用性极高，需要对外提供7×24小时服务。

- 高稳定性：需要为业务提供持续稳定的运行环境。
- 安全合规：金融行业的监管要求极高。
- 数据安全与一致性：核心系统必须保障数据一致性。

金融行业结合自身信息系统和核心业务的特点，积极探索如何将核心业务上云，同时利用该过程进行企业IT架构重塑，提升业务扩展和适应能力，促进企业资源弹性伸缩，降低投入、管理和运维成本，提高使用效率，利用科技促进业务发展。客户在需求梳理、技术定位、技术路线、产品选型和关键架构方案选型过程中，既要兼容传统业务架构和信息化发展需求，又要满足金融行业高稳定、高可用、高安全等需求标准。

案 例 概 述

星联云服科技有限公司服务金融行业多年，经过持续不断的探索和实践积累，并结合国内外先进技术打造的星联云服金融私有云解决方案完全满足金融行业客户的需求，特征如下。

1. 兼容性强

市面上为数不多的支持企业用户最常用的虚拟化产品，可解决客户存量设备统一上云问题，并支撑企业架构转型过渡期的业务扩展需要，支持传统稳态架构和新型敏态架构，为客户信息化IT架构转型助力。

2. 行业定制

星联云服实施服务团队多年服务于金融行业客户，对金融行业信息化规划、业务发展的IT需求、运维问题和行业发展痛点体会深刻，该方案完全为金融行业客户量身打造。该方案不仅满足金融行业高稳定、高可用、高安全的安全需求，还充分考虑企业未来信息化发展的方方面面。

3. 一站式方案

星联云服为企业客户提供软硬件的一站式新架构云平台建设服务，包括技术咨询、方案提供、项目实施、运维管理等，还可以为企业提供传统IT架构资源纳管及云化改造服务。

解 决 难 点

传统客户在进行架构转型、上云过程中通常都会遇到如下问题。

- 传统核心系统采用关系数据库，且上线多年，设备面临更新。
- 随着业务发展需求，每年都需要补充资源以支撑业务。
- 监管要求，对核心系统的可用性、安全性有严格要求。
- 随着互联网的发展，以及市场需求，需要灵活架构去快速响应业务需求。

星联云服金融私有云方案针对金融行业数字化转型客户设计，采用星云服务器作为硬件支撑，可以支持传统数据库，具有高稳定、高安全、高可用的特性，这些特性满足了客户对核心系统保护的基本需求；星联云服的软件和硬件内置安全性，例如普遍加密技术能够加密应用、数据库或云服务的所有相关数据，包括静态数据和动态数据。通过对数据实施硬件加速加密来实现这一保护级别。该解决方案可用动态调整资源，提供强大的纵向扩展能力，支撑转型期内及转型后企业业务发展的需求。星联云服金融私有云方案具有很好的兼容行，支持稳态和敏态架构，两个形态无缝切换，避免了客户的重复投资建设，帮助客户节省了时间成本和人力成本。

创 新 亮 点

星联云服金融私有云方案以星云服务器构成计算资源池，采用星联云服XStack管理资源池，在金融行业内解决了核心系统上云的需求，为企业上云及数字化转型提供了基础架构保障。

1. 星云服务器

星云服务器（LinuxTREND）搭载最卓越的 Linux 商用处理器，基础架构高效、安全、稳定，且自适、可扩展性强，支持多达上千个虚拟机。

- 高效：混合负载高效率整合，保证高优先级负载使用，提高 CPU 使用率。
- 稳定：全冗余智能容错设计，不停机维护，支持可预见或突发的快速扩充。
- 开放：打破专用技术壁垒，生态系统完善，选择喜爱的工具和应用。
- 灵活：想横就横，想纵就纵，灵活的扩展能力满足各种需求。
- 强劲：支持上千台虚拟机以及上万的容器，具有多级虚拟化能力。
- 提升：企业级的 DevOps 流程与工具确保开发过程的效率、品质与风控效果。
- 简化：减少管理 Linux 基础架构的时间，降低运维成本。

星云服务器构成高可用资源池，为核心业务提供基础保障。高性能处理器可以满足用户对性能的需求。基于冗余处理器技术及高可用内存设计，减少了宕机风险，（N+1）/（N+2）的高可用设计更提供了整机的高可靠性。

采用分区技术，独有的 I/O 协处理器设计，保证多容器并发时 I/O 高性能；满足在虚拟化环境下，用户对核心系统隔离的需求；纵向扩展能力，解决了传统架构应对业务发展的堆叠响应方式；KVM 和容器技术，满足敏态架构的灵活性需求；资源池横向扩展能力，保障资源可以满足业务增长的需求。

传统核心系统采用竖井建设模式，无法动态调度资源，由于业务发展不均衡，资源分配不合理，进而导致资源总体利用率不高。星云服务器高可用资源池模式可进行资源动态调整，不会中断客户业务，并能满足监管需求，为业务发展提供资源动态调整保障。星云服务器资源池可以采用消峰填谷模式，动态调整资源利用率，在保障重点业务安全平稳运行的基础上，充分利用现有资源，提高客户 IT 资源的利用率、节省客户的固定资产投资。

2. 星联云服 XStack 平台

自研高效平台为云上之旅提供优良体验。星联云服金融私有云平台是星联云服基于开源的技术架构和丰富的金融行业运维经验，为金融客户量身打造的私有云平台，帮助用户构建稳定安全的云服务生态。

（1）统一资源管理

星联云服私有云平台可以实现对众多计算类资源进行纳管，如硬件资源的CPU、内存、I/O等。对上提供服务平台，对下进行硬件资源调整和管理。企业内部开发测试和生产环境由于复杂性、技术架构、历史等原因，资源利用率低和信息孤岛现象十分常见。星联云服XStack云管平台采用虚拟化技术，可以很好地进行资源整合和信息共享，从而摆脱资源利用率低和信息孤岛的痛点，帮助企业统筹公有云和私有云规划，还可以协助企业整体上云，避免企业内部形成多套系统的分布式管理局面。考虑到企业级客户在数据库方面的需求，还提供了数据库集中服务能力。客户通过平台提交数据库申请需求，就可以快速获得所需要的数据库资源。

（2）动态优化

星联云服私有云平台动态优化是通过对硬件系统的监控来实现的，采集系统资源使用情况，当触发优化规则或设定的阀值时，通过事件通知用户，或者直接执行设定好的规则动作，在线动态调整资源或者横纵向扩展资源。

（3）运维集成管理

星联云服XStack云管平台除了对自身星云服务器系统资源的统一管理外，还集成了大量的API接口，能够提供很好的内外扩展服务，既可以集成到现有的客户管理服务平台之中，也可以调用客户现有服务提供的API接口，集成客户现有的服务，进行平台管理。

运维自动化和统一化是系统运维的发展方向，也是未来运管的趋势。星联云服XStack云管平台在设计之初就充分考虑到扩展性和自动化，尽最大可能减少客户的人为干预，保证系统正常运行。

应 用 落 地

1. 案例1

某金融行业客户正在进行架构转型，其核心业务目前运行在传统架构上，当前开发资源和测试资源不足，IT系统利用率不高；部分业务展开新架构试点，全面转型需要时间。需要选择合适的方案支撑现有传统架构业务对资源的需求，同时要支持转型后的业务框架，不能造成重复建设和资源浪费。星联云服金融私有云方案不仅能够满足客户核心系统传统架构对高稳定、高可用、高安全的需求；还支持金融行业私有云和公有云架构的需求，避免重复投资和资源分散，对于客户的转型上云需求尤其适合。

经过多次的技术交流和沟通，该客户通过技术论证和业内解决方案的对比，最终采用了星联云服的私有云解决方案。目前该项目已经试点上线，在以下几方面获得客户认可：

● 兼容原有的传统架构资源。

● 支持新架构需求。

● 降低成本（固定资产和运维）。

● 提高了资源利用率。

2. 案例2

星联云服基于自主研发的星联云服XStack云平台以及星云服务器，为某大型国有保险公司建立核心系统私有云项目。依托星云服务器的开放性、高性能和强大的扩展能力，星联云服XStack云平台无缝对接客户现有核心业务上云的需求，给客户提供更高效、更安全、更稳定的云平台。

客户业务在上云过程中不需要考虑对现有传统架构平台进行升级，星联云服金融私有云方案完全兼容客户现有业务和未来云计算需求，避免了投资浪费；同时该方案也支持灵动新架构系统，扩展能力极强。相对于其他解决方案，该解决方案在成本上至少降低10%。星联云服XStack私有云与客户现有的云平台进行对接，实现资源统一管理、统一调度；所提供的私有云服务具有快速扩展能力，如计算资源扩容、存储资源扩容、网络带宽扩容等；时效性上满足客户的业务发展要求；提供客户现有的企业级Linux操作系统及数据库的支持。星联云服私有云采用模块化产品设计，项目在实施过程中更简单；资源交付自动化程度高，避免了手工带来的其他问题。

　　星联云服私有云专为数据中心核心基础架构而设计，平台更加高效、安全、稳定，可以无缝承接现有大中型金融行业客户多元化业务的基础架构能力。星联云服金融私有云方案符合行业数据安全标准，符合信息安全等级保护要求，满足金融保险行业基础设施的监管要求。

案例7　中信建投证券——精准智能化服务平台

中信建投证券股份有限公司

案 例 背 景

在证券行业，以互联网金融为代表的互联网券商的崛起已经从根本上改变了金融的运营模式；伴随着线上数据的海量化、多样化、传输快速化和价值化，同时证券行业已经具备改变传统证券行业的市场竞争环境、营销策略和服务模式的必要条件。

金融科技无疑为这种转变点燃了引擎，大数据、云计算、AI人工智能等技术的日益成熟，金融与科技的碰撞迸发出了新的力量，证券公司服务边界已经被突破，需要构建更为全面的客户服务全景视图，改变传统的客户服务模式。以客户为中心，深化运营和服务，提高客户满意度，加强客户黏性，挖掘客户价值，已经成为行业发展的共识。

案 例 概 述

当前，证券公司客户服务面临的问题如下。

1. 洞察客户容易，服务客户不容易

目前，各大头部券商通过客户标签画像的建设，积累了大量的客户数据，但是这些数据多呈现为客户全景画像的形态。身处移动互联的时代，客户的需求和行为时刻都在变化，需

要实时捕获并与市场、交易数据进行融合，形成统一规范的客户服务驱动能力。

2. 精准运营容易，场景化服务不容易

获客比留存的成本已经高出4~10倍，不及时、非相关的互动甚至服务缺失会导致较差的客户体验，进而导致客户的静默或流失。结合客户生命周期，合理有效地与客户进行交互，实现服务场景化：在合适的时间对合适的客户通过合适的介质产生连续的交互，拉长客户体验，这些已经成为线上运营的新需求。

3. 服务覆盖是容易的，服务有温度是困难的

目前开展客户运营、产品营销等活动越来越依赖于技术实现。技术手段解决了高效、精准的问题，但是客户经理的经典服务经验很难融入技术人员开发的程序化的服务流程中。想让服务有温度，就需要技术人员与业务人员有机结合。

4. 运营效果的监控是容易的，持续改进是困难的

通过数据统计和分析监控运营过程已经成为行业的标准运营手段，但是评价效果的客观性、及时性需要通过对运营过程的切片效果跟踪才能更准确地完成。同时，如果是一个多步骤、多触点的复杂运营场景，如何及时调整运营链路、提高客户转换、压缩运营成本、实现服务闭环提升已经成为经纪业务集约化管理的新痛点。

证券行业是人力密集型行业，过往的历程中人力是发展的第一引擎。近年来金融科技迅猛发展并广泛应用，已成为驱动效能提升的另一重要引擎。中信建投证券结合自身情况，从人力引擎到"人力＋科技"双轮驱动，利用金融科技驱动效能提升。

基于大数据、流计算等相关技术，结合机器学习及数据挖掘模型，构建集"数据整合加工、挖掘分析、客户细分、客户运营、运营分析"于一体的精准化、智能化、自动化的线上线下多渠道结合的证券精准智能化服务平台，形成了运营闭环体系，实现智能化、自动化持续运营的能力。

系统以客户标签画像和机器学习模型为基础发现目标客群，业务人员可视化编排运营流程，流程自动按策略执行，自动进行"线上＋线下"多渠道全方位地触达目标客户；通过及时的过程跟踪和运营指标反馈，实现运营策略的持续优化。

平台上线后，结合客户生命周期的不同阶段，对客户服务和运营工作进行统筹规划和设计，逐步形成体系化的客户服务。目前，在生产环境实际运行了实时断点开户召回、新客专享产品促活、免费投顾产品促活等多个场景流程，后续也将不断上线新的业务场景和流程。

解 决 难 点

在证券公司客户服务模式的发展过程中，大致可分为以下3个阶段。

1. 营业部线下服务

在过去高佣金和行业壁垒的保护下，客户服务主要依托线下营业部。由于客户数量众多，客户经理能够服务的客户数量有限，只能覆盖高净值客户，其余大量的长尾客户实际无法得到精准服务。

2. 互联网线上服务

随着各券商纷纷推出线上App，实现传统业务的移动化，打破了服务的地域和时间限制，极大地拓展了服务客户的空间，为证券公司带来了提速发展，有效提高了长尾客户服务覆盖，带来了互联网券商模式近年来不可阻挡的发展红利。但是，随着全行业互联网红利逐步退潮，客户服务开始面临移动应用同质化凸显、服务成本上升、转化率衰减等新的课题。

3. 精准智能化服务

精准智能化服务开始借助金融科技的力量跃然纸面。构造一个基于数据驱动、智能化、自动化的客户服务运营体系，已经成为券商解开线上运营效率不高、获客成本逐年增加、客户注意力难以集中、转换周期长等问题的金钥匙。

精准智能化服务不是凭空出世的，它是对前两个阶段客户服务的继承和发展，具体特征包含以下几个方面。

① 以客户为中心，打通各个应用系统之间的数据孤岛，形成客户全链路数据，深刻洞察客户，构建统一客户视图。

② 智能化的客户需求预测和产品服务匹配，借助AI技术对客户需求进行预测，挖掘客户潜在需求，为客户提供更匹配的服务和产品。

③ 服务的主题化、自动化、智能化。通过机器执行提前设计好的运营流程，自动化地进行营销策略分发、执行。实现"线上＋线下"全渠道融合，实现对全量客户的精准服务覆盖，提升服务质量和运营效率，降低运营成本。

④ 客户反馈交互式推进即时响应，自动实时抓取和分析客户数据，自动推进运营动作、多层多维度立体服务。

⑤ 及时运营效果可评估，利用运营过程中的数据对运营的绩效和过程进行评价和分析，指导运营模式优化、蜕变。

创 新 亮 点

证券精准智能化服务平台是从证券公司自身业务情况和发展出发的，结合了数字化营销的先进理论方法和前沿的计算机技术。平台能够代表目前证券行业内领先的客户服务和运营理念，平台的技术架构使用的都是当前主流和前沿的相关技术，如Hadoop、Spark、Akka、Elasticsearch、Kafka、Docker等，充分将金融和互联网技术进行了有效结合，是证券行业内金融业务和AI智能进行融合的一个有效探索和实践。该平台主要涉及以下几项技术。

1. 大数据计算

① Hadoop平台。整合各类异构数据（结构化、非结构化、半结构化），如历史交易数

据、产品数据、行为数据等，打通数据孤岛。通过非实时和实时的方式进行数据采集，导入Hadoop平台。

② Hive数据仓库。通过离线计算绘制客户画像，构建客户全景视图，给不同客户打上不同标签。

2. AI机器学习

基于Spark实时计算框架，通过机器学习模型挖掘为客户实时反馈数据分析结果。智能化预测客户需求，并与公司内部产品和服务进行匹配，挖掘潜在目标客户。同时，根据客户实时反馈数据，不断迭代、调整和优化模型。

3. 自动化策略引擎

① 状态模式。当一个对象的内在状态改变时允许改变其行为，这个对象看起来是改变了其类。对于复杂状态逻辑的处理，使用状态模式可以将具体的状态抽象出来，而不是分散在各个方法的条件判断处理中，更容易维护和扩展。

② Akka框架。自动化策略引擎核心采用Akka框架，能够较好地实现状态模式，通过Akka FSM实现有限状态机。FSM的状态转换模式特别适合现实中的业务场景和流程。流程中的每一个客户都是一个实例Actor，每一个Actor都遵循有限状态机的逻辑（如果当前处于状态S，发生了E事件，应执行操作A，然后将状态转换为S）：

$$State(S) \times Event(E) \rightarrow Actions\ (A)，State(S')$$

③ 高并发，大吞吐量。结合Kafka消息中间件、ElasticSearch快速检索、Redis缓存，实现基于工作流的实时、并发、异步数据处理，满足系统高并发、大吞吐量的要求。

4. 分布式可扩展

① 基于Docker容器部署。采用Docker容器技术实现每个功能模块的"一次构建，处处运行"。

② 分布式集群部署，支持快速横向扩展。

5. 业务创新

① 形成运营闭环体系，实现发现目标客户、设计运营流程、执行运营流程、跟踪运营指标于一体的运营闭环体系，不仅能够开展运营动作，还能对运营效果进行评估和监控。

② 业务逻辑与IT开发解耦。业务人员通过平台可视化地快速搭建运营场景和流程，实时跟踪关键指标，极大地缩短运营周期、降低沟通成本。

6. 技术创新

① 自动化智能运营。AI机器学习可以自动发现目标客户，并且能够实现业务可视化设计运营流程、机器自动执行运营流程（无须人工干预）、实时动态跟踪运营指标。

② 基于大数据平台，实现客户标签画像、用机器学习模型挖掘客户，以此精准地识别目标客户。

③ 基于Akka分布式并行框架进行流数据计算，实现以数据为事件驱动，打造自动化的工作流运行模式。

④ 分布式部署与快速扩展，采用容器与微服务技术，该技术能够根据系统吞吐量要求实现快速扩展。

应 用 落 地

1. 客户运营体系

秉承"数据驱动、流程闭环、自动运营、自主优化"的原则，证券精准智能化服务平台的客户运营体系如图1所示。

以人工运营和自动化运营为核心的运营策略，打通客户的各类数据，整合公司内部各类产品资源；通过客户画像和机器学习，实现客户的精准分群和AI挖掘；通过可视化场景设计，最终通过线上和线下全渠道对客户进行立体服务。同时，通过运营指标、过程跟踪、A/B测试等进行数据分析，提供客户运营的自主优化能力。

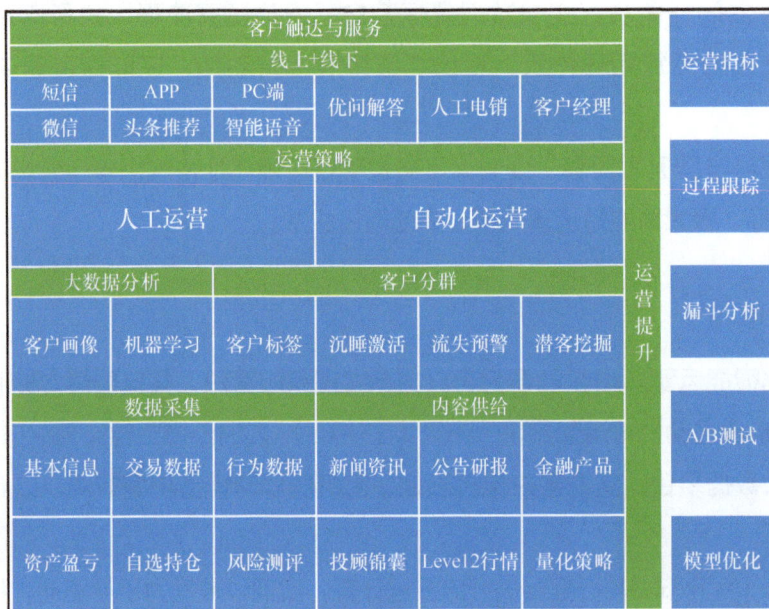

客户触达与服务						运营提升	运营指标
线上+线下							
短信	APP	PC端	优问解答	人工电销	客户经理		
微信	头条推荐	智能语音					过程跟踪
运营策略							
人工运营			自动化运营				
大数据分析			客户分群				漏斗分析
客户画像	机器学习	客户标签	沉睡激活	流失预警	潜客挖掘		
数据采集			内容供给				A/B测试
基本信息	交易数据	行为数据	新闻资讯	公告研报	金融产品		
资产盈亏	自选持仓	风险测评	投顾锦囊	Level2行情	量化策略		模型优化

图1

2. 系统架构

证券精准智能化服务平台的系统架构如图2所示。

（1）数据采集

整合公司内部各类异构数据（结构化数据、半结构化数据、非结构化数据），打通数据孤岛。

（2）大数据分析

基于Hadoop大数据平台，通过客户标签画像和机器学习模型挖掘两种方式实现客户精细化分群管理及智能化客户需求预测。

（3）客户标签画像

构建客户360度立体画像，包含客户基本属性、账户属性、资产属性、交易属性、投资偏好等多个维度。

图2

（4）机器学习模型挖掘

通过模型智能化预测客户需求，并与公司内部的产品和服务进行匹配。同时，根据客户的反馈数据，不断迭代、调整和优化模型。与机器学习平台系统集成的架构如图3所示。

3. 运营策略

运营策略描述了和客户交互的方式，包括在什么时机、向什么人、发布什么内容、以什么方式发送。常见的形式有两种：单波次策略和多波次策略。单波次策略即一次性交互的方式，相对简单，用人工运营的方式完全可以满足。多波次策略即交互比较复杂，依靠单次交互并不能达成目标，需要考虑工作流（workflow）实现多次交互。多波次策略比较复杂，单纯依靠人工很难快速有效地进行，因此需要借助自动化运营来完成。

自动化运营的核心在于策略引擎，主要包含策略设计、策略执行、动作执行3个部分，如图4所示。

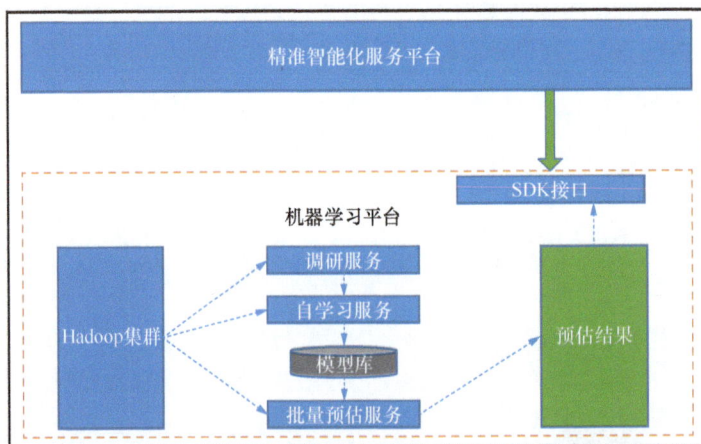

图3

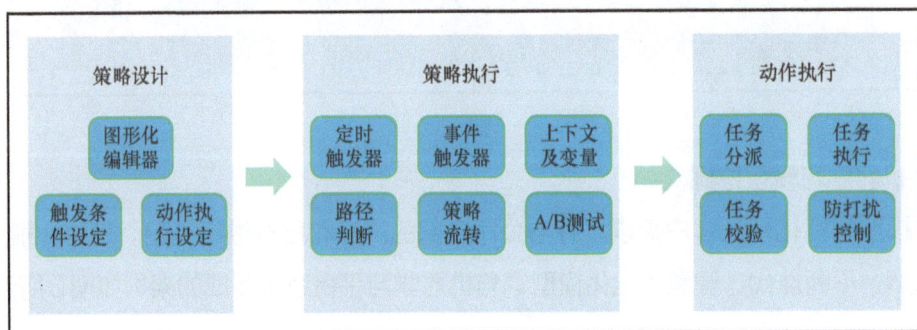

图4

策略设计：业务人员无须懂得编程，通过可视化的编辑界面，即可便捷地完成运营场景和流程设计。可以像搭积木一样添加各个组件，进行复杂场景的设计，如图5所示。

策略执行：既可以对已知目标人群进行运营，也可以根据实时数据判断客户交易和行为的动态变化，触发运营方案的自动执行。当客户进入流程后，系统能够自动进行匹配和路径判断，自动对满足条件和不满足条件的客户执行不同的分支。

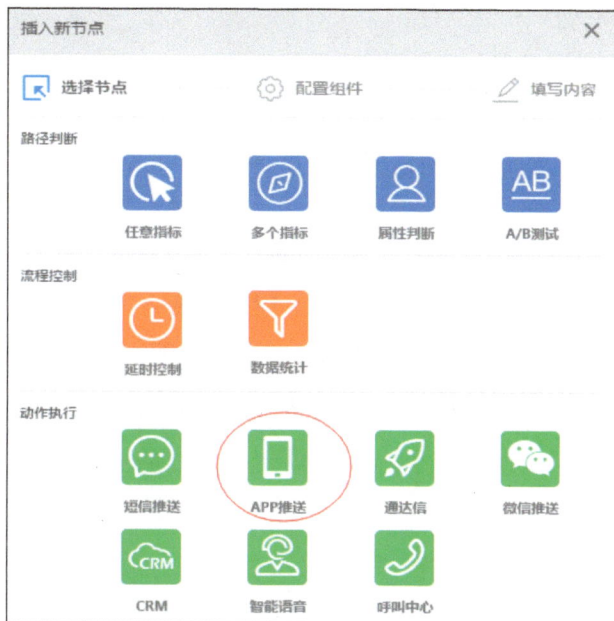

图5

动作执行： 执行具体的任务，如发送短信、进行App推送等，同时能够对任务进行校验，对任务执行的目标对象进行防打扰控制，避免重复、过分骚扰客户。

4．运营分析

通过分析与评估，可获取实施效果的全面评价信息，并将运营过程中的经验和数据沉淀形成知识库，不断优化和改进运营，不断提升运营质量。

客群分析： 通过对比目标客群运营前后的关键指标，对运营效果进行评估。

运营指标： 根据客户生命周期构建面向券商业务的运营指标体系，提升数字化运营能力。

过程监控分析： 监控和跟踪每个环节的数据，掌握每一步的状态和转化数据，为发现问题、流程优化提供帮助。

漏斗转化分析：通过分析关键步骤的关键指标漏斗转换率，帮助快速发现问题关键点，进而指导如何改进业务流程。

5. 渠道对接

将线上和线下的全部渠道资源进行整合，实现对客户的全方位触达和服务。

合 规 性

在合规性方面，平台对所有客户敏感信息字段进行国密标准的加密，防止客户信息泄露；运营流程全程自动化地由机器执行，避免人工处理和导入导出相关客户数据。

案例8 星环科技——TDH金融大数据平台

星环信息科技（上海）有限公司

案 例 背 景

随着大数据、云计算、人工智能的科技浪潮接踵而至，我国银行业所处的环境与过去有着极大的差别，尤其是城市商业银行面临着巨大的机遇和挑战。随着金融科技的兴起，金融机构依托各类前沿技术对传统金融行业的产品及服务进行变革，拓宽传统金融机构的获客渠道，提高金融服务提供商的运作效率，并提高其风险管理能力。作为总体规模较小、经营地域受限的城商行更需要借助金融科技在各自擅长的目标市场深耕细作，以求在激烈的行业竞争中寻找差异，形成鲜明的竞争力。

案 例 概 述

金融科技突出了数据在金融服务中的应用，通过数据处理技术、数据科学、数据工程结合业务场景，改造传统金融服务体系。在大数据时代，企业在获得内外部数据、结构化与半结构化数据时的成本在下降，数据维度在扩充。金融科技将大数据、区块链等技术运用于产品设计、用户体验、风险管理等领域。

星环科技希望利用大数据技术助力城商行获得强大的线上功能与服务，带动全行中后台体系提升客户线上服务体验和内外运营效率、提高精细化管理能力、为拓展生产营销的互联网共赢模式提供有力支撑，做全行转型发展的助推器。

解 决 难 点

虽然大多数城商行已在金融科技领域有所探索，但是绝大多数的实践并未达到预期。究其原因，主要有技术储备、资金实力、人才、机制等方面的限制以及系统性、前瞻性不足等因素。其中，大数据和人工智能专业人才的缺失和银行固有管理机制的限制是城商行面临的最主要问题。

面对这些痛点和难点，星环科技通过一站式大数据平台的建设，帮助城商行实现内外部数据的采集和整合，极大地丰富了数据维度，为开展金融科技探索提供了坚实的基础，并且依托场景深入挖掘数据中的潜在价值，建立完整的数据运营能力，最终帮助城商行实现智慧金融。

在实施过程中，主要经历了以下几个技术难题。

① 受限于高性能存储的成本和数据并行化处理能力，占总存储量80%以上的数据在系统里并未得到利用。大量历史数据存储于磁带库中，未能形成数据资产。生产环境中部分数据量较大的表查询统计速度极慢，无法实时支撑业务。

② 陆续引入的工商、统计、海关、法院等外部数据快速增长，需要大容量低成本的存储技术来支撑，同时为满足业务要求，还要求能够实现大规模数据处理和实时响应。这是传统的技术手段无法满足的。

③ 数据要经过分析处理产生商业价值才能形成数据资产，传统的BI技术在面对大规模数据处理时显得力不从心，一般仅限于形成报表对现象进行描述，而对于现象进行分析并辅助决策或形成业务规则还需要人工来完成，这是相当低效的。要深度挖掘数据中的价值，不仅需要能够使用数据对现象进行描述，还需要能够在业务现象描述的基础上实现自动化的业务诊断（发现问题）、规范性指导（辅助决策），进而进行业务预测。这需要引入数据挖掘、机器学习、图计算等人工智能技术。

具体到金融业务，就需要对行内和外部各类多源异构数据进行采集并整合存储，在深度挖掘海量数据价值的基础上建立风控模型和规则，并能够实时响应业务端的风控请求。

创 新 亮 点

星环科技大数据平台实现了内外部各类风险数据的采集和整合，极大地丰富了数据维度，为大数据风控提供了坚实的基础，并且依托场景深入挖掘数据中潜在的风险属性，建立完整的数据运营能力，最终形成立体的大数据风控体系，解决了部分企业客户因缺乏可信的财务报表、征信数据稀疏而难以判断其经营情况及真实风险的痛点，个人客户则更是无从判断其信用状况等。大数据风控体系整体架构如图1所示。

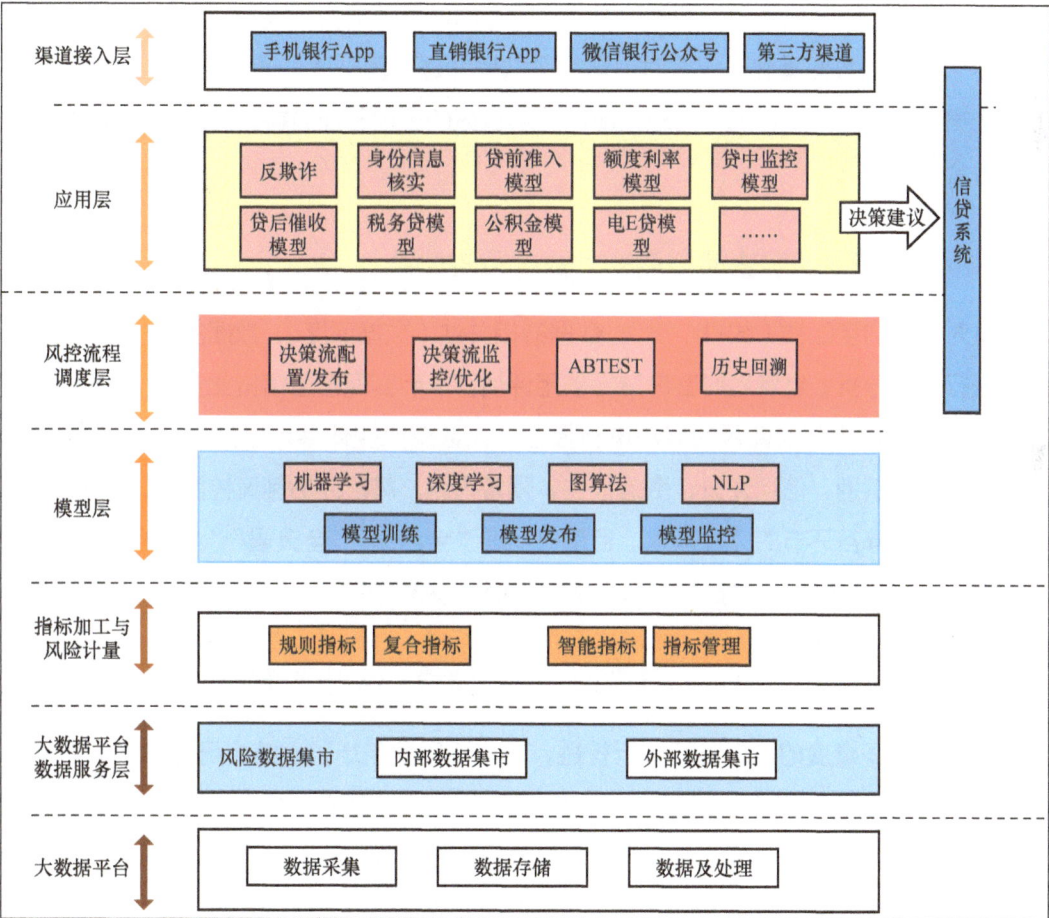

图1

本项目的创新亮点主要有以下几点。

1. 内外部数据集是奠定大数据风控数据的基础

为解决征信数据稀疏问题，结合数据的业务属性，基于大数据平台构建了内外部数据集市。其中，内部数据集市将信管系统、核心系统、个贷系统、信用卡系统、同业系统、押品系统、非信贷业务系统等十余个系统的数据整合到同一个平台当中，所有下游系统由数据集市统一供应数据，运用大数据平台强大的处理能力，极大地减轻了业务系统的压力，同时也有助于内部数据的标准化管理。不同种类、不同范围、不同更新频次的外部数据为大数据的应用奠定了丰富的数据基础，但同时也增加了数据管理的复杂度。通过建立外部数据平台，对外部数据进行统一入库、统一管理，使得外部数据的运用更加可控，同时与内部数据进行有机的整合。

2. 覆盖信贷业务全生命周期的大数据风控体系

通过对数据的全面性（数据广度）、数据的相关性（数据深度）、数据的时效性（数据鲜活度）进行整合分析，客观地对客户进行信用评估，从而实现覆盖信贷业务全生命周期的大数据风控体系，准确判定能否对客户进行授信。大数据风控体系可以提供信息核验、风险名单验证、欺诈识别、信用评分、资信报告、预警检测、风险评估等风控服务。它覆盖了贷前、贷中、贷后等各环节的风控需求。目前已实现"全自动""全天候""全信用""全覆盖"的"四全"风控，可以提供秒批秒贷风控能力，极大改善客户体验。

3. 通过机器学习建立的贷前审批、贷中监控、贷后管理信用评估模型

通过对客户多维度的数据进行分析挖掘，针对不同业务场景，结合历史存量贷后样本，运用机器学习算法建立信用评估模型，模型常用逻辑回归与随机森林算法等可解释性较强的算法建立。部分识别效果显著的模型可以固化为规则并进行前置。整个风控流程由一系列的准入规则、反欺诈规则及信用评估模型等风控组件组成。只有通过贷前审批风控流程中所有

风控组件的审批，客户的进件申请才能进入到其后的额度审批、利率定价环节。定额定价环节同样是依托历史样本及客群属性等特征建立模型和规则。给合适的客户以合适的利率和额度，才能最终实现风险与收益的平衡。

在贷中监控环节，实时检测客户风险变化以及市场波动情况，对于检测到风险的客户，经过人工核实后，可以采取冻结额度、提前催收等手段，提前进行干预，防患于未然。

在贷后管理阶段，目前主要做了催收资源和催收策略的优化。同时，正在积极探索利用大数据及互联网数据进行失联客户修复等贷后催收工作的尝试。

4. 基于流计算引擎的秒级风控决策

基于流计算引擎建设的风控决策引擎为决策流中的各类规则和模型提供了强大的算力支撑，实时响应前端风控需求，为融资贷款业务提供良好的风控能力。以融资贷款产品为例，基于流计算引擎的平台能够实现审批、授信瞬时完成，贷款资金实时到账，并有多种贷款期限和还款方式供客户选择，与传统的人工信审层层审批的贷款流程相比，客户体验极佳。

应 用 落 地

星环科技大数据平台TDH为各城商行网点赋能，提供便捷人性化的线上交互操作，同时优化营运流程，共同推进全渠道交互，促进智慧网点转型；通过大数据技术和AI技术，基于星环大数据平台TDH构建全行统一的大数据平台，提供数据化智能化的决策支持能力，为数字银行提供三个层次的决策，实现"高层战略管理决策""中层战术管控决策""基层执行决策"上的数据化智能化。星环科技TDH大数据平台推动了传统业务的互联网革新，通过业务和科技的双向融合，开辟传统金融产品服务的新思路、拓展传统产品服务营销的市场。

在合规性方面，安全管理机制Transwarp Guardian提供集中的安全和资源管理服务，在Transwarp Guardian安全保护下，所有的应用服务都可以借助Kerberos实现数据加密，或者通过LDAP实现身份验证，保护集群免受恶意攻击和安全威胁，保障数据安全的同时支持对资源做细粒度的ACL控制。其多租户资源管理模块可以按照租户的方式管理资源，并通过一个图形化工具为用户提供权限配置以及资源配置接口。为了实现更全面易用的安全保护以及日志审计功能，Guardian可以同日志监控系统 Milano进行对接，通过日志分析对日志系统实现更加完备的安全监控。

星环科技通过大数据平台及其风控体系建设，利用金融科技落地实现了包括贷前、贷中、贷后全生命周期风控体系和风控产品的落地。反欺诈风控系统快速帮助银行识别出风险事件，有效帮助风控部门识别出潜在欺诈风险，提高决策效率和准确性。基于平台打造的应用和功能，极大地方便了业务办理，实现效率提升。

① 为经营规范、用电正常的企业打造一款无须抵押担保的全线上信用贷款。借助互联网渠道，客户凭使用电量、交纳电费的历史记录即可申请办理，并在线获得贷款额度，实现了"线上申请授权、网上数据推送、业务自动审批、在线自主用款"的"全线上"办理。

② 为正常缴税的小微客户打造的一款"以无担保纯信用为主，可采取各种方式组合为一体"的信贷产品。借助互联网渠道，小微客户仅凭缴税记录即可申请办理，并在线获得贷款额度，实现"在线申请、网上用款、随借随还"。目前已在十多个省成功落地，授信额度数百亿，让诚信纳税的小微企业享受到更加便捷、更加高效的融资服务，有助于实现企业诚信纳税、便捷融资和健康发展的良性循环。

③ 面向社会大众推出的免抵押免担保的个人消费贷款产品，借助大数据信用评级应用，全线上办理、全自动审批、全数据化管理。客户登录手机银行客户端提交贷款申请，只需简单地录入信息，后台会自动调用多个系统平台运作，审批、授信瞬时完成，贷款资金实时到账，并提供多种贷款期限和还款方式供客户选择，客户体验极佳。

④ 平台实现了对海量数据的实时查询，保障员工在工作中进行查看、定制、挖掘及分析等操作流程。基于星环大数据的数据仓库平台，极大地减少了硬件投资成本，整体处理能力可提升5~10倍，解决了商业银行数据应用困扰多时的若干问题。

此外，基于星环科技大数据平台还实现了个人客户缴税记录授信、个人客户公积金缴存记录授信以及全线上全自动的物联网动产质押融资等数十个应用和功能。

基于星环科技大数据平台建设的大数据风控体系，有效推动了城商行金融科技的落地实践。截至目前，有数十家城商行在使用星环科技大数据平台的过程中实现了金融科技助推经济发展，为金融行业发展做出了积极有益的探索。

案例9　中国银行——大数据应用平台

腾讯云计算（北京）有限责任公司

案 例 背 景

　　数据已成为重要的生产资料，数字化成为银行下一个十年的战略重点。中国银行为落实"科技引领、创新驱动"战略要求，努力打造业内一流的大数据分析及应用平台，从技术、数据、应用等多个层面推动全行数字化银行转型。

案 例 概 述

　　大数据平台定位为中国银行统一的大数据分析与应用平台，是现阶段中国银行重点建设的三大技术平台之一。腾讯帮助中国银行使用TBDS在技术层面搭建全行大数据基础设施，实现企业级数据湖存储和海量异构数据的高效处理。与此同时，腾讯协助中国银行构建了多个大数据基础服务，在数据层面融合贯通内外部数据，建立全行统一共享的标签体系，解决银行内外部数据融合和应用的难题，数据的可获得性增强，极大地丰富了数据维度。在应用层面实现PB级大数据可视化分析探索，建立数据沙箱，首次推动全员分析和应用数据，释放数据的流动性和价值，支持复用平台的数据和计算能力，快速构建大数据应用，目前已在数字化营销和风控等领域取得成效。

解 决 难 点

　　银行客户在大数据平台建设和使用方面存在平台建设能力薄弱、大数据开发经验不足、大数据组件繁多、运维复杂等问题。中国银行通过腾讯TBDS构建面向全行的大数据应用平台，实现了统一数据治理、全链路大数据开发和一站式可视化运维管理。中国银行大数据应用平台全面整合银行内外数据，实现了全行数据共享，支持PB级规模的大数据可视化分析探索，最大程度地释放数据的流动性和挖掘数据的价值，从根本上提升了中国银行的数据运用能力。

　　银行业传统构建大数据应用过程中需要重复进行数据和应用建设，在本项目中，中国银行联合腾讯一起在大数据平台之上构建了全行数据管理、客户标签、数据沙箱等多个基础大数据服务，为中国银行各类大数据应用提供基础支撑，支持各业务条线在大数据平台之上根据需求快速构建大数据业务应用，包括精准营销、实时授信、风险控制、内部决策等领域。

创 新 亮 点

1. 大数据开发全链路覆盖

　　数据多源集成、异构数据的存储、离线/实时的数据处理、数据检索分析、集中式的作业调度工作流、可视化运营与监控、可视化分析展示的整个过程都可以在平台中一站式完成。基于SOA架构开发数据应用，在技术选择上充分利用云计算、大数据等前沿应用技术的最新成果，借助云的灵活性，更好地满足中国银行可变业务的需求；借助云的敏捷性，更快地响应业务要求，通过大数据提供的海量数据处理能力，更充分地挖掘用户数据的价值。在业务展示上充分利用数据可视化新技术，借助图形化手段，从不同的维度观察数据，从而对数据进行更深入的观察和分析。在数据应用集成层提供丰富的数据分析工具，支持模块的拖曳和自由组合，简化流程，提升应用系统的友好性和易用性以及操作的便利性，让服务对象享用信息化建设的成果，得到更加便捷、优质的服务。

2. 多源数据接入系统

对于多源异构数据的采集处理，中国银行的大数据平台可通过图形化方式方便地实现内部多源异构数据的集成与处理。同时，平台也提供过向导式的批量离线接入方式；基于消息中间件的实时日志采集服务（分布式、可靠的日志采集服务），以方便研发或数据挖掘分析人员选择使用。

该数据集成平台支持实时、批量、日志等多种数据采集方式，拥有多种系统和设备的开发工具套件，能够快速对接各类源数据；对采集到的多种数据源经过抽取、转换、加载，创建多种任务调度，以满足不同的数据需求，并且能够根据企业的需求快速扩展。

3. 平台开放性

大数据平台涵盖了大数据存储、离线大数据处理、实时流处理、权限控制、运维平台、统一的任务调度机制、第三方应用开发接口等全面的大数据平台功能，兼容并支持多个异构大数据平台功能，涵盖了业界开源社区常见的大数据功能组件，能够兼容这些异构平台的hdfs存储、HBase半结构化存储、Hive数据仓库、mapreduce计算模型、Spark计算框架、Flink实时流处理等常用的重要功能组件。构建在这些异构平台体系之上的第三方应用系统也能够平稳移植到该大数据平台。

4. 可视化数据分析技术及平台运维能力

平台具备强大的数据分析与探索挖掘能力，用户能够方便地对 PB 级大数据进行可视化的数据分析探索。同时平台提供一站式的可视化运维管理平台，包含一键式集群部署、增量部署、丰富的可视化运维工具、完善的面向多租户的计算资源管控体系和用户权限管理体系。

开发者可通过大数据平台的Web界面，在浏览器端的Web控制台上与Hadoop集群进行交互分析处理数据，支持可视化的数据查询分析操作。

（1）支持HiveQL/Spark/HBase 交互式查询

通过上部的标签页实现HiveQL、HBase交互界面切换，支持编辑器库表浏览功能，整体还是基于项目租户权限管理，能够通过文本编辑器实现SQL、HiveQL的脚本编写和调试。

（2）查询结果的列表展现

查询结果是通过格式化表格展示的，支持表格分页。可以通过图表功能对查询结果进行简单的可视化展示分析。

（3）支持加载UDF功能

Hive编辑器可以支持自定义UDF函数，开发者通过文件资源管理界面上传相关自定义jar包，然后在编辑器显示指定jar包的HDFS路径，在HiveQL中直接调用自定义函数使用。

（4）执行过程的取消等操作

开发者在将HiveQL转化为MapReduce任务运行时，支持过程中将查询任务取消，开发者可以优化配置、修改编辑查询语句等。

（5）分析脚本可编辑等操作，同时提供了历史查询功能

大数据开发管控平台默认支持将最近查询语句保存，并可以由开发者主动保存核心关键查询脚本，通过命名和备注实现查询脚本的版本迭代管理。

5. 构建大数据基础服务，实现大数据应用快速开发

在大数据平台之上构建了全行数据管理、客户标签、数据沙箱等多个基础大数据服务，为中国银行各类大数据应用提供基础支撑，支持各业务条线在大数据平台之上根据需求快速构建大数据业务应用。

大数据平台拥有对业务开发商完全透明、开放的应用开发接口，平台对不同应用开发商完全透明开放，不受限于任何具体的应用开发业务体系。应用开发商在平台内部书写具体的应用程序，这些应用程序可以是任何行业应用算法和案例，并不受限于平台本身。大数据平台提供统一的调度系统去调度这些程序，并能够按照客户实际需要为不同数据处理任务添加父子关系、血缘关系，以及配置任务执行时间和执行周期。

大数据平台支持开源社区常见的大数据功能组件。大数据平台采用统一的组件部署系

统，也采用了统一的任务调度系统，能够将任何大数据功能组件部署在平台内部。通过将功能组件的元数据等信息存储在调度系统总数据库，调度系统就能够将该组件的任务添加到任务流里面执行。

6. 数据和平台安全

大数据平台在开发、运行和维护过程中采用一系列信息安全措施，确保系统的网络安全。平台拥有健全的安全审计、权限管理功能。在各系统的外部接口增加安全保护措施。

大数据平台严格设定多租户的隔离，支持数据存储和计算资源的有效隔离，以及租户内部的权限细粒度管控。在设计时从纵向、横向、前向、后向多维互联角度充分考虑，建立完整的数据管理体系，遵守统一的数据源、统一的数据模型、统一的数据接口、统一的接口标准等原则，保障数据的一致性。同时兼顾系统的开放性，充分考虑各类应用需求，包括大数据应用、传统数据应用，涵盖统计监控、宏观决策、微观分析、公众服务等。并且不设置应用总集成概念和实体，以利于公司内部各部门、各子公司等相关主体自主开发各类应用。此外，设计上不局限于分析类应用，可尝试海量并发查询类应用等应用模式。最终实现对敏感数据与应用访问的权限控制和轨迹跟踪，加强核心数据的管控，确保系统数据安全。管理数据权限并实施数据访问控制，针对各应用系统组织实施安全审计。

大数据平台提供审计管理功能。通过该功能，管理角色可以详细掌握每个用户的操作记录，并且这些记录都是只读的，任何人都不得修改和删除，为平台的安全性审计提供了保障。平台提供审计管理功能，平台详细记录用户在系统中的每一步操作行为，以及记录用户登录和退出的相关详细信息，确保了在平台上的任意操作都有据可查，方便内部执法监督。

7. 平台稳定性

为保证大数据平台能为用户提供连续不间断的 7×24 小时服务，大数据平台必须具有高可靠性以及高冗余特性。在系统设计时应注意尽量减少单点故障的存在，对存在单点故障的环节，在设计上必须减少其对整个系统的影响。

平台可靠性包括底层硬件和网络系统可靠性、底层存储系统可靠性、任务调度系统可靠性、组件部署系统可靠性、计算处理系统可靠性、平台运维系统可靠性等各系统的可靠性。大数据平台的所有系统均采用分布式架构，保证了系统不会出现中心架构那样的单点故障，也不会出现负载压力不均故障；所有系统均采用了备份容灾机制，保证了所有数据和服务的安全以及可恢复特性；所有功能组件以及数据处理任务都采用元数据控制机制，保证在故障情况下能够完全恢复正常。元数据库本身也采用主备机制，保证了高可靠性和高可用性。

大数据平台核心组件的重要组成部分都设计实现了HA，保证这些功能组件在出现故障的时候能够立马切换管理节点，对应用服务不会有任何影响。hdfs采用了3份备份容灾机制：管理节点namenode拥有主从机制，元数据库采用主备机制，HBase的Master采用主从机制。数据存储采用3份备份容灾机制：元数据库采用主备机制，Spark的主节点Master采用主从机制，Client节点采用分布式部署机制。

应 用 落 地

腾讯协助中国银行构建了统一的大数据应用平台。在技术层面，建立了完善的中行大数据技术体系，具备运用分布式和流计算的快速计算能力以及机器学习、实时决策、数据沙箱、可视化等技术实现数据分析和挖掘能力。在数据层面，不断完善大数据平台，逐步纳入中国银行行内外海量半结构化和非结构化数据，不断拓展大数据平台的数据范围；在业务应用层面，通过挖掘预测、实时处理来增强或延伸传统BI分析应用场景及功能，加强与渠道的互动协同能力，构建精准客户营销与推荐服务体系。将人工智能等先进技术合理布局到各种金融服务场景中，充分发挥创新应用的示范作用，加速变革和转型。

TBDS当前对外服务群体覆盖政务、公检法、金融、工业制造、交通、能源、广电、零售、汽车、医疗、电商、资讯、游戏等数十个行业，为泛政府、泛企业客户海量数据集、存、管、用提供一站式大数据解决方案。

　　TBDS为适应金融、政务、公安等行业要求，在安全合规方面做了优化增强：全平台实现了单点登录和统一策略管控中心，支持基于角色的列级数据管控体系，保障数据访问安全。平台支持自定义算法的数据加密，确保数据在传输、存储过程中的安全管控。具备健全的访问审计及预警模型，可实现安全事件的事后追踪和企业的定期安全审计。

案例10 新致软件——金融大数据ECIF平台

新致软件股份有限公司

案 例 背 景

随着金融行业全面开发，行业竞争呈不断加剧之势。保险公司之间全方位竞争，不仅体现在金融产品创新上，还体现在内部的经营管理上，其基础和实质则是如何做到以客户为中心，更好地为客户服务。

金融行业的经营模式是以产品为中心的，内部系统的组织模式也是以产品为中心、销售渠道为重点进行建设的。这就导致内部的各个系统间客户信息的存储是割裂的，形成了诸多的系统孤岛。例如，在许多保险公司中，客户数据分布在众多彼此隔离的系统中，核心系统、Callcenter系统、渠道管理系统、理赔系统等。引起企业客户问题的主要原因之一正是构建在各种架构之上的不兼容系统中的这种部门化数据，使得企业几乎不可能创建和维护客户的"单一"视图。

ECIF（企业客户信息工厂）是指对企业的客户信息进行整合，形成集中、全面的客户信息。ECIF平台正是解决这个问题的最佳方案，主要功能是对企业内的客户信息进行统一的管理。ECIF是数据管理的一种高级形式，企业对客户主数据进行管理的主要目标是形成企业内关于客户的完整性和一致性，有些企业是本身客户数据不完整或缺失，有些是客户数据在多个系统中存在备份和更新，导致数据不一致。客户数据问题的重要因素之一是信息的彼此隔离。

从2000年开始，金融机构逐步建立了客户主数据管理系统（ECIF系统），帮助企业建立完善的客户信息管理分析体系。随着企业数据量越来越大、渠道越来越多、企业运营越来越互联网化，传统的ECIF系统在性能、时效上都难以满足企业要求。为解决客户痛点，新致团队自主研发了新致金融大数据ECIF平台，实现了客户信息的实时采集、实时创建、实时整合、实时服务以及批量服务，为企业更好地服务客户提供了实时、高效、全面的客户信息平台。

案 例 概 述

　　新致金融大数据ECIF平台凭借其在技术架构上的先进性、成熟性等独特优势，获得了金融机构客户的青睐，通过对客户信息的创建、清洗、归并、合规等能力，为金融企业建立了完整的客户信息资产，为各业务条线、各营销应用提供了完整的客户信息视图及服务，实现了性能巨大提升，每秒吞吐能力达到10万级，相比传统主数据产品性能提升了将近百余倍，在精准营销、实时风险监测、反欺诈等方面奠定了基础。

　　新致软件金融大数据ECIF平台，从整体逻辑架构上，以CIF数据存储模型为基础，在此之上包括清洗归并模型、数据处理功能组件、数据管控功能组件、对外服务功能组件、自管理功能组件，详见图1。

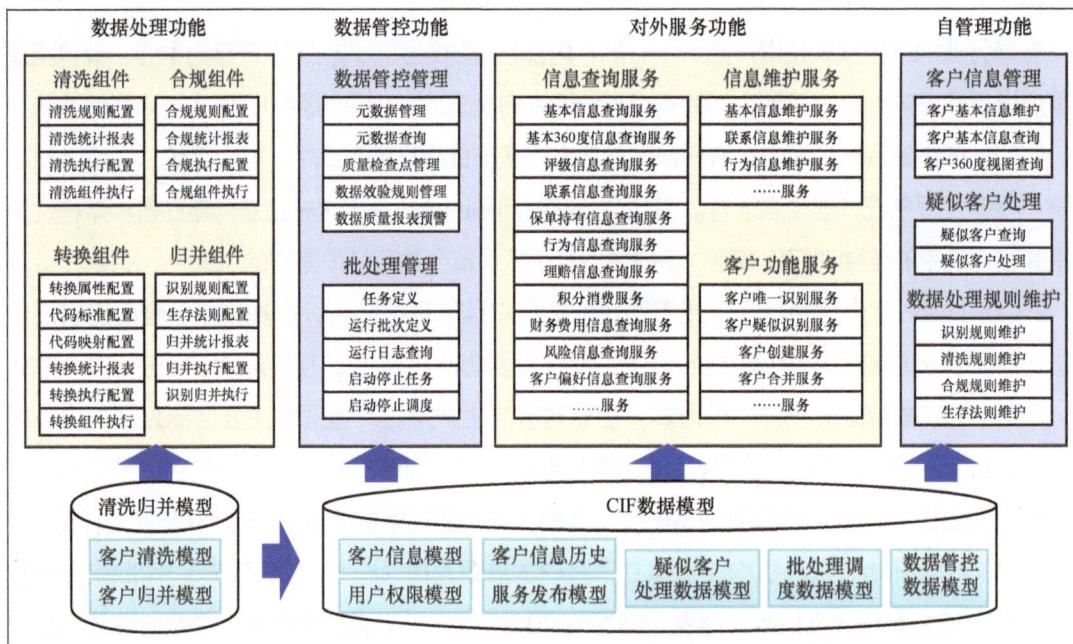

图1

　　新致软件金融大数据ECIF平台从功能层面包括了ECIF建设的所有功能需求，包括基于ETL技术和流技术的信息集成方案、数据清洗和客户整合方案、信息治理的数据质量管理平台、基于ESB各种客户信息查询服务实现数据实施共享、基于ETL时间数据的批量共享、成熟的保险行业客户存储模型及客户的360°视图查询及客户管理应用，具体功能如图2所示。

一级功能	二级功能	说明
1. 客户信息管理系统	统一客户视图	• 系统提供360°客户视图，可以从不同视角查看客户和业务数据，以方便对客户信息的全面掌握，全面了解客户 • 系统提供在这些视图上的数据查询、查看、导出和管理等功能，具体的视图包括： 　- 客户视图（个人客户、企业客户） 　- 保单视图 　- 标的视图 　- 渠道视图
	统一客户号	• 系统可生成和管理华安财险的统一客户号，原有系统的客户号可予以保留 • 支持一对多的关系，支持多个周边系统中多条客户记录映射到一条本系统中的主客户记录
	查重合并	• 系统提供查重合并规则的管理界面，可以自定义查重合并规则 • 系统支持精确匹配和模糊匹配两种数据查重方式 • 两个客户的相似度高于一定的数值则自动合成一个客户；两个客户的相似度低于一定的数值则认定为两个不同的客户；在两个数值之间的客户为疑似客户，不自动合并，经手工判断决定是否合并
	客户拆分	• 已合并的客户可以通过拆分的方式还原
	疑似客户管理	• 系统提供疑似名单管理功能，可以对在两个阈值之间的数据进行手工合并或者不合并操作
	数据冲突管理	• 基于生存法则，自动按照预先定义的各系统的数据置信水平对个人客户和公司客户的各属性值进行合并和更新
	数据验证	• 系统可以对数据项进行格式（如长度和空值等）校验，常用的校验有电话号码、手机号码、证件类型和证件号码等，杜绝不合格的数据进入系统
	数据审计	• 可以根据业务需要，方便地对数据修改进行审计配置，灵活地定义对哪些记录、哪些属性的变更进行审计，以及对哪些用户或用户组进行审计 • 对于设置了审计的数据实体，可以查询审计的历史记录
	数据管理	• 系统提供数据管理界面供系统管理和业务管理相关人员登录并对客户数据进行维护
	规则管理	• 系统提供界面能方便地对查重合并、生存法则的数据质量相关的规则进行管理
	权限管理	• 系统可对涉及的组织机构、部门、职位和职责进行管理 • 系统可对用户进行管理，可按需分配不同的权限
	行业数据模型	• 系统应提供既符合保险行业特点又具备良好的扩展性和前瞻性的数据模型，能满足华安财险业务快速发展的需要
2. 客户接触支持	与呼叫中心整合	• 客户呼入电话时，呼叫中本系统可调用本系统提供的实时查询接口，查询客户及客户相关信息
	与电销系统整合	• 为电销系统提供客户数据支持
3. 集成接口	数据初始化接口	• 系统提供数据初始化接口，可从周边系统一次性批量导入客户数据和业务数据
	批量接口	• 系统提供批量数据同步接口，可以定期从周边系统批量导入客户数据和业务数据
	实时接口	• 系统提供标准的客户数据实时查询接口以供周边系统调用（需相关系配合改造，联调一个系统）

图2

解 决 难 点

金融大数据 ECIF 平台的建设主要存在数据存储模型难点、大数据时代的数据处理能力难点、数据处理时效性难点。

1. 数据存储模型难点

一套完整的金融行业客户存储模型，既要考虑到客户存储的自身内容，又要考虑到金融行业的特殊信息，还需要考虑到在大数据、社交媒体时代的客户信息特征。这需要深厚的金融行业实践，也需要对当前金融客户信息来源的深入洞察，同时需要有深厚的建模能力。

2. 大数据时代的数据处理能力难点

金融服务作为社会中的每个人不可获取的一种服务，金融机构的互联网化、社会化客户来源，使每家金融机构都可能面临中国数十亿人口的客户信息存储及处理能力，如此大的数据量，在传统的技术条件下，数据处理能力根本无法满足金融机构的需求。

3. 数据处理时效性难点

在如今销售及服务机会瞬息万变的时代，数据的处理时效性是行业面临的另外一个巨大挑战。传统技术只能通过批量处理方式实现 T+1 天的时效，从各个客户信息存储系统中同步数据到 ECIF 平台。但是，对于渠道及业务来讲这个处理时效性完全不能够满足要求，例如，在客户希望实时获取自身赔案的处理节点、呼叫中心希望客户打电话进来咨询能够看到该客户在当前情况下所有业务及业务办理的节点、客户承保时核保部门希望能够实时地计算该客户的风险保额等，这些在传统的技术条件下都很难被满足。

新致金融大数据 ECIF 平台实现了客户信息的实时采集、实时创建、实时整合、实时服务以及批量服务，完全覆盖了原有的传统 ECIF 系统的各类功能，并在系统性能、实时性、扩展性等方面有较好的支撑，完全解决了业务痛点，为金融行业以客户为中心的经营夯实基础。

创 新 亮 点

新致金融大数据ECIF平台，应行业发展趋势而动，以解决目前传统ECIF平台面临的主要问题为目的。创新亮点包括产品化创新、数据存储模型的创新、数据存储及处理技术的创新。

1. 产品化创新

产品化创新代表该平台的完整性、可配置、内置复用处理逻辑。该项创新带来的优势为使金融行业用户在进行ECIF系统建设周期的大大缩短。该产品内置了诸多包括客户信息清洗规则、客户信息校验规则、客户归并规则、客户信息服务组件、客户信息的展示页面、疑似客户的合并及拆分管理等。其中，积累了新致软件进行金融行业EICF平台实施过程中的同业经验，使得可以通过配置化在新的用户现场快速部署实施，大大减少了实施的周期，节约实施成本。

2. 数据存储模型的创新

除了在数据存储模型层面处理考虑到传统ECIF应该存储的内容外，既提供对既有客户的存储，也提供潜在客户的存储。潜在客户更多的是互联网、社交特征，例如关系特征（推荐关系）以及金融行业用户在自身对外的系统中操作埋点的信息，即用户操作了哪些页面、最终停留在哪些页面。金融行业用户使用ECIF平台能够更好地了解客户的行为、更好地为用户提供服务，促进金融交易的完成。

3. 数据存储及处理技术创新

目前行业内ECIF平台产品及金融行业用户自建ECIF平台都采用关系型数据库来进行客户信息的存储及客户合并处理等，在实时性和计算性能上存在非常大的瓶颈。新致金融大数据ECIF平台，基于大数据技术，通过日志解析技术，实时解析金融行业产生客户信息的相关系统日志，通过消息队列 Kafka 完成解析内容的实时数据传输，并对传输的内容进行实时的数据处理（包括客户信息清洗、合并、黄金记录的生成），最后将处理的数据存放到大数据存储平台，以实现客户信息的实时采集、归并、存储。在数据存储层面，我们通过对大数据存储技术的研究与专业性测试比对，采用不同存储技术来解决不同的应用场景问题。例如，对于需要实时大并发的查询，我们将数据存储在符合此种查询要求的分布式数据存储平台中；对于需要进行批量非实时的系统间数据交换，我们将数据同时存放在满足此类场景需求的分布式数据存储平台中，即通过一份结果数据的多份不同技术平台的存储组合来解决各种数据访问场景需求，最终实现客户信息的实时整合、大并发的客户信息实时计算及查询。

图 3 所示为新致金融大数据 ECIF 平台技术架构图。

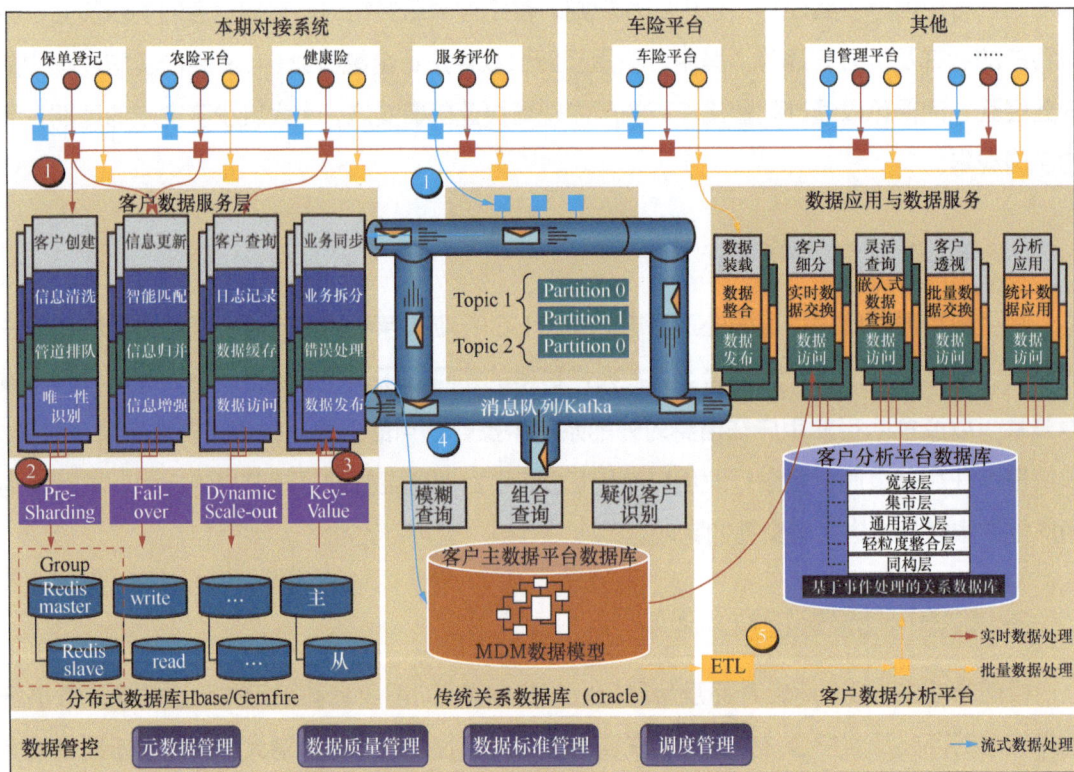

图3

新致金融大数据ECIF平台研发成功，最终满足了在金融行业IT环境去IOE、内部客户越来越多、外部数据持续接入的背景下，快速高效地实现企业级客户信息资产建设，展现了产品高效、灵活、全面、稳定的特性，奠定了在同类产品中的领先地位。

应 用 落 地

截止到2019年10月，新致金融大数据ECIF平台实施落地了包括中国银行保险信息技术有限公司个人客户主数据系统、华泰人寿ECIF系统、合众人寿ECIF系统、建信财险ECIF系统、中银保险CRM系统等，为这些客户对其整合内部客户数据，为实施以客户为中心的经营方式转型迈出了关键一步。

以目前实施的中国银行保险信息技术有限公司（个人销售者主数据管理系统项目）为例，该项目是金融行业客户数据量最大、信息整合最难的，也是支持接口最多的ECIF系统。对于传统的ECIF产品，数据初始化需要30多天甚至更多，新致金融大数据ECIF平台仅需十几小时并能提供增量客户实时归并。该系统整合了保险行业个人客户包含农户在内的消费者信息，建立了个人销售者360°视图，并为农户级保单查询、身份验证、电子凭证、公开公示等功能提供接口服务。该案例包括客户信息的实时采集、实时创建、实时整合、实时服务以及批量服务等功能。截止到2019年9月，该系统整合了数十亿的客户基本信息以及客户业务信息，每天为其他系统支持十万次的接口调用，真正解决了企业在客户信息建设的难题，为企业更好地服务客户提供了实时、高效、全面的客户信息平台。

新致金融大数据ECIF平台采用了自主研发的模式，在技术选择以及功能应用上均符合国家标准，遵循软件产品管理办法进行管理，充分保障了广大用户的合法权益。新致金融大数据ECIF平台在技术上使用自研发、符合国家要求的加密算法，在客户信息加工、传输、查看等关键环节进行了信息加密处理，保证数据信息的安全性。

第2章 金融人工智能

案例11 国信证券——金太阳智能证券交易和金融服务App

国信证券股份有限公司

案 例 背 景

近年来，人工智能、区块链、云计算和大数据等技术的发展突飞猛进，科技进步让金融的广度和深度不断延伸，金融生态正在发生着根本性的变化。金融科技在证券行业的应用不断深化，对证券公司商业模式变革产生了极为重要的影响。

另外，经过近年来的发展，多数证券公司都已建立互联网证券业务，推出自己的App。然而不少证券公司互联网金融业务还处于营销渠道拓宽、客户流量导入的粗放经营阶段，产品同质化严重。如何高效地利用人工智能技术，从投研端、财富管理端、客户服务端等方面为客户提供更便捷、更简单的投资服务工具，是国内券商共同面临的课题。

与此同时，金融技术的进步促使券商的客群结构发生深刻变化。随着技术的不断成熟与应用，客户对金融科技的认识持续加深，对金融产品与服务的期望将不断升高。在个性化需求的产品及服务方面，以年轻投资者为代表的长尾客户群高度依赖互联网及数字设备，他们主动获取多样化的金融产品及服务，并自我构建个性化金融需求解决方案。客户迫切需要一个智能化、专业化、个性化的投资工具，满足辅助自身投资、把握投资机会、规避投资风险的需求。

案 例 概 述

金太阳智能App利用人工智能、大数据、DevOps等金融科技技术，打造出智能投顾、智能理财、智能客服等智能化投资决策辅助工具，为需求各异的各类投资者提供了智能化、专业化、个性化的金融服务。不仅提高了金太阳App的智能化水平，还提高了投资者把握机会、控制风险的能力，为客户带来了行情、交易和理财的智能化体验。同时还提高了公司的IT研发效率和质量，以及系统稳定性，降低了技术风险。金太阳智能App已得到用户广泛好评并获得多项荣誉，成为国信证券服务客户与获客的主要渠道。

金太阳利用自主研发国信证券zebra微服务架构，具有高性能、高可伸缩、防雪崩、弹性故障自愈等特性，支持极速部署、工程化、代码即文档等，更加敏捷、轻快、优雅，大大提升了研发效率。建立DevOps研发运维端到端协作能力，通过构建标准化、流程化、自动化的持续集成和持续交付流水线，实现一键代码打包，生成多个环境一致的应用版本，实现一键发布，极大地提高了交付质量。构建全方位立体监控体系，对海量监控指标实现实时、多维的分析处理；基于大数据的智能故障定位，实现了故障从分钟级向秒级提升的快速定位能力；实现了从被动运维向主动运营的转变。

解 决 难 点

证券业数字化转型步伐不断加快，金融科技日益成为证券业发展的重要驱动力。经过近年来的发展，多数证券公司都已建立互联网证券业务，推出自己的App。然而不少证券公司互联网金融业务还处于营销渠道拓宽、客户流量导入的粗放经营阶段，产品同质化严重。如何为客户提供更便捷、更简单的投资服务工具，是国内券商共同面临的课题。人工智能、区块链、云计算和大数据等技术的发展突飞猛进，为解决这个痛点提供了可能和方向。证券业科技创新已完成服务移动化的初级阶段，即将进入运用技术手段持续打造核心竞争力的第二阶段。

证券公司未来几年数字化转型的重点是智能化、数字化、敏捷化。基于金融科技的业务转型绝不仅仅是将业务从线下搬到线上，而应当以数字化与智能化的方式，使得业务在资源配置、处理效率、客户体验方面产生大幅提升。此外，对于券商而言，合规与风控永远是必须考虑的因素。业务创新，特别是基于金融科技的业务创新，不可避免地带来了不确定性和不可预知性。如何平衡创新与风险，既不能由于对新事物的畏惧而扼杀创新，也不能忽视合规底线与风险管控，是金融科技面对的一个难题。

金太阳智能App利用人工智能、大数据等金融科技技术并发挥国信证券在投资领域的专业优势，将金融科技与传统投资服务能力深度融合，从投研端、财富管理端、客户服务端等方面为客户提供更智能、更便捷的高质量服务。

创 新 亮 点

1. 基于金融工程和大数据技术，推出价值洼地、多因子选基功能

价值洼地：基于价值回归理论，通过比较指数市盈率和市净率在历史阶段所处的百分位，综合排序得出目前指数的估值区，引导客户价值投资，拒绝追涨杀跌，形成指数投资有利的估值分析工具。在指数估值详情页用图表可视化地展现指数5年、10年的市盈率、市净率变化趋势，客户可直观了解目标指数估值区间，方便客户选择是否追踪或购买该指数相关的基金产品。

i选财：借鉴多因子策略，通过多因子优选、历史数据回测、相关性分析，支持基金不同维度的筛选、对比，帮助客户择优去劣，以分散风险。

如图1所示，金太阳智能理财将更丰富的维度、更专业的数据、更密切的关联信息结合

起来，通过专业的交互与数据等可视化设计，化繁为简，更加贴近用户，降低使用门槛，为用户提供更佳的理财产品投资体验。

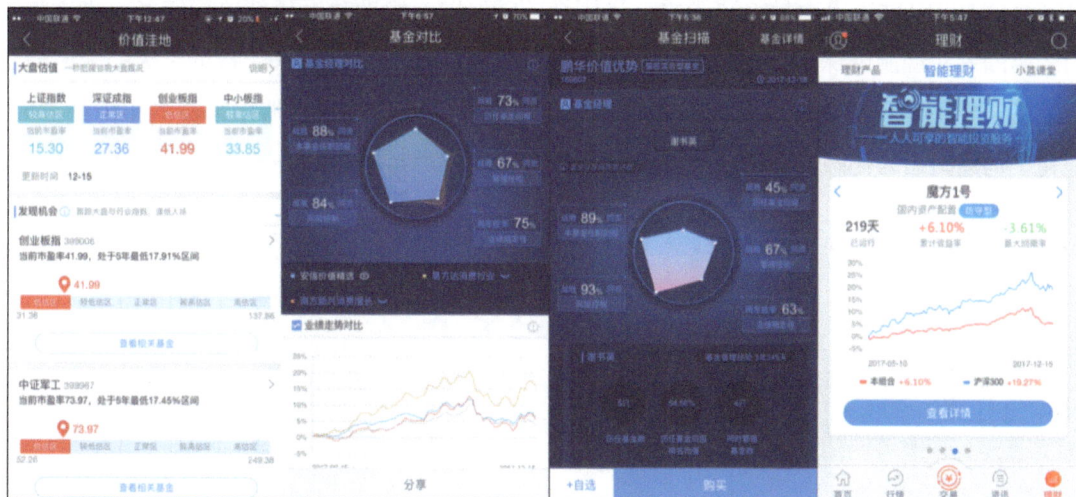

图1

2. 基于金融工程和大数据技术，率先推出反向选股功能

如图2所示，金太阳智能选股既能让具备一定投资知识的客户快速地在数千个股票中寻找符合自己投资理念的股票，也能让投资经验不够丰富的客户根据市场热点、牛股、白马股迅速找到走势形态、技术面、基本面、市场面、行业概念归属等多个维度相似的股票，为自己的投资决策做出有意义的参考。

推出基于用户喜好的反向选股功能，结合用户的喜好数据通过标签反查，分析出与用户喜好联系最密切的选股标签及其相关联个股，让产品更懂用户。在"懂客户"的基础上为客户提供多元的投资选择，提供贯穿使用场景的全流程辅助。

3. 利用互联网最新科技成果自主研发新一代去中心化云技术架构

金太阳智能App微服务架构（见图3）是国信证券利用互联网最新科技成果，自主研发打造的新一代去中心化云技术架构。技术上采用谷歌的gRPC框架，自主研发gRPC泛化调用技术，使用etcd作为注册中心解决方案组件，自建API网关统一接入服务，利用OpenTracing标准进行全链路跟踪，采用谷歌的普罗米修斯标准搭建监控体系，采用阿里哨兵熔断器实现服务保护。通过把这些最新的科技成果有机结合起来，打造出来的先进微服务架构，具备高可伸缩性、弹性故障自愈、技术多样性等特性，支持持续集成和持续交付，有利于构建国信云化服务平台，快速响应业务变更。

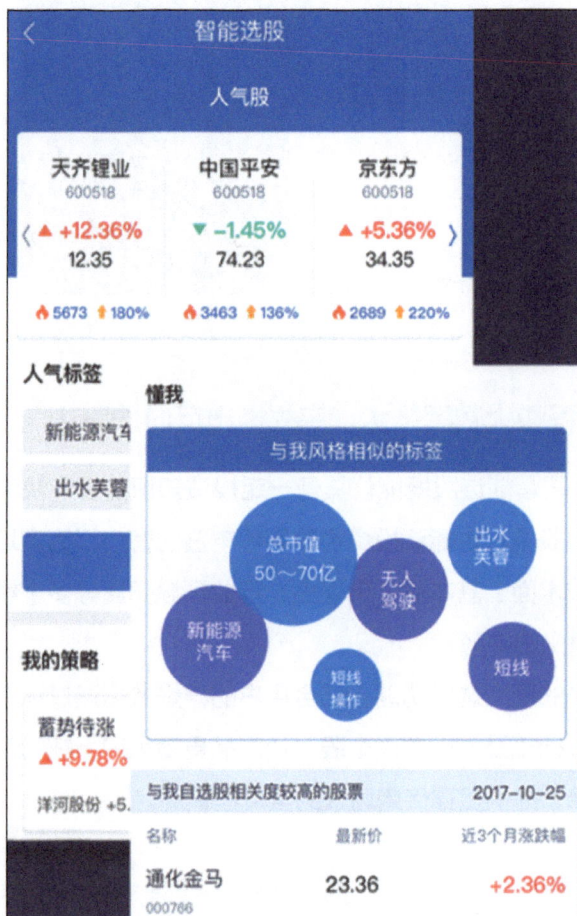

图2

　　微服务架构使金太阳App核心系统更具现代化，拥有更大的灵活性和更高的效率。根据客户的期望和行为，通过微服务架构可以及时进行调整，更准确地预测客户需求，更及时地交付相关性更高的产品和服务，为客户营造一致的品牌体验。通过自研微服务架构还减轻了IP服务商绑定风险。IT服务商已经难以满足证券行业个性化和快速响应业务变化的需求。信息系统的自主研发能力在一定程度上决定了业务开发的广度和深度。长远来看，自主研发能力还决定了传统金融行业在互联网时代的生存能力和创新发展能力。

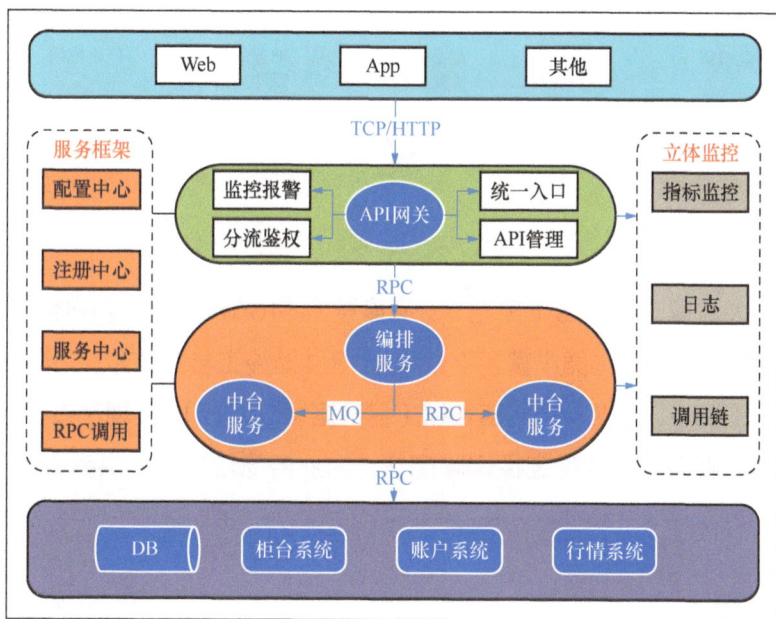

图3

　　微服务架构支持持续集成与持续交付（见图4）。借助DevOps理念建立研发运维端到端的协作能力，通过构建标准化、流程化、自动化的持续集成和持续交付流水线，实现一键式代码打包和上线发布，极大地提高了开发和运维生产力。同时通过标准的交付流水线，可以生成多个环境一致的应用版本，保障同一版本应用在各个环境无差别运行，大大提升产品服务集成交付的质量与效率。

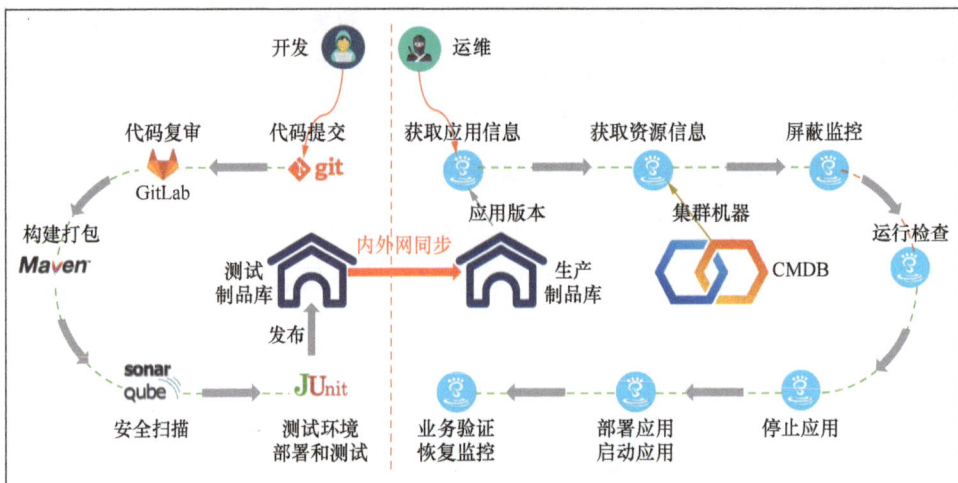

图4

4．构建行业先进的智能化运维大数据分析平台

智能化运维大数据分析平台（见图5）深度整合Storm、ELK和Hadoop等开源技术，建设规模大，数据接入种类丰富。平台集成13种监控工具的36万个指标、28类运维日志（日数据量3TB）以及2类调用链数据（日数据量10GB），实现了事前立体监控、事中故障定位、事后服务优化的稳定性保障闭环，为业务稳定运行提供强有力的技术保障。

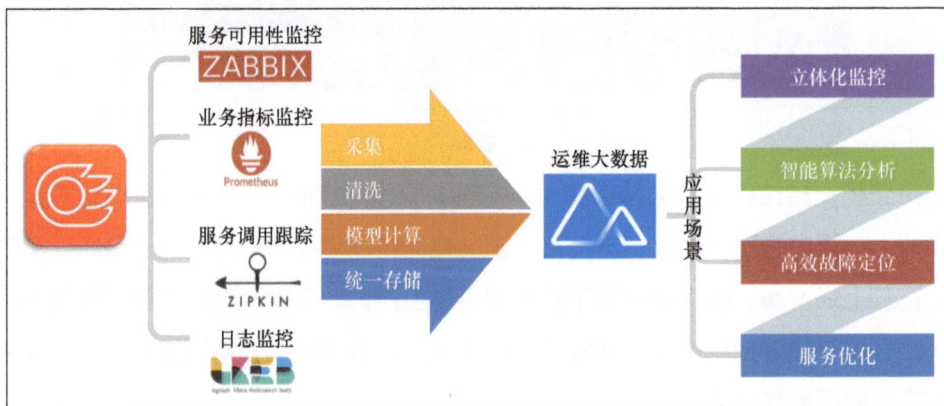

图5

　　智能化运维大数据分析平台基于业务视角，通过时序预测/动态阈值/PCA主成因分析等智能算法对海量数据进行分析和告警，建立智能基线监控（见图6）和智能容量评估系统（见图7），实现了故障从分钟级向秒级提升的快速定位能力，全面助力团队由被动运维向主动运营转型。

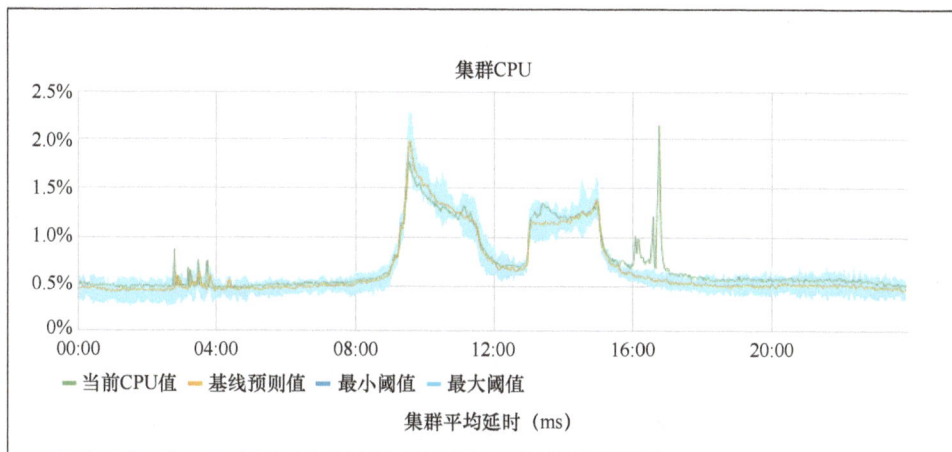

图6

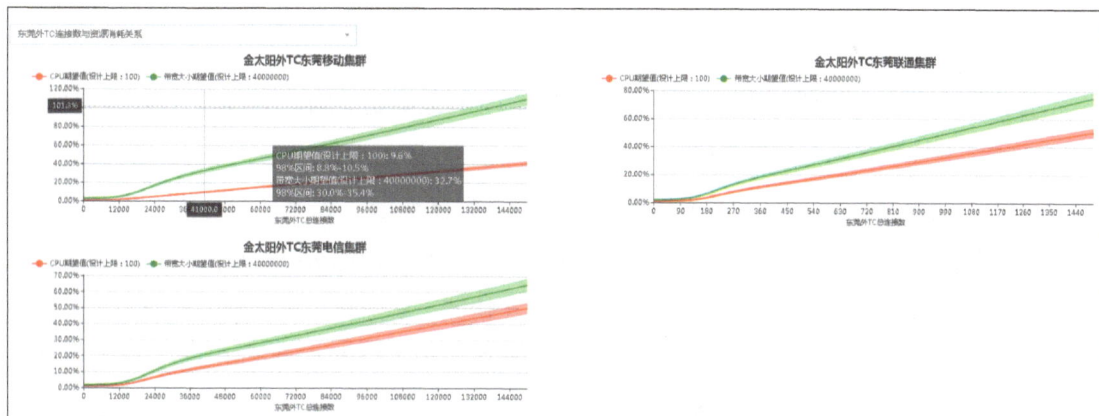

图7

应 用 落 地

1. 金太阳智能App成为国信证券服务客户与获客的主要渠道

自金太阳智能App推出以来，极大地提高了客户投资、理财、客服的智能化体验，受到市场充分肯定和大量好评。截至2018年9月，通过金太阳智能App委托产生的交易量占公司总交易量的46%，通过金太阳智能App进行证券开户的数量占公司总开户数的绝大多数比例，金太阳智能App已成为公司理财产品销售的主要渠道和经纪业务开户最重要的手段。

2. 金太阳智能App得到用户广泛好评并获得多项荣誉

随着金太阳App智能化的不断深入，各类特色功能应运而生，很好地满足了不同用户的需求，获得了广泛好评。金太阳智能App曾荣获券商中国"2018最受投资者认可十大券商APP""2018券商App优秀运营团队奖""2018最高颜值券商App"等7项大奖。

3. 金太阳智能App微服务架构已覆盖多个金融服务场景

金太阳智能App微服务架构已在金太阳智能App上得到应用，覆盖多个金融服务应用场景，给用户提供优质的用户体验。

例如，指纹及人脸识别服务模块可应用于交易免密登录、线上开户活体检测等服务场景。通过指纹识别智能模块，用户绑定账号和指纹之后可以快速进行交易登录，省去了输入密码的过程，在提高用户体验的同时给用户提供更快速、更流畅、更安全的交易操作。人脸识别服务应用于线上开户的审批流程，通过高效且正确率高的人脸识别可以进行视频活体检测，该步骤不再需要通过人工审核，大大缩短了开户流程所花费的时间。人脸识别服务还可以应用于其他各种业务办理的审核流程，为简化办理流程，降低人工成本提供了智能化的科技手段。

4. 采用先进的技术架构，有利于提高公司IT研发效率和质量

金太阳智能App采用先进的技术架构，极大地提高了开发运维效率，能够及时响应多变的市场需求；通过DevOps平台，提高了应用发布的效率和质量，降低了运维风险；其完整的立体化监控，保障7×24小时系统正常；高效的开发降低了企业成本，对证券行业金融科技的应用提供了有价值的借鉴和示范作用。

案例12　东方证券——智能客服平台

东方证券股份有限公司

案 例 背 景

　　随着互联网金融的快速发展、客户规模不断增长，证券业务量级随之提升，呈现出多样化的趋势，传统客户服务模式与广大客户需求之间的矛盾日益扩大。为了打破传统模式的限制，智能客服开始为人工客服赋能，提升了人工客服的价值，这一思路已成为证券行业不断更新优化自身能力的重要战略。东方证券一向重视客户服务工作和客户体验，在行业内较早地布局了以AI技术为核心的智能客服系统，解决客服部门长期以来的痛点，并在多个环节做到事半功倍。

　　近年来，伴随线上业务办理服务（微信、网站、App等）的不断铺开，东方证券通过多渠道与客户互动，使客户能够即时享受智能客服带来的便利。同时，客户对线上服务的需求越来越高，传统以电话为主要服务渠道的呼叫中心系统已经不能满足互联网金融业务所带来的变化。为了更好地为客户提供线上服务，需要将现有线上渠道与后台呼叫中心打通，以便客户可以快速获取到专业的人工客服。

　　另外，近年来监管层对适当性、合规回访、合规营销、双录等要求也在不断提升，如何有效地对客户服务过程进行管控、留痕也成为客户服务部门越来越重视的问题。

　　不断增加的人工服务诉求、回访工作量，大大加重了客服中心座席的服务压力，而人力成本的因素，又限制了客服中心不太可能通过大规模增加坐席来缓解压力。通过人工智能技术的应用，在技术手段的辅助下，针对高度重复性工作，智能客服能够提供24小时全天候服务，提升用户体验，提高客服工作效率，节省人力投入，增进客服运营的自动化和智能化程度，成为客服系统发展的最佳选择。

案 例 概 述

智能客服平台是东方证券基于上述业务背景打造的AI技术应用项目，东方证券利用先进的智能技术来打造行业领先且符合业务特色的客户服务中心智能平台，为上层应用场景提供支撑，整体技术架构如图1所示。

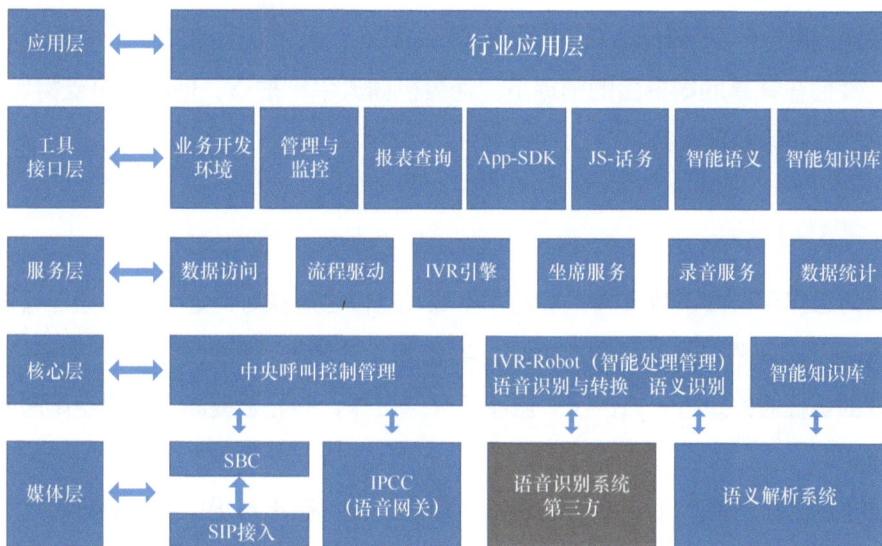

图1

在智能客服平台基础上，构建全渠道接入、AI智能应答、智能外呼、智能质检等一系列应用场景。

1. 全渠道接入

随着互联网线上业务的开展，在线客服逐渐成为证券公司客服咨询的主力角色。全渠道接入与经纪客户群体接触的所有渠道，除传统的电话、短信、邮件、留言、传真渠道外的在线客服外，已覆盖公司微信、网上交易客户端、网站、手机 App 等终端。

对于 PC 端和移动端，提供了两种不同的界面适配，提升客户体验。

2. AI 智能应答

AI 智能应答是以文本对话形式代替人工客服解决客户常见问题的过程。客服智能机器人服务质量好坏的关键在于机器人的语言理解能力。相较于传统的提取关键字的语义分析法，智能客服引入自然语言处理技术，通过深度学习和增强学习的结合，不仅可以降低误命中率，还能实现自我学习。另外，AI 智能应答还具备多轮对话的能力，通过人机进行多轮次的互动，精准捕获用户的深层意图并提供反馈。

另外，我们在共享底层平台的前提下，通过机器人平行扩展，使平台可支持零售客户、托管业务机构客户等多种业务。

3. 智能外呼

客户回访工作存在回访数量大、接通率不高、定位客户难等问题。平台通过智能客户回访筛选、智能回访策略设置、预测式外呼、AI 机器人外呼等多种技术方式，实现智能管理。自动化生成回访任务并执行，减少了大量手工筛选工作，并显著提高了坐席空闲时间的利用率和回访效率。

在实现预测外呼的基础上，我们还进行了算法改良。在不对坐席强制进行呼入、呼出分工的前提下，有效利用客服电话受理的空闲时间，灵活、可控地安排外呼任务，显著地提高了客服外呼及回访业务的执行效率。

智能回访是使用机器人来代替坐席完成回访对话的过程，降低用人成本。其核心环节是理解客户意图，根据相应的策略进行回复。

另外，对于非紧迫的外呼任务，坐席还可以通过智能外呼策略进行配置，最大化地降低人工工作量。

4. 智能质检

智能质检是利用AI技术帮助质检人员洞察语音和文字数据，相较于传统质检，智能质检不仅可以高效完成质检数据全覆盖，还能够进行合规风险管控、提高工作效率。智能质检功能范围包含语音识别处理及分析、异常事件实时预警、自动质检及辅助人工质检、业务关注点分析及展现等几大功能。

解 决 难 点

对于不以电话营销为主要业务的证券行业客服中心，重点在于追求客户满意、运营效率、管理成本三者之间的平衡，常见的痛点如下。

① 随着互联网金融业务开展，公司提供的线上化服务越来越多，客服中心业务量不断增加。在人工客服的数量和精力有限的情况之下，人工客服无法在保证高负荷、高质量的前提下完成所有工作。

② 如今获取一个人力的成本越来越高，因而导致客服中心运营成本也在逐年上升。

③ 客服中心人员配置不足、具有高额的工作量，因此一线人员面临的工作压力较大、重复劳动较多、成就感较低、人员流动大，而招聘、重新培养新员工需要耗费大量的时间和精力。

④ 呼叫量随行情波动变化明显，导致排班管理难以根据行情波动及时调整，以达到人员配置最优效果。

⑤ 受外呼接通率低和客户配合度差的影响，总体上外呼、回访、营销类的任务执行效率不高，无法体现人工客服的价值。

⑥ 由于事后质检工作需要花费大量时间听完整录音才能根据评价指标进行评分，因此一般都是采用抽样检查方式，导致坐席通话过程做不到质检100%覆盖，质检效率低，对于漏检录音存在合规风险。

⑦ 缺乏全方位的客户数据支持，导致对客户的识别度不高，为了完成某项业务，客服中后台人员经常需要反复手工筛选符合条件的客户，工作既烦琐又耗时。

智能客服平台通过全渠道接入、AI智能应答、智能外呼、智能质检、智能客户筛选等应用功能，将其融入具体的场景应用中，对上述问题和难点给出了有针对性的解决方案。客服坐席通过坐席系统上提供的业务参数配置，就可以调用智能客服平台的强大底层功能，让坐席和客户都能在具体场景中高效地完成业务目标。

创 新 亮 点

与传统客服系统相比，东方证券智能客服平台通过集成业内领先的自然语言处理引擎、语音识别引擎、语音转换引擎，利用这些底层引擎提供的AI能力，赋予智能客服平台"能听会说"还能"理解语义"的"智慧大脑"。

在"智慧大脑"的基础上，构建了聊天、回访、质检等应用场景，每个场景都根据东方证券的具体业务情况进行了改造创新，有部分应用点是行业内首创。

第一，完成了公司与经纪客户接触所有渠道的全覆盖，除传统的电话、短信、邮件等，还包括微信、网站、App、网上交易客户端等。

第二，基于自然语言处理技术构建的智能聊天，在应用上进行了以下创新。

① 支持客户在线验证账号密码，实时调用账户中心接口进行信息匹配，为客户身份验证提供保障，实现客户足不出户就能够在线上方便快捷地办理业务。

② 将知识库集成在客服系统内，负责管理知识库的客服能统一发布、更新知识条目，以便所有人工客服及时获取最新、最准确的信息。针对智能客服，通过不断完善相关问题、添加扩展问题、新增词表等方法，提高智能客服的准确命中率。除此之外，为了使智能客服更接近人的表达，还添加了"闲聊"库，进一步提升了AI能力。

③ 不同机器人处理不同业务，共享底层技术平台，多个机器人在统一调配下各司其职，严谨有序地完成工作任务。

④ 多轮对话是在特定场景下，利用语义模型，在其他部门接口的协助之下，完成一项明确的任务，为客户提供深度服务。为了降低出错率，交互节点尽可能收敛，节点越多，出错概率越高，在后期维护中不断优化语义模型。

第三，为了解决人工客服成本高、效率低的问题，平台在智能外呼方面进行了以下创新。

① 实现预测外呼，并进行算法改良，系统发现有符合条件的空闲坐席时，会自动呼叫待呼出的客户电话，接通后再转接给坐席。减少客服电话受理和外呼回访之间的空闲时间，不需要对坐席强制进行呼入、呼出的分工。

② 智能外呼策略配置支持将客户依次按预测外呼、在线回访、AI机器人外呼、人工回访步骤完成外呼工作，该智能外呼策略能够最大限度地减轻人工工作量，发挥人工客服最大价值。

③ 东方证券基于自身数据训练语音识别和语义模型，并通过标注录音数据不断优化语音识别和语义模型，实现AI机器人外呼。在AI机器人外呼的过程中，首先AI机器人通过"语音识别模型"将听到的声音转化为文字，然后通过"语义模型"理解客户所表达的意思，与该外呼项目的预设规则进行匹配，最后把匹配出的规则策略通过"语音合成模型"转化为语音。为了达到更好的效果，针对特定的回访类型，基于客服的录音历史数据深度优化了语音识别和语义模型，使机器人能够听懂客户的回答，按照设定的流程自动完成回访工作。

第四，实现智能质检，并根据客服录音数据优化质检模型，通过大量已有坐席录音数据的标注，进行"声学模型"和"语言模型"训练和优化，挖掘出现有坐席的声纹特征以及语言习惯。"声学模型"和"语言模型"双管齐下，提高语音识别准确率。在质检管理上，实现可定义的自动质检指标模板，质检人员可根据不同业务目标定制个性化评价指标。另外，通过语音识别性别技术在判断是否客户本人方面有所应用，在对声纹识别应用场景，目前还在不断探索中。

应 用 落 地

目前，智能客服平台各功能模块已逐步在东方证券应用落地，无论是文本还是语音对话形式，客户都享受到了智能客服所带来的便利。在技术和应用场景的不断探索下，意图识别、多轮对话、个性化及情感互动等方面的能力不断优化,AI智能聊天的应用体验得到提升,逐步进化为一个有温度的智能客服。在人机互助的情况下,从一定程度上释放人力、降低人工成本、提高工作效率。现在,公司客服中心的人工接听数和AI的会话数已经相当接近,问题解决率约为50%。图2所示的数据说明了AI智能聊天能够有效地帮助人工解决客户问题。

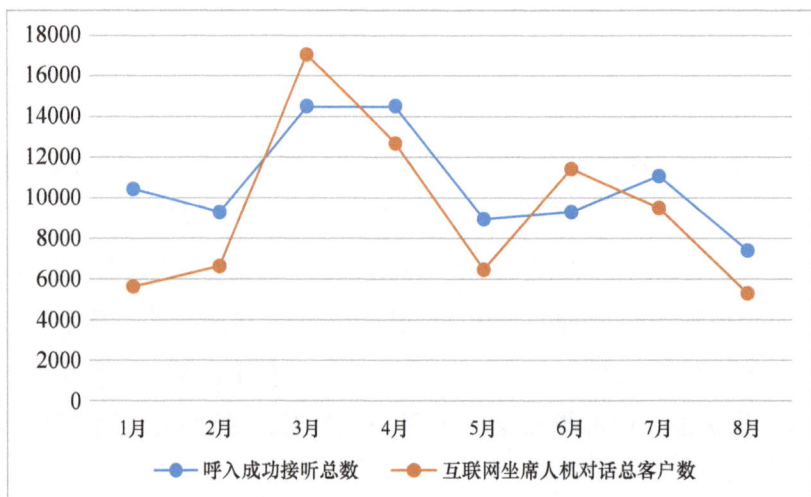

图2

智能外呼、智能质检的主体功能模块已上线使用,根据不同的回访业务场景,还需不断优化针对具体场景的专用模型,并陆续应用上线,部分已上线的场景取得了明显的应用效果。以预测式外呼为例,与同期数据对比,在回访成功率基本不变的前提下,外呼任务的智能执行次数已达到传统手工执行次数的2倍左右,回访效率得到了显著提升。

在提升应用功能的同时,平台注重严谨的安全机制:细致的权限设计,专职人员操作,不仅做菜单、功能权限,还支持数据权限,并且详细记录操作日志;对关键信息(手机、地址、邮箱等)进行加密,避免信息泄露;数据库采用双机热备机制,实时备份,避免数据丢失;数据库密码、用户密码等关键数据采用密文存储;多层访问机制的网络架构,有效确保网络安全;系统间交互使用专用协议加密,保证了数据传输的安全性。

随着金融科技的不断发展，人工智能未来将持续对金融行业产生重大影响。在智能客服平台建设项目的实施过程中，东方证券在AI模型创建、模型优化、语音和语义标注、训练、AI场景应用等方面积累了宝贵的经验，客服业务将有越来越多的AI能力参与，客服中心组织也形成了由劳动密集型向知识密集型转换的趋势。在东方证券金融科技战略的指引下，客服部门和技术部门将紧密合作，将技术成果转化为业务能力的落地、业务效率的提升，迎接智慧金融时代的到来。

案例13　工银瑞信——舆情智能预警平台

工银瑞信基金管理有限公司

案 例 背 景

近期市场上风险事件频发，自2014年3月"11超日债"发生实质违约以来，截至2019年10月，我国信用债券市场共有379支债券发生违约，违约金额合计3014.32亿元，涉及发行主体145家。在各种违约事件已逐步进入常态化的时期，如何能及时发现证券主体的风险成为投研部门控制投资风险的研究重点。

面对互联网及资讯海量数据，投研人员通常需要花费大量的时间进行信息过滤、归纳总结、关联分析等研究准备，这种数据整合处理的场景正是人工智能技术所擅长的。通过AI技术对信息进行自动化处理和分析，将结构化、模型化处理后的分析结果关联持仓及分管研究员，可以实现信息的精准投送和舆情风险的实时监控，帮助研究员释放更多的精力投入到研究中去。

案 例 概 述

基于对舆情大数据及风险穿透的深刻理解，工银瑞信科技部打造了舆情智能预警平台，如图1所示。平台通过对网络资讯大数据的爬取，结合深度学习、NLP、实体分析、OCR等人工智能技术，完成了舆情公告数据的结构化处理，实现了全网络全天候监控，与公司持仓及关系图谱联动进行舆情穿透风险传导分析，为投研业务人员提供投资事件和投资风险的实时预警。2018年平台上线以来已完成350万条舆情公告信息的采集，为投研部门发送预警推送信息10万余条。

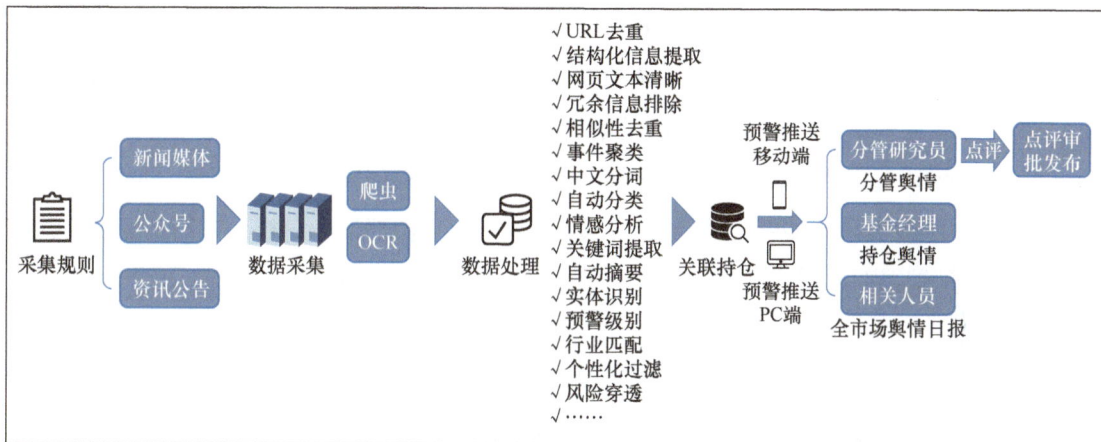

图1

解 决 难 点

在传统业务模式下，舆情公告数据的监控、采集、关联处理占用了研究员大量的时间，如何高效、及时、全面地实现舆情风险监控及预警成为业务部门面临的难题。舆情智能预警平台将基于海量舆情数据，集数据采集、自动筛选、智能分析为一体，将相关资讯一网打尽，并通过大数据智能分析，过滤掉重复、冗余的信息，通过AI技术对信息进行自动化处理和分析，将结构化、模型化处理后的分析结果关联持仓及分管研究员，实现舆情风险的穿透及实时监控，从而提升了研究部门的风险监控能力及效率。

创 新 亮 点

舆情智能预警平台在信息的精准性及联动性方面进行了创新探索。

1. 应用多种自然语言处理技术解决信息过载问题

面对平台每日采用爬虫和AI技术获取的10万余条新闻资讯数据，平台很好地解决了信息过载和精准定位问题，实现有效新闻在每日500条左右，大大提高了投研效率和质量。

① 利用分类算法清洗降噪，剔除和财经领域不相关的新闻资讯。

② 引入深度学习算法、实现对舆情所涉及的公司进行实体识别（NER）的处理。

③ 采用去重算法，对同一公司主体或者同一主题的新闻进行清洗和去重。

④ 结合投研专家业务规则库，对去重后的新闻进行固收投研相关新闻的识别和判断。

⑤ 基于深度学习的情感分析算法，实现对舆情的正负面情感分析，并对负面舆情进行细化分类和预警级别判断。

2. 基于公司图谱实现舆情公告的风险穿透

对舆情数据进行处理后，平台通过多种技术实现了舆情关联和穿透分析。

① 构建了以发债企业为核心的关联集团网络，实现风险的传导穿透分析。

② 将持仓、负面舆情等数据固联起来，实现舆情的价值挖掘，进而为投资决策提供逻辑支持。

3. 公告舆情中数据结构化抽取及深度挖掘

对一些典型业务场景（在债券回售业务、债券持有人大会、信托产品风控措施等）的公告舆情数据，平台也进行了非机构化数据的结构化抽取和价值挖掘工作。

① 利用OCR技术，从PDF文件或图片中识别出关键文字。

② 采用自然语言处理技术，从非结构化的文本数据中识别出业务场景需要的指标和关键词等。

③ 通过事件聚类算法，对同一发债主体的某类公告事件进行了汇集整理，为相关投研人员及持仓基金经理提供数据支持。

应 用 落 地

工银瑞信舆情智能预警平台落地以来通过对主流财经媒体、市场监管机构、微信公众号等万余家数据源的实时跟踪，有效地实现了持仓资产外部舆情风险管理。基于公司图谱的舆情传导分析机制，有效地实现了风险核心企业识别、风险关联企业识别、实现了舆情公告的穿透监控。平台同时支持PC端及移动端推送，使基金经理及研究员在公司内外各种办公环境中都能够第一时间获取预警信息。

随着大数据和AI的发展，信用评级等投资研究正在更多地借助于本平台与人工智能应用深度结合，挖掘和解读更多有价值的信息，从而完善和优化研究体系、进一步指导投资操作，同时平台也在逐步为量化研究积累舆情相关因子大数据。

目前平台正在引入更丰富的数据源，如诉讼大数据、信用大数据等，同时拓展公司图谱应用，增加担保及产业链等动态数据，旨在通过对负面舆情传导路径及影响程度的量化分析及事件聚类，构建投资及风险事件的全景时间轴视图，借助AI技术完善信用研究及风险监控体系。

案例14 蚂蚁金服——金融智能自动机器学习系统

浙江蚂蚁小微金融服务集团股份有限公司

案 例 背 景

随着机器学习的发展，越来越多的场景开始使用机器学习方法提升业务效果，并几乎在所有的互联网公司中得到了广泛的探索和应用，已经成为处理推荐系统、欺诈检测、广告、面部识别等多种不同领域任务的重要组成部分。

特别是在智能金融场景，一方面业务的发展推动更多的场景在逐渐细化，另一方面随着赋能外部用户的发展，有建模需求的场景也越来越多，但是熟悉机器学习方法的工程师数量增长远远跟不上场景数量的增长。如何化解这一矛盾并帮助更多有机器学习使用需求的人更简单地使用新技术，这是我们要解决的一个重要问题。

自动机器学习技术的兴起为解决这一问题提供了支持。一方面，通过使用自动机器学习技术，对于众多的业务场景，只需设定优化目标就可以自动化地产出相对较优的模型，极大地节省人力；另一方面，那些对机器学习并不熟悉的人只需简单地设定即可使用较为复杂的模型算法，有效地降低了技术门槛，为AI技术的规模化应用提供了助力。

案 例 概 述

基于对机器学习算法和金融业务场景的深刻理解，以及蚂蚁金服成熟的分布式计算存储系统，我们构建了支持各种常用算法的自动机器学习系统。该系统可以自动对深度学习、树模型、线性模型进行训练，同时创造性地将自动机器学习方法同基础算法有机结合，并开发出一系列解决方案。这些解决方案便捷地支持了蚂蚁金服支付营销、安全风控、微贷风控、保险风控等大量场景的复杂任务。

解 决 难 点

在传统的业务模式下，不管是风控场景还是营销场景，从特征生成、模型构建、运营规则产出等都需要有行业经验的专家进行大量的尝试和测算。当场景大量增加时，成本、效率、效果上都存在着明显的缺陷。首先，在满足复杂的业务约束条件下产出模型或者运营规则需要花费较高的人力成本和时间成本。同时，由于人工尝试和测算的效率较低，只能通过以往的人工经验尝试相对有限的特征和模型组合，无法达到较高的业务目标。通过自动机器学习和各种基础模型以及自动特征生成方法，可以全自动地替代这一传统人工工作，达到低成本、高效率、高效果的目标。

创 新 亮 点

通过结合自动化机器学习系统以及多种机器学习手段，创新性地实现端到端的风险控制建模、营销建模、深度学习建模方案，自动化地为大量的金融风控、营销场景提供支持，具体来看有以下三大创新点。

1. 结合多种计算引擎开发了ALPS-AutoML超参搜索算法框架

在底层框架方面，ALPS-AutoML对蚂蚁的各种底层计算引擎都进行了抽象，方便算法的迁移，同时对诸如early stop、sampling、参数的依赖等可以提高超参搜索效率的特性进行了良好的实现。

在算法层面，一方面迁移了一些常用的算法，例如实现了网格搜索、随机搜索、遗传算法、差分进化、贝叶斯优化、基于分类的方法等诸多算法；另一方面创新性地提出了一些算法，实现对特定的问题进行支持，例如模型集成的Auto-Ensemble、特征自动生成的Safe算法等。

为了更高效地支持特征搜索方面的需求，还开发了一套真实可用的元学习框架（见图1），通过收集之前的建模训练元数据，在新的建模任务到达时，优先为其推荐相对较优的参数来提高整体的建模效率。

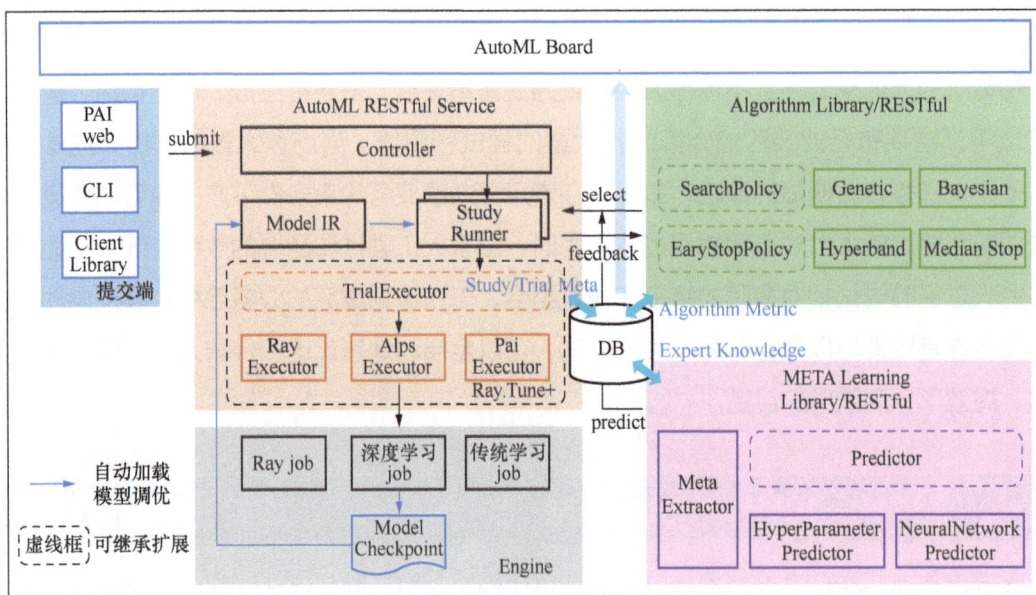

图1

2. 通过开发自动化特征衍生方法SAFE实现特征工程的自动化

在自动风险控制建模方面，众所周知，风控建模的性能在很大程度上取决于特征，我们开发了自动化特征衍生方法SAFE（见图2），可以帮助算法工程师从需要极高专业知识、琐碎而耗时的特征构建、处理和选择中解放出来，进行自动特征工程工作。SAFE利用树模型和信息增益比来挖掘特征组合关系，利用信息值、pearson相关系数和XGBoost的pipeline对生成特征进行过滤和排序，从而在保证算法性能的情况下解决现有相关工作中极高的时间与空间复杂度问题，满足了工业任务中对高适用性、分布式计算与实时推理的强需求，同时在大量Benchmark数据和真实业务数据中取得了SOTA的结果。

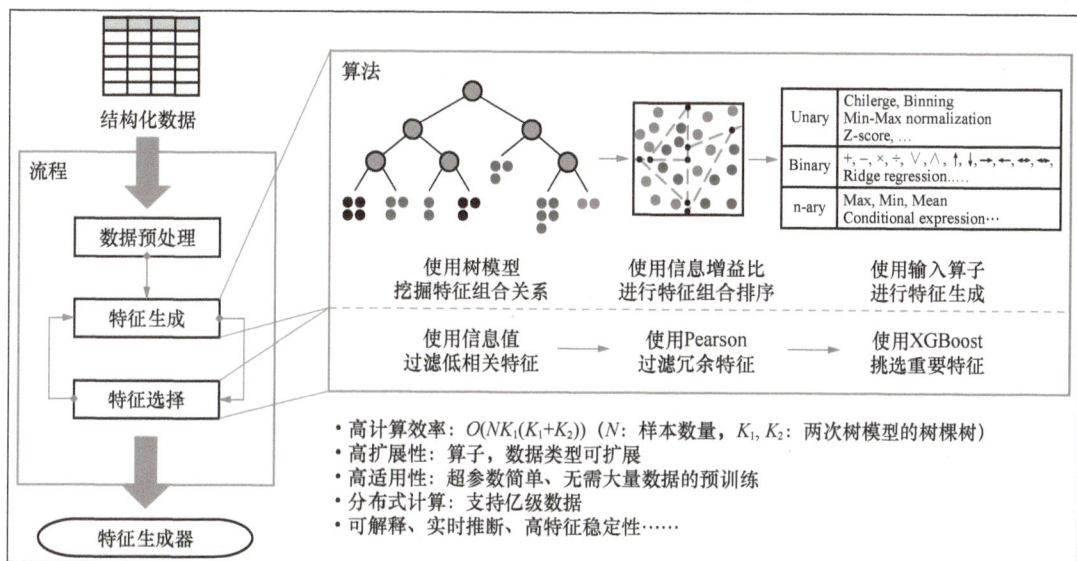

图2

在风控建模方面，通过结合自动机器学习技术和基础的风控算法，可以自动化地构建各种模型来对风险进行分析和建模。在模型完成后，通过结合自动机器学习和规则生成算法，以及组合优化，支持全面复杂的业务决策约束和决策目标。

针对金融智能场景，自动机器学习系统可配置决策约束和决策目标，支持多种类、多粒度、多场景的业务约束。首先，业务决策约束和决策目标可由用户任意配置，包括准确率、召回率、不良率、稳定性等不同种类的业务需求。其次，通过加入组合优化算法，支持同时在子场景和父场景中设定约束，在更复杂的约束空间下求解满足条件的模型和规则，以适应复杂场景的业务需求。

3. 结合自动机器学习技术、深度学习模型、自动压缩等多种机器学习手段，打造深度学习从自动建模到自动压缩的整个链路

在自动深度建模方面，通过自动化的算法去搜索较优的网络结构可以极大地减少人工设计网络带来的时间消耗。

在自动压缩方面，通过结合强化学习和启发式的网络结构权重排序方法，高效地压缩已经训练好的模型。不仅可以满足广泛的业务建模需求，提高风控、营销能力，还可以自动化地为各种场景压缩模型，减少服务的资源消耗。

4. 将自动机器学习技术和行为序列建模以及网络结构抽象化方法结合起来

以智能营销为例，在营销建模的过程中，一方面自动化地将用户的历史行为进行抽象和建模；另一方面将抽象化后的行为序列同用户的目标进行结合，通过自动化调优各种抽象好的网络结构及传统机器学习算法，打造完整的一套营销推荐模型链路。

5. 本项目共申请专利三十余项，相关论文十余篇，软著一篇

（1）专利

一种自动生成反套现特征的方法，一种自动生成反套现规则的方，基于轴收缩模型的参数推荐方案等。

（2）论文

■ "Interpretable MTL from Heterogeneous Domains using Boosted Tree"。

■ "Distributed Deep Forest and its Application to Automatic Detection of Cash-out Fraud"。

■ "Anomaly Detection with Partially Observed Anomalies"。

■ "SAFE:Scalable Automatic Feature Engineering Framework for Industrial Tasks"。

（3）软著

《蚂蚁自动机器学习平台ALPS-AutoML软件》。

应 用 落 地

蚂蚁金融智能自动机器学习系统已经在自身的智能风控、智能保险、智能营销等大量场

景的复杂任务中落地。

以蚂蚁智能风控业务为例（见图3），伴随人群的不断下探，大量场景在这个过程中需要人工调整现存规则或者将新特征制订政策融入现有的政策框架中。通过自动化机器学习系统的应用部署，准入规则的推荐一期和二期规则已经全部上线。在效果上，一期规则可额外拦截几百万元/年的资损，规则拦截不良率相对大盘风险的LIFT超过十几倍；二期规则预计每年能减少资损几千万元。在效率上，规则自动生成显著提升政策规则的优化效率，优化周期从目前的接近一周缩短至接近一天，可快速推动新数据、新指标、新模型的快速应用保险风控场景。

智能风控-零人工干预的规则自动迭代

现状
2018.12

财年目标
2020.03

线下部分场景试点
10%
自动迭代覆盖度

全场景生效
100%
自动迭代覆盖度

01.规则研发
传统：由人工依据数据结合经验开发规则（3~7天）
智能：通过算法找出符合业务要求的规则（3小时）

零人工干预

03.规则迭代
传统：人工跟踪政策效果，用新规则替代失效规则（1~2月/次）
智能：自动下线失效规则并以新规则替代（最长1周/次）

02.规则部署
传统：技术人员理解需求后翻译为代码（5~10天）
智能：算法产出的规则直接可部署（3小时）

图3

在智能保险的场景上，通过使用自动机器学习系统提供的决策规则自动化解决方案，在场景险业务保费收入每年增加几千万元的情况下，保费赔付每年可降低几百万元。同时，将方案集成到保险业务自身的风控平台上，可以帮助提升整个保险风控平台的自动化程度和反应速度，有效地提升业务对风险的响应速度。

在支付营销场景上，随着内部业务的细化，越来越多的场景需要使用机器学习算法进行建模，通过使用自动化机器学习系统的深度学习网络结构搜索功能以及智能超参数搜索功能，多个子场景的点击率和转化率有几个百分点到十几个百分点的提升，有效地帮助支付营销场景自动化地取得更好的效果。同时，为了更好地赋能大量的外部用户，将在内部沉淀的诸多基于自动化机器学习的营销推荐工具开放给外部用户，在诸多的基金营销、小程序推荐场景取得了良好的效果，帮助外部商户提升用户渗透率。

案例15 度小满——智能语音机器人平台

度小满科技（北京）有限公司

案例背景

在金融行业，传统的电话客服、电话销售、用户运营、贷后还款等场景都强依赖人工电话形式。一方面，人工成本越来越高，单个人工客服年均成本接近十万元；另一方面，人工电话外呼效率低，对于互联网金融企业动辄百万、千万级别的用户规模，更是无法满足用户体验需求。同时，在部分场景下，人工客服容易与用户之间因各种原因导致沟通障碍，引起客户投诉，造成不良的用户体验。除此之外，行业普遍缺乏标准化、产能高、低成本的电话沟通解决方案。

近年来，智能机器人越来越受金融企业的青睐，例如为金融企业理财、支付、保险等多条业务线提供7×24小时在线客服专业服务，行业中也涌现出科大讯飞、智臻智能网络等头部机构，发展较为成熟，并且取得了比较好的效果。在热线领域，即通过电话方式与用户沟通，满足用户在购买金融产品和使用金融服务过程中的一系列问题的领域，智能机器人同样也可大显身手。

度小满金融依托百度AI技术能力和大数据优势，充分运用智能语音识别技术、自然语言理解技术，辅以知识图谱技术，在该领域进行了积极的尝试，结合金融特定场景需求，打造了度小满智能语音机器人，推出全面升级的智能语音服务系统，在诸如电话营销、电话客服、智能外呼、语音质检等领域积累了丰富的经验。

尽管目前行业应用尚处于起步期，但未来智能语音机器人作为金融科技领域的重要技术基础设施拥有广阔的应用空间，可以大大降低传统人工电话服务成本，不断优化客户服务体验，稳步提升金融服务效率，为各类金融机构提供完善的技术服务。

案 例 概 述

度小满智能语音机器人系统，集学习、听说、理解、决策等能力于一体。

1. 学习能力

金融场景里的用户需求各异，问题千差万别，开放程度相对较高，一直限制着人工智能语音服务的体验和效率。度小满金融依托大数据优势，通过构建机器学习模型、用户问题预测模型、用户需求响应模型、用户还款风险预测模型等，结合用户画像、用户分类，打造适合不同类型客户的专属语音服务机器人。在学习内容方面，度小满将优秀人工客服的标准话术和业务中积累的海量人工语音服务对话内容作为机器学习的原料，构建能够更好地了解用户的语音服务系统，在人机对话过程中更好地满足用户需求和体验。

2. 听说能力

度小满金融基于自研语音技术能力，通过自动语音识别技术（ASR），实现语音数据流实时转化为文本文字，通过文本到语音技术（TTS）实现文本文字实时转化成语音数据流，人机交流通过服务端、底层运营商传递，转化时间小于100ms，有效保证了人机对话的整体流畅度。当前智能语音技术已经可以实现对类标准普通话较好的识别，机器人客服的表述也基本做到了用户不会感知到和自己对话的是机器。

3. 理解能力

自然语音理解能力是智能语音机器人的大脑，是实现人机对话的核心能力。智能语音机器人基于自研意图识别模型服务DUM，能够有效分解并识别用户问题中的关键信息，通过智能逻辑推断，结合用户大数据画像，识别用户意图。比如当用户询问自己能够通过信贷产品贷到多少钱时，智能语音机器人通过实时、快速识别用户询问产品的额度意图，并给出额度相关的标准话术内容，解答用户关于额度相关的问题。

4.决策能力

智能决策依赖交互决策树进行。每个具体应用场景里的交互决策树是不同的，人机对话开始后，通过对客户的精准画像和客户分类，有针对性地调取相关应用场景预先提炼出的交互决策树，通过在交互决策树中找到上下文相关节点的对应话术，为用户潜在问题提供翔实、全面、准确的答案，并通过TTS合成语音后发送给用户。

通过智能语音机器人替代人工客服，一方面，降低了人工客服成本，满足业务快速发展的要求；另一方面，所有机器人话术通过训练以及持续调优，不存在违规问题，对用户体验进行了充分保障。

在贷后管理场景下，机器人已经能够替代50%以上的人工工作量，整体还款率提升超过5%；在电销场景下，机器人的外呼转化效果已达到初级业务员水平，正在向高级业务员能力进行学习，以尽快达到高级业务员人工外呼的转化效果。

整体实施方案如图1所示。

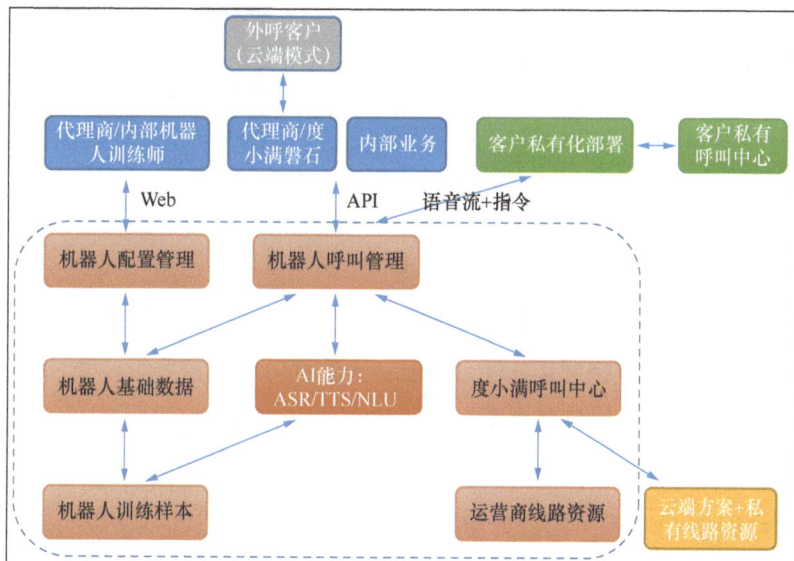

图1

解 决 难 点

作为有一定专业壁垒的服务行业，金融行业中的人工客服承担着对客户进行引导和解惑的角色，不可或缺；作为与社会大众日常生活息息相关的行业，金融行业的人工客服数量十分庞大。一方面是不断攀升的人力成本，另一方面是由于"人"这一独特生物体所天然携带的情绪基因可能会引发的沟通碰撞，从而导致客户投诉率上升。

度小满智能语音机器人利用AI技术，用机器人代替人工进行客户服务工作，一来大大降低了人力成本，提高服务效率，二来通过对机器人进行训练和持续调优，能够较为精准地解决客户需求，既充分保障用户体验，也保证了整个交互过程的合规性。

创 新 亮 点

在本实施方案中，具体的交互过程如图2所示。

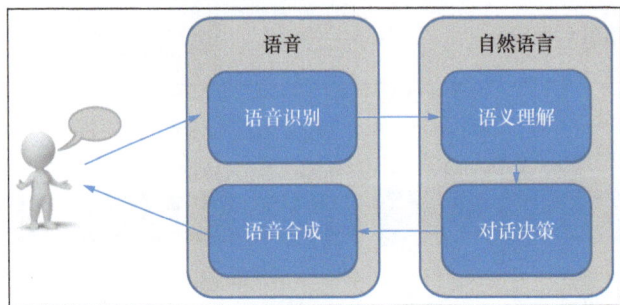

图2

整体方案的技术核心以及创新重点是语音算法引擎和自然语言处理部分。

语音算法引擎对业务支持框架如图3所示。一方面，该引擎需要将客户传递的各类音频信号进行识别理解，转化成人类的自然语言，另一方面，通过对自然语言的理解，将机器的意图无感地表达成客户人耳能听得懂的各类音频信号，从而实现人机的双方交互。该引擎的主体算法为语音识别（ASR）和语音合成（TTS）。同时，以提升客户的用户体验为目标，在引擎中增加了客户性别识别、振铃分类、话者分离等模块。

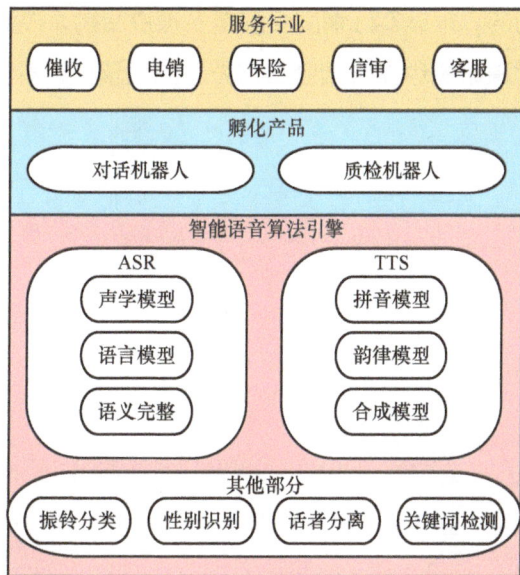

图3

基于自然语言处理技术和海量数据，针对业务场景建设相匹配的意图理解服务，更好地理解用户意图，给出相应的回复。

度小满智能语音机器人的技术亮点主要体现在4个方面。

1. 通过对话交互更智能，语音文本实时转化

通过行业领先的ASR语音识别技术，度小满能完成深度语义解析、语音流实时文字转化；通过ASR将语音数据流实时转化为文本文字；通过TTS将文本文字实时转化生成语音数据流，且转化时间开销低于100毫秒，保证人机对话的整体流畅度。

基于自然语言理解深度学习模型，拥有意图识别模型服务DUM，机器人更加智能，通过用户沟通准确洞察用户意图，基于用户当前的意图，给出额度相关的标准话术内容，解答用户关于额度相关的问题。

基于交互决策树提升决策能力，如用户询问App如何操作时，机器人在交互决策树中找到上下文相关的节点对应话术，选择并通过TTS合成语音后发送给用户。每个具体应用场

景里的交互决策树是不同的，根据实际情况会配置多棵决策树。决策树越完善，就越能够更好地解答用户问题，同时决策树也需要结合日常外呼的大量样本不断完善优化。图4所示是一个决策图示例。

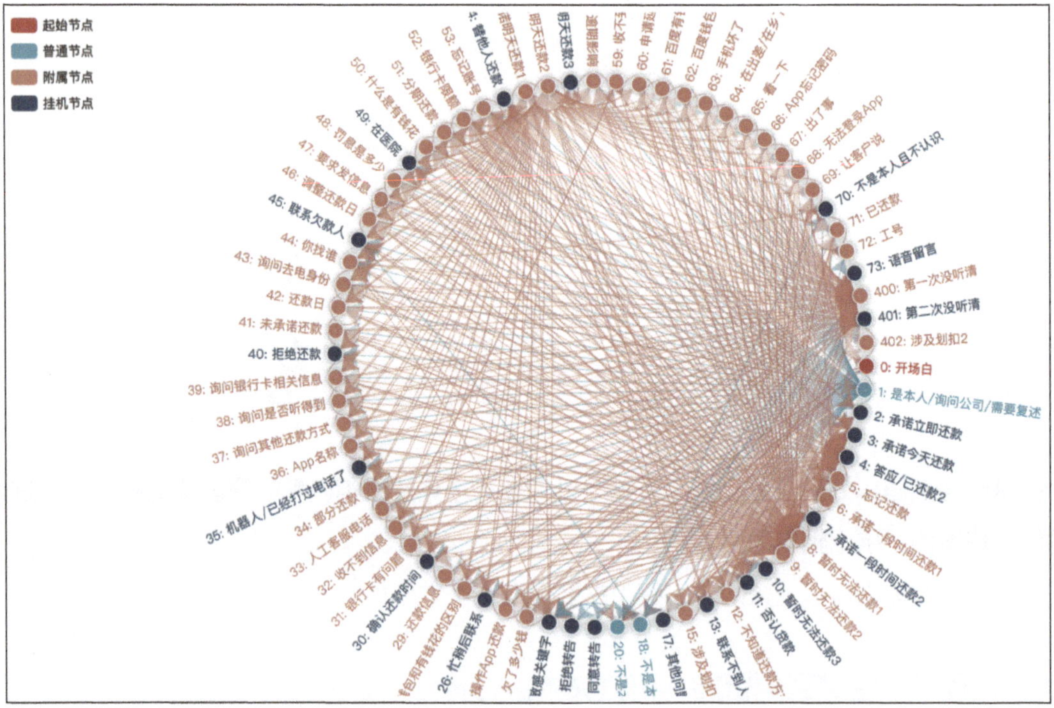

图4

2. 语音真人人声合成，产品体验更优

通过韵律模型，拼音模型等模型的加持，让TTS完美还原录音员的音色，如此通过用户设置的任意语料和该语料期望的语速合成真实的符合人类听觉习惯的语音，提升机器人"说"的无感率。TTS与人声合成体验，提供人声录音版本，与合成语音效果最大限度接近。机器人的话术内容，通过TTS实时合成语音数据流，再通过底层运营商线路实时传送给用户，最终实现人机对话。在实际客户沟通中，机器人合成的语音已达到真人沟通的效果水平。

3. 接通率更优

度小满拥有呼叫中心，合作厂商支持外呼号码本省显示、号码洗白，以此提升接通率，通过采购第三方运营商代理商的语音通话服务，实现机器人与运营商的对接，并保证实时高并发的通话服务，并发通话数量可达到每分钟2000通以上，每天达到百万通以上。另外，在通话数据安全方面，用户手机号在通信链路中全程加密，人机对话的语音文件做充分的安全隔离保护，同时做好备份，以备后续回溯分析需求。

4. 灵活部署的方式，实现成熟易用的行业解决方案

基于客户需求，支持按需快速部署，并基于度小满金融自有业务场景打磨，覆盖还款、电销、客服、信审等环节，为行业提供更可靠、更易用的整体解决方案。

应 用 落 地

智能语音机器人已具备了完整的语音技术，通过升级基础对话框架，开启机器人引导话题的能力，与市面上任务型及对答式对话机器人拉开差距，机器人已能够自主理解上下文展开对话，7轮以上通话占比明显提升。

度小满智能语音机器人从产品成熟度和应用广泛度方面都获取了较为突出的成绩。除了广泛地将智能语音机器人应用于自身业务各个场景提升业务效率外，度小满也积极对外输出智能语音机器人服务能力，为金融行业的合作伙伴提供金融场景相关的人机对话能力，帮助合作伙伴提升企业运营效率。

在贷后管理场景下，智能语音机器人的应用完美地解决了高强度、高重复、统一标准的工作，大幅提升了业务效率和客户体验，已经能够替代50%以上的人工工作量，使人效提升一倍，整体还款率提升5%以上。

在电销场景下，机器人的外呼转化效果已经达到了初级业务员的水平，正在向高级业务员的能力进行学习，尽快达到高级业务员人工外呼的转化效果。

在语音客服场景下，智能语音机器人可以实现 7×24 小时全天候无休应答，全时间段满足客户服务需求，有效提升了客户服务满意度。

通过运用度小满智能语音机器人，金融机构可实现 40%~50% 的人力替代。经测算，语音机器人的成本仅为人工客服成本的 1%，同时服务效能可提升 3%~5%，提升效率的同时大大节省了金融机构外呼成本。当前度小满智能语音机器人识别准确率已可达 90%，高效便捷的智能服务获得了广泛好评。在 2018 年中国科技创新发展大会上，度小满金融智能语音机器人荣获金融科技优秀解决方案大奖。

度小满已经开发完成了机器人云端和私有化部署两套方案，满足外部合作伙伴的定制化需求，已经同包含温州银行在内的多家外部企业进行对接，输出机器人的能力。

度小满金融智能语音机器人的成功开发和应用，标志着度小满金融科技水平已获得金融机构的广泛认可。未来度小满金融将继续依托自身先进 AI 技术，持续打造金融科技产品，输出金融科技能力，努力推动金融科技领域的创新发展。

案例16 银行智能贷后监控平台"知控"

联合金科信息科技有限公司

案例背景

截至2018年年末，银行业人民币贷款余额达136.3万亿元，信贷总额突破15.4万亿，银行应偿信贷余额6.85万亿，城商行不良率提升至2.3%，企业应收账款11万亿元；2011—2018年这几年间，我国商业银行的不良贷款余额从4279亿元上升到19571亿元；2019年起，多家银行收到银保监会密集罚单，如中信超2000万罚单，农商行系统超600万罚单，均因贷后风控出现问题。如何提高贷后风控水平及风控效率成为各大银行探索的重点。大数据、云计算、人工智能等新一代信息技术的出现，为消除这一痛点提供了可能。

案例概述

基于对银行贷后风控的深刻理解，联合金科在建立涵盖裁判文书、工商信息、债权交易等多维度的自有风险大数据体系的基础上，结合自然语言处理技术、OCR文字识别技术及机器学习算法等，形成了面向金融机构的风险信息智能监控解决方案"知控"。

某国有银行在使用"知控"系统的过程中能直观、快捷地获取到目标债务人的相关数据信息，从而大大降低信息查询的时间成本；实时监控目标债务人，并第一时间通过邮箱、站内信等方式获知监控信息，有效帮助债权人对所监控债务人进行风险控制，帮助债权人提高不良资产的回收效率及回收价值。

知控产品主要服务于多家大型商业银行（中国银行、兴业银行、浦发银行等）以及城商行（重庆三峡银行以及西安银行等）等银行机构，同时为新大唐资产管理公司、福建东方格致律所等机构提供产品服务，服务对象遍布银行、AMC、律所、民营投资机构等不良资产产业链。监控对象超过6500条，发现财产线索超50000条，增加银行回收超6200万元。

解 决 难 点

在传统业务模式下，银行内部贷后风险管控效率低下，仍然停留在纸质+人工管理阶段，随着不良资产增长爆发，人工信息管理费时耗力，急需标准化、精细化管理系统。

1. 应用层面

联合金科自主研发的贷后监控平台基于经验策略外加机器智能分析的方式，在数千个基础维度组合出来的数百万指标之上进行筛选和计算，通过可视化展示，可大大降低银行信息查询的时间成本，获得掌控风险的先机。同时，支持批量导入债务人信息，支持客户上万条的监控请求，7×24小时提供不间断的监控服务，每日信息响应量达到上亿次。"知控"系统的使用有助于提升银行风控工作的广度和深度，挖掘人力审查难以发现的问题，扩大覆盖范围，最终全面提升银行的风控水平。

2. 技术层面

（1）数据质量不一

数据无效、数据缺失等是大数据获取过程中的常见问题，在用技术手段对非结构化文本进行结构化提取、存储时，此类问题尤为明显。数据质量管理的目的是为机构提供洁净、结构清晰的数据，是开发业务系统、提供数据服务、发挥数据价值的必要前提，因此公司利用人工+程序不断完善数据结构化与清洗的工作，也是一个长期持续性的工作。

（2）数据汇聚难度高

数据的汇聚是大数据流程最关键的一步，难点在于如何标准化数据，例如表名标准化、表的标签分类、数据是否有增量等。公司自主研发的数据管理自动化处理工具高效、全面地解决了这些问题，例如从原始数据中导入数据、自动打标签、自动分配及推荐表名、表字段名等。

（3）制订大数据框架

在使用Hadoop（分布式系统基础架构）、Hive（基于Hadoop的一个数据仓库工具）、Hbase（分布式的、面向列的开源数据库）的过程中会遇到一些问题。例如，集群规模很庞大时搭建Hadoop集群复杂度越来越高，工作量很大；在规模很大的集群下升级Hadoop版本费时费力；升级Hadoop版本后需要自己保证与Hive、Hbase等的兼容；安全性较低等。综合考虑以上问题，公司技术团队最终选择CDH作为大数据开发的基础框架。CDH提供了Hadoop的核心可扩展存储（HDFS）和分布式计算（MR），还提供了Web页面进行管理与监控。

（4）主体关联模型应用问题

为了保证业务数据的精准度，公司在理解业务的基础上建立了一套通过多维度数据进行主体去重关联的模型，过程中会遇到因模型问题导致的主体关联不准确，此时我们与业务专家讨论与探索，必要时需重新对模型进行优化迭代并重新对主体关联进行计算，以保证在庞大的数据量下保持信息的精准，这个也是我们长期持续的工作。

创 新 亮 点

"知控"的债务人信息检索与预警服务是国内银行业的首创型应用，为银行风险业务的开展提供决策引擎。"知控"以智能搜索和数据分析算法为核心，在研发过程中攻克了诸多技术难题，实现了贷后风控技术上的一次创新。

1. 实时计算＋离线计算混合使用

联合金科计算平台拥有海量规模、处理性能强、快速易用、低延迟、准确可靠等特点，利用大数据计算对业务所需的数据计算方式进行合理拆分，解决了许多大数据产品在计算过程中性能和效率的问题，并能准确地展示在前端。

在实时计算中，输入数据是可以以序列化的方式一个个输入并进行处理的，也就是说在开始的时候并不需要知道所有的数据。离线计算是对累积的数据进行计算分析，计算对象往往是大批量静态数据。例如，当用户请求发送过来后进行处理或输出结果的是实时计算，但在用户请求之前就将数据计算好的是离线计算。由于实时计算不能在整体上把握输入数据，所以得出的结果可能不是最优解。同时，离线计算多用于模型的训练和数据的预处理，最经典的就是Hadoop的MapReduce方式；而实时计算框架是要求立即返回计算结果的，要快速响应请求，多用于简单的累加计算和基于训练好的模型进行分类等操作。

2. 风险业务监控模型

公司自有的多维度风险资产数据库涵盖10种数据类别、500+数据维度、5亿条数据条目，在此基础上通过AI学习、人工数据清洗深度挖掘资产信息，交叉对比，建立了一套E-R模型（实体-联系模型），以保证产品在使用过程中的高覆盖、高效率、零误差，有效提升特殊资产回收价值，减少金融机构资金损失（见图1）。

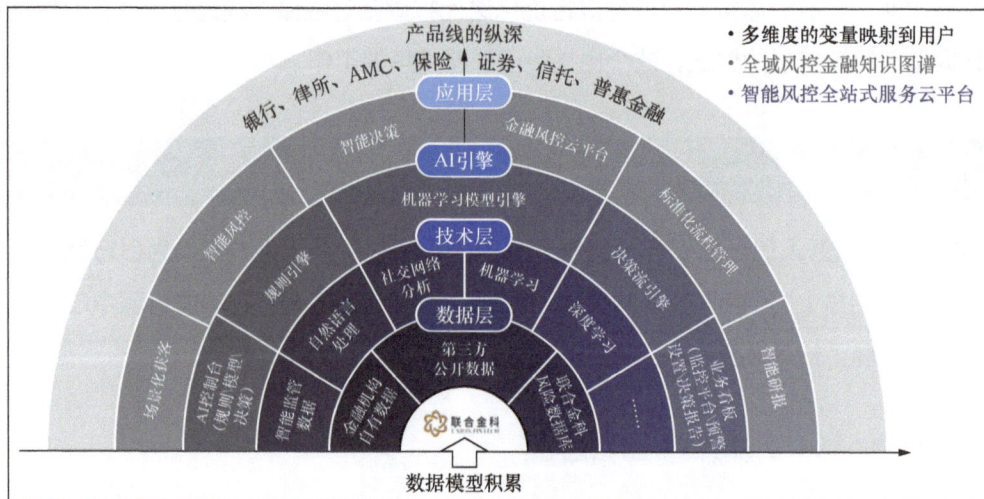

图1

3. 数据交叉关联查询

支持复杂关联关系的查询与计算：从全网获取公开数据，通过数据与业务之间的关联关系解决多维度数据交叉匹配等问题，满足不同维度的场景需求。

强大的数据挖掘技术，将原生数据收集并整合，提炼相关的关联关系并进行数字化重构，再现全部的关系网络（见图2）。

图2

（1）案例1

监控对象：福州市XX广场XX楼1220、1221单元（见图3）。

图3

案例说明：在资产线索查找的过程中，一些重要的公开信息（如产权人信息）并不会直接在相关拍卖平台展示，而是隐藏在附件或者子页面中，并且在平台网站的搜索栏中也无法找到相应信息。过往管户人员需要花费大量的时间精力去找寻这部分信息。知控平台自动在全网收集零散信息，通过数据挖掘建立关联关系后，整合展示给客户，大大提高了工作效率。

（2）案例2

监控对象：成都某房地产开发有限公司（见图4）。

图4

案例说明：知控平台通过立案信息监控，发现以该公司为原告的一起民事诉讼，平台语义分析工具判断其存在代位执行的可能，向客户推送线索提醒，客户可以在合适的时间行使代位执行。

4. 实时监控系统

7×24小时全天候、不间断获取与更新相关公开数据，收集信息的同时对每个数据源进行高效监控，在数据获取异常的情况下，提供报警提示，通过异常预警及时调整迭代信息获取规则与策略，保证在信息获取的过程中最高时效性。

当监控主体产生新的信息时，产品会通过邮件的方式每日定时推送所监控主体更新的内容，保证机构在使用过程中能够完全掌握信息更新的时效性。

5. 监控权限设计

产品在使用过程中通过子母账号严格区分产品使用者权限，金融机构进行自主分配后，可实时观察子账号所监控的主体以及数据且互不影响，保证目前机构在使用过程中的字母账号权限的数据安全。

6. OCR 技术

利用 OCR（Optical Character Recognition，光学字符识别）技术，将图片、照片上的文字内容直接转换为可编辑文本。该功能解析扫描并存档非结构化文本，解决了以图片形式存在的文件文本化的难题。

7. 复杂文本结构化技术

原始文本中包含了以非结构化方式呈现的诸多有用信息，例如：国籍、生日、活动等，提取这些信息对应到了自然语言处理中的一个具有挑战性的领域，即可能需要句子剖析（将自然语言映射为机器可理解的表达），实体检测和多参考解析来聚集同一个实体的相关信息。公司根据行业特殊性建立了行业所需抽取的词库，通过词库对非结构化文本进行结构化处理，保证数据在使用过程中匹配行业特性。

8. 数据导出，信息留存

告别传统的 Excel 表格存储方式，随时导出监控主体的报表内容，保证机构在使用产品的过程中随时对文件进行下载并完成线下的相关业务，将债务人信息实时更新、随时查看、永久留存。

9. 精准搜索＋模糊搜索全维度＆单维度数据

在搜索上，我们使用了 ES 搜索引擎（elasticsearch 简写为 es，是一个高扩展、开源的全文检索和分析引擎，可以精准实时地快速存储、搜索、分析海量的数据）。

产品不仅可以通过精准的信息查询到高匹配度的主体，同时还可以通过不完全的主体信息模糊查询到所需要的业务数据；在数据维度的查询上，不仅支持主体的全维度信息查找，同时还可以通过搜索引擎对单个维度的数据进行精准＋模糊搜索，从而完美解决某些机构仅对单个或者几个维度数据的使用需求。

10. 安全防护

为了保护敏感数据在传送过程中的安全，公司配备了金融级别的SSL（Security Socket Layer）多重加密机制。SSL在浏览器（如Internet Explorer、Netscape Navigator）和Web服务器（如Netscape的Netscape Enterprise Server、ColdFusion Server等）之间构造安全通道来进行数据传输。SSL运行在TCP/IP层之上、应用层之下，为应用程序提供加密数据通道，采用了RC4、MD5以及RSA等加密算法，使用40位的密钥，适用于商业信息的加密；同时，开发了HTTPS协议并内置于其浏览器中。HTTPS实际上就是SSL over HTTP，使用SSL在发送方把原始数据进行加密，然后在接收方进行解密。加密和解密需要发送方和接收方通过交换共知的密钥来实现，因此所传送的数据不容易被网络黑客截获和解密。

除了利用加密机制使数据传输防劫持、防篡改、防盗听外，还结合异步上传、容灾备份等多种安全策略，全方位保证数据安全。

应 用 落 地

联合金科为某大型国有银行建立的智能贷后监控系统"知控"，引入多维度、全方位的监控信息，监控10大类别、500多类维度；将原生数据收集并整合，提炼相关关联关系，再现全部关系网络；实时更新债务人状态，及时通过邮件预警。该系统7×24小时分析比对公开数据，实现千万级的数据实时计算及指标加工；发现财产线索20多条，协助银行回收2000多万元，协助银行防止次生风险，大大提升了贷后监控工作的广度和深度，提升贷后监控业务效率和能力，实现贷后监控智能化。

案例17 AaaS智能风控模式在银行领域的应用

同盾科技有限公司

案例背景

2018年我国整体网民已达到8.29亿,其中手机网民达8.17亿,互联网普及率59.6%,随着各消费场景快速向线上迁移,人们对于金融服务的期待也发生了全新的变化,碎片化、个性化、随机化以及场景化是典型特征。

据中国人民银行数据显示,当前人民银行征信中心数据库已覆盖约8亿人,其中仅有3亿人有信用记录,有就业信息但缺失信用记录的人口超过5亿人,更有超过5亿人尚未被征信系统覆盖。

金融科技的革新带来了受众、需求以及模式等各方面的变化,客户的需求与期望发生了较大的转变,传统金融的业务拓展和风控管理方式都遭遇了较大挑战。人工智能和风控深度整合,已经成为整个行业发展的大势所趋。

案例概述

在这个背景下,同盾科技推出了"AaaS——智能分析即服务"的风控模式。同盾的AaaS平台是由几个模块搭建而成的多层次系统构造。

最底层是数据存储。这是一个完全依靠同盾自己的力量搭建的平台,没有使用任何云服务，为此，同盾组建了一个140多人的运维团队，每年服务器的投入超过了1亿元。

底层之上搭建了机器学习平台，包括有监督、无监督、半监督，以及基于深度学习的平台，主要是进行一些离线的稀疏数据的关联性分析。

再往上是基础的应用平台，主要分为三个业务环节。

① 信贷的风险分析，包括贷前、贷中、贷后、逾期管理、评分卡、申请反欺诈。

② 反欺诈。从账户级别、交易级别、内容级别、营销作弊，提供一体化的解决方案。

③ 价值挖掘。金融机构存在大量的沉睡客户，通过交叉营销模型搭建，对用户的重新激活提供解决方案。

应用层之上是服务的行业，其中金融机构包括银行、保险、持牌的金融机构，非金融机构包括电商、O2O等。

AaaS区别于传统的IaaS（基础设施即服务）、PaaS（平台即服务）和SaaS（软件即服务）等模式，和这些单一提供平台、工具或数据服务的模式不同，AaaS可以根据不同金融机构的业务需求，在多种细分金融场景中提供基于智能算法模型的分析服务，为金融机构赋能，助力金融机构提升其核心竞争力。

解 决 难 点

随着科技的发展、技术的革新与应用带来了受众、需求以及模式等各方面的变化，客户的需求与期望发生了较大的转变，传统金融的业务拓展和风控管理方式都遭遇了较大挑战，包括如何更有效地识别并缓解风险，提供更高效迅速的业务支持，以满足客户的需求，如何为决策制订更科学有效的支持，如何更充分地应对监管的期望与变化等。

1. 传统金融风控数据存在局限性

就央行征信数据而言，据中国人民银行数据显示，当前人民银行征信中心数据库已覆盖约8亿人，其中仅有3亿人有信用记录，有就业信息但缺失信用记录的人口超过5亿人，更有超过5亿人尚未被征信系统覆盖。

2. 传统风控模式无法满足普惠金融需求

随着技术环境的发展、大众金融消费观念的不断转变，普惠金融服务的特点越来越突出，即小额、高频和分散。银行当前最突出的需求就是如何在把控风险的前提下降低获客成本和营运成本，有效分析用户行为特征与交易习惯，准确把握用户需求与风险，及时识别和防范欺诈行为，实现更高效的信贷审批、资金发放、贷后管理等标准流程化服务，实现低成本轻型化普惠业务。

3. 传统风控模式防范和抵御能力不足

随着科技的发展和黑产的产业链日趋成熟，个人金融服务领域的诈骗、套现、薅羊毛、盗卡盗刷等欺诈行为屡见不鲜。传统的风险防控手段对于新型的欺诈手段的防范和抵御能力更显不足。如何有效防范欺诈行为的需求更加迫切，如及时识别高风险交易的特征、识别和防范团伙、形成各类黑灰名单，有效的交叉验证用户真实性等。

4. 传统金融风控的流程效率低下

受限于落后的风险管理和信用评估模式，传统信贷申请流程烦琐，耗时较长，且难以满足个性化的服务需求。如何简化流程、节省人力，高效率、低成本地服务客户，提升客户体验，成为银行业亟需解决的问题。同时，海量的用户信息与交易数据不但占用大量资源，提高了管理成本，还可能降低信息处理效率，错误引导对用户的需求分析与营销方向。

创 新 亮 点

同盾AaaS智能风控对银行的贷前、贷中、贷后业务流程和风险管控进行了巨大变革，客户体验和效率大幅提升，其主要创新点集中在3个层面。

1. 技术创新——构建用户全生命周期和信贷全场景覆盖风控体系

同盾科技AaaS智能风控是一个基于人工智能等技术的综合性系统工程（见图1），利用深度学习、知识图谱、智能语音、自然语言处理等新技术、新手段，接受多种数据维度的输入（图像、语音、文本等），可动态分析信用风险、欺诈风险等，建立多角度、动态决策的风控模型，提高决策全面性、时效性和准确性。

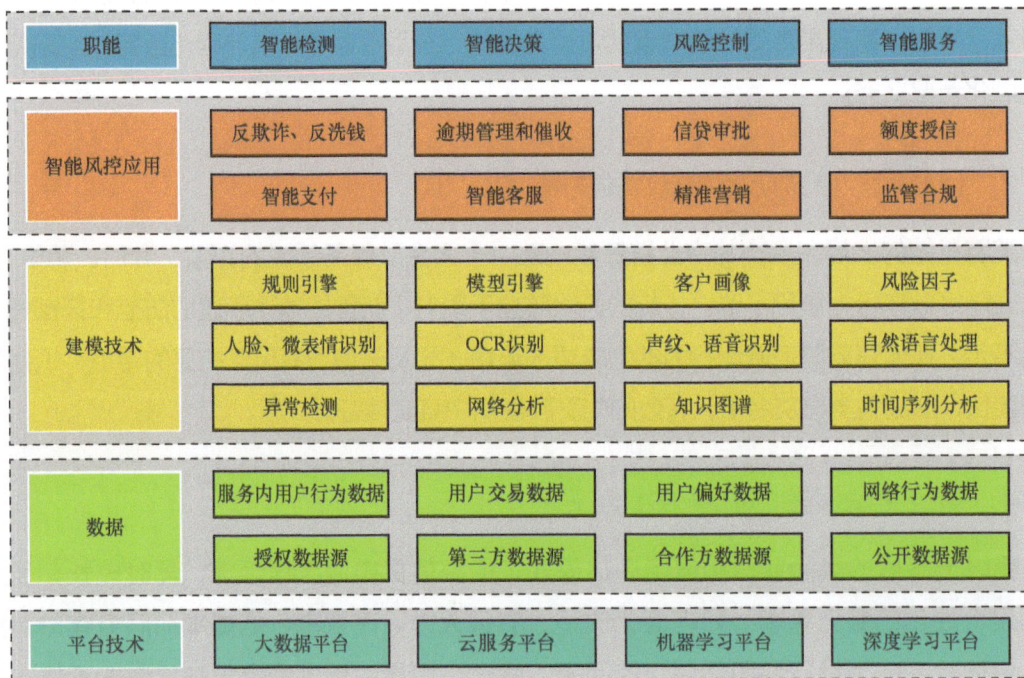

职能	智能检测	智能决策	风险控制	智能服务
智能风控应用	反欺诈、反洗钱	逾期管理和催收	信贷审批	额度授信
	智能支付	智能客服	精准营销	监管合规
建模技术	规则引擎	模型引擎	客户画像	风险因子
	人脸、微表情识别	OCR识别	声纹、语音识别	自然语言处理
	异常检测	网络分析	知识图谱	时间序列分析
数据	服务内用户行为数据	用户交易数据	用户偏好数据	网络行为数据
	授权数据源	第三方数据源	合作方数据源	公开数据源
平台技术	大数据平台	云服务平台	机器学习平台	深度学习平台

图1

2. 模式创新——"无感风控"打破惯有思维

同盾科技认为面对用户金融需求的碎片化、场景化和个性化，风控模式应该进行相应转变。"无感风控"将是一个重要方向，这也是同盾AaaS智能风控的重要目标。

其主要特征有以下几点。①在时效性上由事后、止损型风控模式向实时反馈的模式转变。②决策模式上由人工审核和后验策略模式逐步转为机器取代大部分人工的自动化决策模式。③风险控制和用户体验的提升逐步达到一个平衡，智能风控需要跟用户体验关联起来，最好是在用户"毫无感知"的情况下就完成，"无感认知""无感反欺诈"都是重要的组成部分。

3. 要素创新——数据＋场景＋模型联合驱动发展

在AaaS风控模式中，数据、场景和模型是驱动整个风控体系的核心动力，三者联动，打破以往强烈依赖线下物理网点、人工干预的传统模式。

模型是智能风控的"灵魂"。在智能风控中，数据和模型是相辅相成的，有好的模型没有数据，模型成为空谈；有足够的数据却没有好的模型，数据亦无法产生价值。目前模型主要为以下3种。

（1）规则引擎

通过简单、明确的规则，辅助银行进行风险决策，如信息核验、黑白名单匹配、人脸识别等。此类模型规则简单清晰，可复用性高，在数据具备的前提下实现难度低，最容易建立稳定成熟的系统。但是此类基于规则的系统，依赖专家经验和已发生风险的事实事先创建规则，无法及时针对新的风险模式进行自动更新。

（2）模型引擎

利用数据挖掘算法，将积累的大量客户相关的数据及外部数据进行整合分析，通过机器学习模型对高维度组合数据进行风险建模，实现风控的精度进一步提升。常用的数据挖掘算法包括关联分析、多元逻辑回归、聚类分析、决策树、神经网络等。此类模型通过数据训练模型，不断迭代优化和调整模型，在对客户的信用风险评价等应用中的精度和适用性上实现了突破。

（3）智能风控模型

此类模型利用深度学习、知识图谱等新技术、新手段，接受多种数据维度的输入（图像、语音、文本等），可动态分析信用风险、欺诈风险等，建立多角度、动态决策的风控模型，提高决策全面性、时效性和准确性。例如，通过采用机器学习技术，从数据中自动识别欺诈交易，总结交易模式，提升银行欺诈、反洗钱侦测系统的侦测率。此类模型通过不断自我改进与自我优化，自动识别新的风险模式，提升了风控体系的快速反应能力。

4. AaaS 信贷全流程智能风控实践

信贷全流程智能风控是指通过建模、分析与应用，借助生物识别、机器学习、复杂网络、智能语音交互等人工智能技术，从多维度、多层次分析用户风险特征，对业务申请、授信调查、审查审批、放款审核、贷后监控、逾期管理等环节的风险进行识别防控，有效控制潜在风险。

（1）智能信审

同盾根据应用场景智能定制化问卷，通过智能/语音交互审核在人工审核问答环节通过问卷让申请者提供更多信息，并能通过客户信息与问卷信息对申请者进行二次确认，从而评估出信息差距，最终给人工审核提供建议，实现对客户风险的定制化筛选。

（2）贷前反欺诈

以某银行客户为例，同盾为该行初审阶段及自动审批决策阶段提供了解决方案。该方案通过信息核验、贷前申请反欺诈规则、反欺诈模型、信用申请评分模型等，确保是客户本人申请，防范黑产、黑中介等欺诈风险，实现智能决策，提升审批效率，该银行需要人工审批的业务申请笔数占比10%左右，90%的业务申请由人工智能支持进行自动决策，包括自动通过和自动拒绝，提升了业务效率，节省了人工成本。

（3）智能授信调额

同盾依据某银行信用卡中心提出给其相应持卡用户调整信用卡额度的需求，同盾科技制定调额总目标——考量"行为风险评分卡""收益卡"组合效果，找到低风险、高收益的持卡用户进行调额。而对于"三低"，即低风险、低收益、低初始额度（处于3000~10000元之间）的部分持卡用户，出于刺激消费的目的，也可以调额。

具体实施的调额方案则从两个梯次有序推进（见图2）。第一梯次，依据"行为风险评分卡"，将调额样本排序，对风险较低的持卡用户调额；仅从利息及手续费维度产生贡献的"收益卡"，同样将调额样本排序，对低风险、高收益的持卡用户调额。两因相纳，最终调额样本仅占到总样本的10%。第二梯次，根据"行为风险评分卡"，将调额样本排序，对风险较低的持卡用户调额；仅从佣金维度产生贡献的"收益卡"，对低风险、高收入的持卡用户调额。双因迭加，最终调额样本占到总样本的22%。

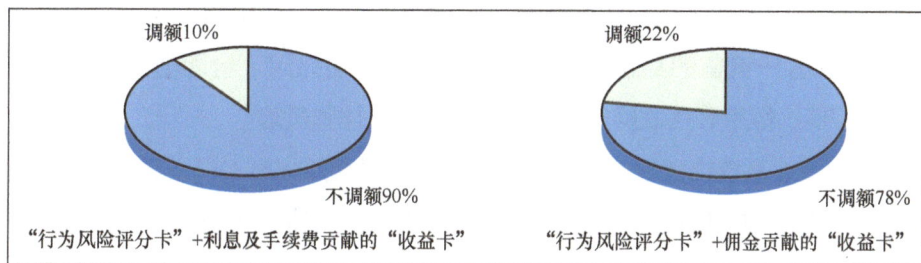

图2

（4）贷中监测

同盾为某银行提供标准反欺诈模型分，同时采用联合建模的方式补充变量，防控欺诈风险和信用风险。该行与同盾联合建立的信贷模型KS值达到0.45，比行业平均水平提升10%；模型稳定性PSI达到0.001，远高于行业0.1的基准水平。

（5）逾期管理

同盾利用语音识别、语义理解、语音合成等技术，推出了逾期管家、逾期精灵、催管大师三款重要产品，形成全账龄产品矩阵，根据客户的业务需求，灵活配置催收策略，全面覆盖M0~M3+及失联等各阶段需求。

智能交互产品可以从源头减少话术风险，降低客户敏感信息泄漏风险。支持根据客户业务的需要，灵活配置催收策略，有效提高信息触达概率和回款率，并满足监管要求。产品一投入市场便受到了极大的关注，很多金融机构、互联网平台客户均进行了深度体验，催收效率有明显提升，并极大降低了成本和人为因素造成的风险。

同盾科技智能催收技术可以针对不同账龄逾期借款人开发不同的人工智能催收产品。以某银行客户为例，日均催收进件量600笔左右，对8个连续工作日的首催案件，应用人工智能催收后，T+5日累积回收率平均56.04%，历史最高62.6%，与人工催缴水平相当，极大降低了催收人力成本，提升了催收效率。

5. 技术创新

（1）设备指纹——建立全球唯一ID

同盾利用设备的名称、型号、设备参数等要素，为每一个操作设备建立一个全球唯一的设备ID，实现客户设备的身份认证，不易篡改，方便易用，全面覆盖Android、iOS、Web、H5、微信小程序等互联网业务场景，识别各类作弊风险。

同盾交易反欺诈系统结合设备指纹、人机识别、复杂网络算法以及风控专家们经过一系列的研究与验证产出的风控策略对账号进行强有力的安全保护。覆盖用户登录与注册、绑定银行卡、更换安全卡、购物支付、短信验证、借款、转账、提现、理财申购与赎回、修改资料等交易场景。帮助银行横向拓展行业应用，纵向发掘服务深度。

（2）决策引擎"天策"——业务策略统一管理平台

决策引擎扮演着类似血管的角色，打通整个风控流程、规则、各类评分卡及模型，提供业务策略全生命周期的统一管理，支持超过一万家客户的交易反欺诈请求，目前每日的请求量已达数亿次。

（3）机器学习平台——模型全生命周期管理

同盾机器学习平台提供技术能力的输出，建立标准化的机器学习模型全生命周期管理，包括数据读取、数据处理、特征工程、模型训练、模型测试、模型部署、模型运行和监控，降低建模门槛，减少大量人工操作出错的可能，大幅提升模型上线效率，帮助客户"轻而易举"的获得海量数据分析以及精准预测的能力。

（4）实时指标计算平台—— PB级数据微秒处理能力

欺诈检测中用到的数据集不仅庞大而且复杂。一套完整的欺诈检测系统需要能够迅速地对这些数据进行预处理，在非常短的时间内对线上交易做出是否存在欺诈风险的判断，以及整个欺诈风险提示的准确度，即是否存在误报警也是非常重要的衡量企业硬实力的标准之一。

同盾科技自研的大数据极速计算处理引擎，目前已有效实现"快、准、稳"三合一功效，计算准确度99.99%以上。可输出高质量高精确的数据，原生接口灵活可配置，完美适配从模型构建到模型运行的全流程。

（5）"云图"——知识图谱构建应用平台

当下个人层面的欺诈识别和防范已经较为健全，团伙欺诈成为各金融机构围追堵截的主力军，知识图谱以隐秘关联关系挖掘、可视化关系呈现等诸多优点成为团伙欺诈识别的利器。同盾结合NLP、图计算、深度学习、知识推理和可视化等技术，打造了全栈式知识图谱构建及应用解决方案——云图。基于云图，用户可快速构建关系图谱，并基于图谱完成图特征、图结构挖掘，结合特定场景解决方案有效识别关联风险、团伙欺诈风险。

应 用 落 地

1. 重塑业务模式

传统银行网点的服务半径主要集中在网点周边2公里范围内，时间、空间均受限制，同盾AaaS风控模式利用人工智能技术，深入挖掘客户需求，精准匹配推出产品，打破物理网点服务时空限制。

2. 提升信贷流程效率

传统银行的信贷风险管控流程，为解决银行与借款人间的信息不对称，需要借款人填写复杂的表单、提交大量纸质资料，而且需要经过授信调查、审查审批、放款审核等多个环节和岗位，从贷款申请到贷款支用流程环节多、耗时长、客户体验差；贷后监控数据和模型缺乏，依赖人工催收，重贷轻管现象普遍存在。

同盾AaaS风控模式通过构建风控规则，引入决策树、随机森林、神经网络等机器学习算法，建立风控模型，引入决策引擎，更全面、快速地评估信用风险；与人脸识别、声纹识别等生物技术相结合，更精准地识别客户身份，防范欺诈风险；在贷后环节引智能催收等，能大幅降低人工成本,提高效率。

3. 降低运营成本

与传统商业银行的作业模式相比,借助同盾AaaS风控模式具有巨大的运营成本和效率优势。传统银行平均一名客户每年的营运成本达300~500元,而借由自动化的运营和风控手段,能大幅降低运营成本,参照某互联网银行,其每名客户的运营成本最低可降至几十元。

合 规 安 全

为全方位保障数据安全和项目合规性,同盾科技从技术、制度、管理、文化等层面制定完善体系。例如,同盾科技推行制度清单,从应用系统全生命周期安全管理流程、同盾安全风险管理流程、产品合规内部指引到同盾员工行为安全准则等几十条巨细靡遗的安全规范制度清单。在内部通过技术手段搭建完善的数据安全体系,分别开发出"瞭望塔""轻舟""数据保镖""星海""星象图"等技术平台来应对来自内外部的网络与数据安全威胁。此外,同盾科技积极参与行业安全标准认证、多个信息安全管理体系认证工作。

同盾科技对数据安全的要求和探索一直走在行业前沿,从数据安全交换、资产风险管理、容器安全、蜜罐技术、态势感知五大方面,全方位有效地保障了同盾的信息安全,实现每天亿级数据的安全流转。

案例18 东方天玑——智能投资助手

浙江同花顺智能科技有限公司

案 例 背 景

艾媒咨询数据显示，2019年中国互联网理财用户达5.29亿人。预计2020年中国互联网理财用户将达6.05亿。近些年来，伴随互联网金融的发展，大众互联网理财的观念渐渐普及，大众理财规模也越来越大。智能投顾因为其低成本、风险分散等特点，愈加符合金融普惠化需求。

对于证券公司，随着移动互联网客户的数量快速增加，公司内部投资顾问已逐渐不能充分覆盖。另外，普通投资者尚未形成比较成熟的投资咨询习惯，所以将智能投顾与传统投顾结合发展，利用智能投顾为客户进行金融市场信息整理与动态解析，而传统投顾为客户进行投资要点深度解读的方法，已成为证券公司兼顾服务范围和服务效率的有效手段。因此，东方证券联合同花顺打造了东方天玑智能投资助手。

案 例 概 述

东方天玑智能投资助手本质上是在用户身边充当虚拟专业投资助手的角色，主要分为智能投顾与智能客服。智能投顾为客户提供股票信息筛选与解析、开放式基金诊断和多维度筛选、行业知识图谱梳理、账户解读、最新资讯播报、百科问答等服务。通过智能客服解答用户的基础客服类疑问，并可以在App内部完成功能指令的直达跳转。同时，投资助手在金融类语言与语意的识别度已达到90%以上，用户可完全使用语音唤起服务，投资决策的综合效率得以成倍提高。

随着智能投资助手应用的落地，东方赢家App用户总体活跃度提升25%，中小型投资用户的股票与基金的交易活跃度明显提升，各类运营活动推广取得了很好的效果，例如科创板开户，随着人们通过投资助手普及科创板知识，科创板开户量大大提升。

解 决 难 点

① 证券行业内各证券公司存在类似的难点与痛点：

● 无法为客户快速有效地整理和分析每日海量的金融市场信息。

● 客户的投资经验存在较大差异。

● 公司员工服务能力参差不齐，服务半径较小。

② 智能投资助手应用的落地有效地解决了以上问题：

● 云端服务的大数据处理能力，每日根据数据源样式实时处理存储市场数据，以图形组件的方式向客户呈现。

● 产品设计简洁、功能易用，通过数据标引与聚类等技术，对用户信息获取进行智能化延伸与功能引导，带领客户由浅入深，逐步提升投资知识结构。

● 随着对产品功能的运营与推广，有效地缓解了员工的服务压力，并为员工服务客户提供了有效工具支撑。

创 新 亮 点

核心AI服务基于TensorFlow框架，使用针对各领域特殊优化的深度学习技术。同花顺自2016年开始全面布局人工智能领域，在深度学习方面有着丰富的经验和技术积累，为东方天玑智能投资助手提供了强大的技术支撑。

东方天玑智能投资助手融合了深度学习、神经网络、意图识别等人工智能技术，语义理解能力强，可以适应口语化多变问法，并支持大量的金融专业词汇。针对金融这一特定领域，可以进行行业智能专业级服务。基于同花顺自主研发的金融自然语言处理技术，东方天玑智能金融助手的语音识别模块可以精准地识别语音并可以实时将语音转换为文字，并且可以主动识别客户的年龄段、性别、当前情绪等。对于客服问题，在系统冷启动状态下可以达到95%的正确率。在金融问题上，回答的准确率达到90%以上。

云端数据引擎组件化和结构化交互映射，服务端基于自主研发的意图识别引擎，首先引擎依据金融语言场景知识图谱、用户使用场景识别及行业知识图谱等，判断用户问句类别与意图，调用不同的数据类别服务，将各类别返回的答案通过总控适配器组装发送至前端展示给用户，进行市场诊断、股票基金分析、百科、闲聊等特色服务，并依托同花顺云端海量金融数据的实时动态积累，使得东方天玑智能投资助手在数据上获得不间断的提升，成为一款兼备专业性与易用性的创新型投资辅助金融工具。

整个系统灵活度非常高，客户可以根据自身的需求将产品进行多种自定义的配置。目前东方天玑智能投资助手采用的核心技术是同花顺自主研发的自然语言处理技术。通过自然语言处理进行用户问句的语义解析，准确识别用户的意图进行最为标准的回答。框架上系统前后端分离技术各尽其职，以面向接口的形式进行开发，可以减少不必要的前后端沟通，进而提高开发效率。

1. 自然语言解析能力

在自然语言解析逻辑上，东方天玑智能投资助手同时拥有扩展相似句解析、槽位规则解析、多轮对话、机器学习算法等多种能力（见表1）。

表 1

解析能力评估	说明	东方天玑智能投资助手表现（测试数据）
时间解析能力	包括时间识别、时间推理、时间绑定	77%

解析能力评估	说明	东方天玑智能投资助手表现（测试数据）
语义识别	包括各种语义多样性，以及语义组合	90%
周期识别	周期多样性以及周期绑定等	100%
复杂语义能力	长问句，多语义组合	82%
实体识别能力	人名、机构名等，包括识别与link	100%
模糊搜索能力	语意不明	90%
四则运算能力	加减乘除各种表达与识别	100%
联想能力		100%
doublecheck识别	语意不明确，需要对用户语意进行猜测交互式推荐	30%
等价表达（长尾问句）	长尾，复杂问法	90%
kyc识别	针对用户的自选股、账户进行个性化服务	20%
诊股识别	诊股结果页，诊选股之分	100%
计算筛选能力	指标计算后筛选股票能力	100%
纠错	问句纠错服务能力	100%
市场术语	常问的股市术语解析能力	100%

2. 前沿技术标准使用

东方天玑智能投资助手项目在实际开发中采用了多种先进技术，如深度学习、容器、微服务和智能代理等。系统设计高度抽象，软件功能独立并可模块化组合，使得整个体系结构安全稳定，符合信息技术应用的未来发展主流。核心服务采用自主研发的智能问答引擎系统，该系统场景反应快，并能够实现上下文关联处理，确保了良好的用户体验和应答准确率，同时支持高并发和平行扩展服务能力。该系统使用了语音识别、分词、搜索、基于领域本体的动态知识库构建、相似度计算、意图识别、自动回答、语法解析及知识挖掘等技术，如表2所示。

表2

技术名称	东方天玑优势
语音识别	东方天玑智能投资助手拥有先进的语音信号处理技术，能有效降低各种环境、人口因素对识别准确性的影响。 支持多语种处理：中文、英文、中英文混合。 拥有先进的降噪算法模型，能够处理不同环境下噪声影响，信噪比大于20，语音识别率能够达到95%以上，满足多数环境下语音识别要求
意图识别	无须特征工程，完全靠数据驱动；效果明显优于传统的机器学习模型；在金融领域准确率高达98%
相似度计算	基于TB级数据，使用深度学习技术计算自然句之间的相似度，能够非常好地反映文本间的语义相似度
知识库构建	基于自主研发的RDF变种的超图模式构建本体知识库，效率高、速度快
知识挖掘	知识点数据量大，聚类效果明显；无监督和有监督聚类方法相结合；词向量和句向量相结合；机器和人工相结合
智能回答	具有上下文理解能力；具有语义泛化能力
自然语言处理	基于深度学习的自然语言处理框架，打破自然语言中的马尔可夫假设，可以依赖整个句子的模型，在需要的情况下考虑词序，可避免数据稀疏的影响

3. 前端的高性能拟合

东方天玑智能投资助手前端使用了同花顺自研的基于原生JS的HWFF框架，简单易学、双向数据绑定、组件可视化配置、组件化轻量开发、易于维护。项目可通过后台可视化自由配置各类组件去实现不同的前端展示UI，系统会将配置好的UI自动打包供前端使用。

系统建立完整的包括技术和制度在内的严格、缜密、可靠的安全管理机制，符合证券行业信息系统相关建设指引和安全管理规定。系统采用私有化部署方案，数据全部基于内网传输；涉及公网的市场类数据，会通过HTTPS协议传输或对内容进行脱敏处理，以此来保障数据传输安全、可控且不泄露用户信息。

与传统单体应用相比，HWFF框架主要有以下几个优势。

（1）易扩展、对接，可以方便地集成其他框架技术

前端技术栈日新月异，推陈出新的速度绝对是冠绝群雄。HWFF架构的优势是可以在维护好遗留系统的前提下，不断引入新技术和新框架（比如vue、react等），提高开发效率、质量、用户体验。

（2）可局部升级

HWFF架构可以在不影响旧代码的情况下，局部替换升级各个模块。在主框架发生变化时，各个模块都可以按需升级，不用担心是否会影响到其他各功能模块。

（3）结构清晰、松耦合，方便维护迭代

各模块相互独立，相比单体前端，处理起这些小模块来更简单方便，不必考虑跟其他模块的耦合问题。

（4）模块独立性高

各个模块可独立部署，缩短了每次部署涉及的范围，从而降低了风险，就是其他模块功能发生了问题也不影响我们的工作。

（5）方便协同化开发

模块化可实现多人协同开发页面，提高页面研发速度和降低维护成本。研发速度的提升体现在多人协同并行开发，维护难度体现在减少版本的混乱，根据模块区分版本，降低版本间代码冲突和文件错误覆盖。

（6）可视化配置

HWFF架构支持可视化拖曳配置，按照客户的不同需求，配置不同的组件、设置相应参数，并可实时预览效果。

4. 系统可用性高要求

直到今天，集群（包括简单的单服务器方案）高并发、高QPS仍然是国内业界所追求的目标，且随着业务的快速增长对系统的可用性提出越来越高的要求。在技术层面上，东方

天玑智能投资助手系统按照业务发生的时间序列（问前、问中、问后）实施了四大能力建设，即预防能力、诊断能力、解决能力、规避能力。同时，在具体工作上，我们划分为流程和系统两个方面，具体建设内容见图1。

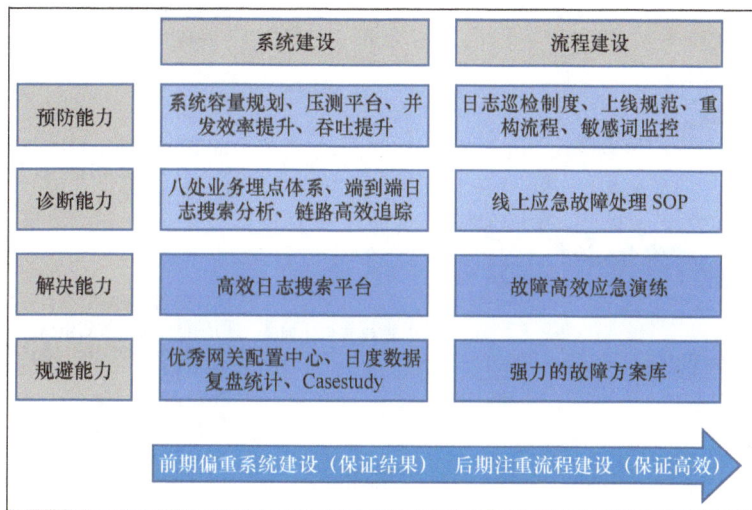

系统建设	流程建设
预防能力　系统容量规划、压测平台、并发效率提升、吞吐提升	日志巡检制度、上线规范、重构流程、敏感词监控
诊断能力　八处业务埋点体系、端到端日志搜索分析、链路高效追踪	线上应急故障处理 SOP
解决能力　高效日志搜索平台	故障高效应急演练
规避能力　优秀网关配置中心、日度数据复盘统计、Casestudy	强力的故障方案库

前期偏重系统建设（保证结果）　后期注重流程建设（保证高效）

图1

5. 高质量系统迭代

对于东方天玑智能投资助手系统，研发持续投入精力在平台化服务或组件的长期建设上，使每个垂直的运营系统扩展性得到保证，从而不断提升研发效率和系统的高质量服务。不同于传统的软件开发流程，同花顺开发团队采用"小步快跑"的开发方法，更好地解决传统软件开发流程中易出现的风险高、进度慢、成本上升等问题。"小步快跑"开发迭代流程逻辑如图2所示。

在开发智能投资助理系统的过程中，内部不断演进分成多个阶段性进行迭代，实时梳理业务需求和问答大数据，提取价值化阶段的小目标，定义明确的阶段性评估标准和迭代计划。整个迭代软件开发过程包含需求、设计、编程、部署、测试、评估等流程化解，以最终完成结果为导向和再分解，从而完整地把控整个系统的迭代高质量。

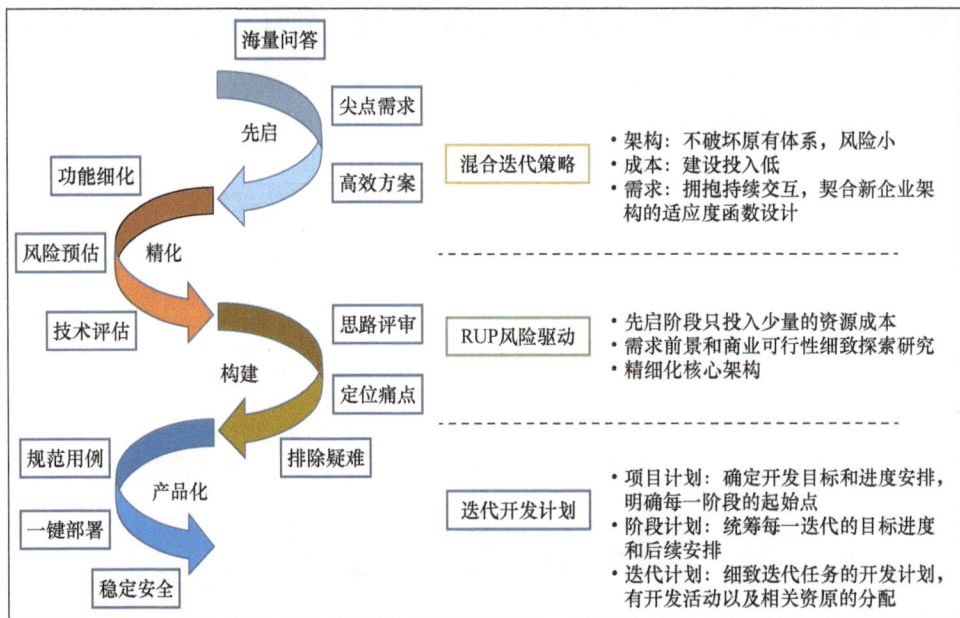

图2

应 用 落 地

以东方证券的东方赢家App为例，东方天玑上线后，好评如潮，取得良好市场反响，主要表现在以下几个方面。

① 投资类用户在线时长增加1.2倍。

② 单用户平均服务调取次数大于5次。

③ 用户的信息获取效率大幅度提升，使投资决策成本大大降低。

④ 公司员工的服务效率成倍提高，包括投教类、客服类知识服务和投资类知识服务。

⑤ 运营活动效率全面提升，活动部署效率提升6倍，活动平均参与率提升4倍，运营人力释放80%。

案例19 智能化银行网点

深圳市商汤科技有限公司

案 例 背 景

以人工智能为代表的科技力量带来了第四次科技革命。通常来说,人工智能(Artificial Intelligence,AI)是研究开发能够模拟、延伸和扩展人类智能的理论、方法、技术及应用系统的一门新的技术科学。与传统的自动化解决方法不同,人工智能更加推崇创新且拥有自我学习能力。人工智能是新一轮科技革命和产业变革的核心力量,推动着传统产业升级换代,驱动"无人经济"的快速发展。

当下,随着AI+概念越来越热门,全球产业界充分认识到人工智能技术引领新一轮产业变革的重大意义,银行业是人工智能技术应用的先驱行业,不仅体现在内部流程变革上,更是落实到每一个网点的具体改革上。在金融业务线上化的大趋势下,银行网点向智能化转型帮助银行提升基础竞争力、成为商业银行迫切的选择。

过去几十年,银行网点通过提升软硬件服务能力来提升竞争力。随着大量业务线上化,银行网点不再是服务的绝对场所。银行网点开始聚焦客户的需求和体验,采用智能运营的方式,精简业务流程,降低运营成本;增加互动体验,提升客户好感度和满意度,保护人民财产安全。银行网点逐步进入智能化时代。

从成本节约和销售增长来衡量,智能网点能令网点效率提升60%~70%,主要表现在以下几个方面:①充分发挥智能设备优势,实现脱离柜台业务办理;②精准识别客户和管理员工提升营销转化率;③有效管理员工和业务流程,优化风控能力;④客户体验升级,提供更多的营销机会。

案 例 概 述

银行网点智能化，简单来说就是通过人工智能的技术，借助网点这个业务办理场所，在提升客户业务体验的同时，还为银行各类业务的营销创造机会，提升客户粘性。通过网点硬件和软件的配合，打造非传统化的网点，包括装修改造、智能化设备硬件采用、智能软件使用等。

银行网点智能化主要通过以下几类方案来实现。

1. 精准识别用户

提供维度丰富、千人千面的客群画像，赋予银行网点自动化、实时洞察能力，准确分析客户是谁。系统能分析出客户的属性信息，同时通过与银行的数据库关联，用人脸识别技术对客户是普通客户、VIP客户或黑名单人群等进行识别。

一方面，银行可准确地为客户推销适合客户的产品，也能提供及时满意的个性化定制服务，获得用户的好感度；另一方面，通过对黑名单人群和犯罪嫌疑人的识别，也能有效地降低网点的风险。

2. 网点客流量结构化分析和轨迹追踪

对网点内主要区域（入口、收银台、理财柜台、自助机等）的客流进行实时的结构化分析。系统还能按时间维度、网点维度统计分析客流的趋势变化、人群属性分布。在空间维度上，系统也能分析出进入、经过、停留网点人数，让线下商业决策与行动可量化、可跟踪、可衡量，为上级提供数据。

追踪顾客在网点的行动轨迹，生成客流热力图，为营业厅的布局提供优化参考。

3. 网点用户身份核验

使用摄像头拍摄人脸图像进行采集，使用采集的人脸图像与证件照图片、企业留档图片或第三方权威机构留档照片进行比对，核验用户身份，减轻柜台工作人员工作压力，降低人眼识别错误率。

4. 智慧化办公

传统的业务办理靠人工输入身份信息等，现在可采用OCR智能识别证件上的信息，降低人工出错率。此外，一些银行的业务模板、表格、发票等都可以使用OCR电子化，大大提升工作效率。

5. AR大堂客服

基于软硬件、数据、算法能力研发的拟人化运营平台，可收集并分析顾客的属性信息，通过虚拟数字人的动作、表情、语言为顾客提供拟人化服务，方便客户在网点与远程客服办理业务，营造出与真人交互的氛围，同时也适用于导览咨询、信息讲解、客户服务等场景使用。也可以通过网店大屏幕实现客户的人机互动，提升网点服务品质。

6. 网点内行为识别

基于网点内的视觉硬件捕捉物理区域内的人的行为，提供风险性判断依据。行为识别主要分为顾客行为识别和银行内控行为识别。前者识别内容包括在ATM区域是否有拉杆箱和背包，ATM及VTM区域是否有人摔倒，是否有特定不正常行为；后者识别内容包括在现金交易区域识别业务人员数量（如清点钞票需两个业务人员在场），柜台人员是否长时间打电话等。

解 决 难 点

传统网点的视频数据缺乏中心化、结构化处理，无法得到有效利用，只能在发生安全事故以后进行回溯，更不能提供及时有效的决策依据。智能网点通过对视频内容的实时结构化处理，可以及时精准地辨别身份、行为，及时检测出有风险，以便银行及时应对。

对银行网点来说，识别高质量的优质客户尤为重要。依赖于人工智能技术而不是业务熟悉的大堂经理来第一时间发现优质客户到来，并第一时间提供服务，可以有效提高客户满意度和营销效率。

在传统业务模式下，身份证照片和本人比对是柜员人员比对和记忆，安全性没有办法保证。采用人脸识别智能系统，不仅能加大安全性、降低业务办理流程，还能帮助银行建立客户数据库，并实时记录客户办理流程。同理，线上办理业务时也通人脸比对的方式保证业务办理安全性。

传统的纸质文件身份证信息的输入依靠大量的人工完成，容易出错。采用OCR技术，对卡证文件上的文字进行智能识别使其变成电子文字，柜台人员进一步复核，既提高了效率又降低了错误率。

传统的银行网点采用人工窗口服务的方式，当网点客户较多时，客户等待时间长，客户体验度较差。智能网点可以通过各类智能柜员机分流人工窗口的压力，提升服务效率。

使用AR技术和相关硬件为客户答疑解惑，又通过有趣的互动形式提高客户粘性。

创 新 亮 点

商汤目前应用到银行智能网点的产品主要为SenseStudio-ID商汤智能身份核验平台，即根据金融业务特定场景，提供人脸比对、人像搜索、活体检测和文字识别等算法能力。

1. SenseStudio-ID主要涉及以下原则

① **功能实现原则：**系统功能通过微服务实现，必须具备降级、监控、扩展的能力，并支持云化部署；各服务必须保持无状态，支持上下文共享，实现无缝扩展。

② **安全及监控原则：**各业务功能可通过安全规则进行实时、准实时、事后的风险校验及分析；通过统一的前端架构、服务架构、交付原则防范各类攻击。

③ **数据存储原则：**高频访问的热数据，采用分布式缓存进行存储，减少对集中式数据

库访问；高并发操作的数据，通过异步处理、授权分流等方式提升处理效率；数据异构、数据副本，合适的数据采用合适的方式进行存储。

④ **解耦分离原则：** 通过服务进行跨模块的访问，降低模块间的耦合度；跨模块之间调用尽量采用异步模式，增强故障的隔离度；高频业务与低频业务分离，核心流程与非核心流程分离，保证核心流程稳定。

⑤ **运行及部署原则：** 各服务可实现多版本运行和不停机发布，保障业务连续性；从软件和硬件架构层面进行容灾备份设计，增强系统的灾备能力。

2. SenseStudio-ID产品特点

① 支持多平台设备，包括服务器端、PC 端、移动端和设备端。

② 丰富的 API 调用：

- 提供 1:1 人脸对比及相关工具包。
- 提供 1:N 人像搜索，实现对人像数据库的管理以及人像搜索，支持百万人像库。
- 提供 OCR 证件票据识别。
- 提供单图防伪、静默以及交互活体检测。
- 提供完备的接口文档及示例。

③ 安全可靠：数据安全级别高 、金融行业标准安全架构。

④ 部署灵活。

- 支持私有云部署。
- 支持微服务，具备高可用性。
- 支持一键部署、水平扩展行业标准安全架构。

⑤ 开放系统。

- 适用于丰富的业务场景。
- 定制化开发难度降低。
- 算法关键参数全面开放。

⑥ 高维护性，低成本运维。

- 提供日志记录，安全可靠。
- 提供业务流水查看，接口调用一目了然。
- 提供异常监控，轻松发现故障。

3. SenseStudio-ID部署架构——物理部署（见图1）

① **客户端/应用：** 用户通过客户端访问身份核验平台，对系统进行设置和管理，以及通过设置账号管理第三方系统访问身份核验平台的接口服务和数据服务。

② **系统服务器：** 由单台或多台物理机、虚拟机或云主机组成，单台服务器采用Docker容器部署，多台服务器组成高可用集群，采用Kubernetes + Docker容器部署。

注：LAN代表局域网，WAN代表广域网。

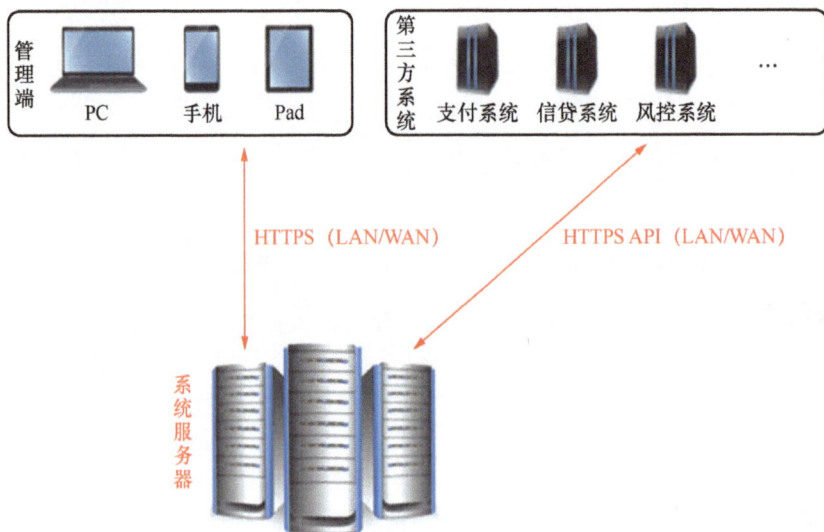

图1

相应可以支撑SenseStudio-ID 商汤智能身份核验平台的硬件产品主要为AI模组+SDK、IPC组合和刷脸支付SensePay。

（1）AI模组 + SDK

AI模组为软硬一体的产品，快速、低成本地升级现有老旧设备。SDK支持Android、Windows和Linux系统。

商汤智能摄像头模组完美支持商汤算法，并满足客户定制化要求，有3种尺寸模组可供选择（见图2），在满足图像质量及性能要求的同时其基于RGB单目摄像头硬件设计可大幅度降低功耗和模组成本。

| 小尺寸方案 | 可换镜头方案 | 全功能板 |

图2

（2）IPC

支持人脸检测跟踪、人脸属性检测、观看/关注分析、人体检测跟踪、人体属性检测、人体朝向、人体姿态动作检测、人群密度检测等，且支持三码流、手机监控、心跳机制，具有3D降噪、去雾、数字宽动态、镜头校正、走廊监控等智能模式。

（3）刷脸支付SensePay产品核心优势

● 顶级硬件配置：CPU是2.0GHz主频 8核，内存是4GB+32GB；3D TOF深度摄像头。

● 超高防活体攻击准确率：2D情况下，准确率为百万分之一；3D情况下，准确率为万分之一。

● 商汤活体检测算法：活体检测时间小于等于600ms，安全高效。

● 通过银行卡安全检测中心认证：国密芯片加密；支持SM2、SM3、AES、ECC、RSA等算法；活体算法通过BCTC最高等级（增强级）认证。

除以上提到的产品外，商汤还有智能广告机SenseU、AR数字人等，也都是适合金融产业应用的，通过个性生动的表情动作来进行流量分析，了解客户属性，并能达到吸引顾客的目的。

应 用 落 地

借助商汤研发团队在AI领域20多年积累的原创研发力量，商汤智能网点产品能够保障产品的专业性、高效性。

其主要线上应用包括以下方面。

① **证件录入：** 在需要录入用户身份证、行驶证、银行卡等多场景的线上业务中，通过OCR识别功能可大大简化录入流程，提高用户留存率。

② **在线开户：** 传统开户操作需要线下确认用户身份，费时费力。使用SSID提供的人证合一可快捷安全地辅助用户完成在线开户的行为。

③ **转账贷款：** 对于大额转账和线上贷款的业务场景，需要对用户本人操作进行极高标准的确认，用户身份可信度验证可辅助企业丰富业务场景，提高业务安全性。

④ **H5生态：** 在轻量级H5场景中对用户进行活体认证（静默或交互），预防图片攻击，加强隐私安全性。

其线下应用包括以下方面。

① 在柜台等有人值守的场合，进行人脸比对＋身份证识别，在自助机等无人值守的场合，结合活体检测、人脸比对及身份证识别的能力进行身份核验。

② 区域管理：使用1∶N人脸检索，对安全级别较高的区域或需要限制入内的区域进行人员监控，防止闲杂人等随意出入，及时预警。

③ 客户识别：通过1∶N人脸检索，实现来宾身份自动识别，不但有助于提高服务质量，同时有助于精益化运营。

④ 人脸支付：可运用SenseStudio-ID活体检测、1∶N搜索等能力，打造人脸支付解决方案，优化支付流程，已广泛应用于零售、地铁公交通行等领域。

⑤ 智能客服：运用AR技术，以软硬一体的方式提供交互式客服产品，利用1∶N人脸检索、NLP等技术，为客户提供咨询、营销、金融风险教育等多种服务。

目前商汤已经和建设银行、上海银行等多家银行达成合作，智能化银行网点项目正在实施或试点运行中。

在已经到来的人工智能时代，我们可以预见在不远的将来，无论在城市街区、公园还是在校园、社区、写字楼、银行、机场、地铁等，AI技术将无处不在。商汤致力于成为城市的"视觉中枢"，为其提供"能看懂、能思考、能指导行动"的核心分析能力，从而让城市街区更安全、生活更便捷、通行更高效、城市更温暖。

案例20　券商智能资讯推荐引擎平台

宁波深擎信息科技有限公司

案 例 背 景

　　当今处于信息爆炸的时代，用户很难找到感兴趣、具有投资价值的信息内容，并且由于信息长尾效应，热门资讯长期霸占头部流量，大量个性化资讯无法触达合适的用户。传统的基于专家经验的推荐存在人工规则费时费力，难以覆盖差异化的客户需求，并且无法量化评价效果，难以持续有效迭代优化。

　　该大型券商智能资讯项目希望将个性化推荐引擎"穿云箭"用于解决用户兴趣和内容有效分发问题，设计面向投资资讯服务的、千人千面的个性化资讯推荐引擎。证券行业个性化推荐系统对资讯内容的专业性和深度有很高的要求，同时还要求对行业场景特色和业务目标有深刻的理解。

案 例 概 述

　　宁波深擎信息科技有限公司提供了可视化的推荐引擎管理平台（见图1），设计和运行包括市场热门推荐模型、综合策略个性化推荐模型、市场热点及持仓相关策略模型、侧重持仓导向策略模型、文章话题相关度推荐模型以及内容相关推荐模型，实现了基于业务场景的自动化推荐、数据可视化以及模型优化调整的闭环管理能力。

该券商通过基于业务场景的模型优化和迭代，配合标签运营管理平台，形成了特色智能资讯服务，完美融入零售客户服务体系。智能资讯曝光点击率提升了4倍；平均次日留存率提升了1倍，户均阅读篇数提升了2倍，大幅提升了客户获取资讯的体验，资讯用户粘性明显增强。

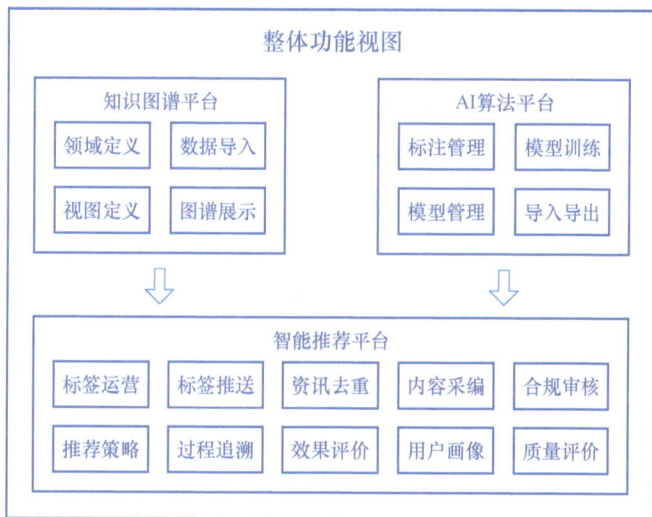

图1

解 决 难 点

券商资讯的推荐系统和互联网资讯媒体的推荐系统有很大不同，后者以黏住客户碎片化时间为首要目标。证券行业资讯具备极高的时效性，大部分资讯的生命周期不超过2天，券商资讯推荐系统的目标是为客户快速找到有投资价值的资讯。

本项目围绕"快"和"准"构建具有特色的智能资讯平台，不仅让客户更快地获取实时资讯，还能将客户感兴趣的资讯精准推荐给对方。个性化推荐引擎"穿云箭"基于对金融资讯的深度分析和对投资者投资逻辑的深入理解，提供以资讯阅读为入口，深入挖掘投资者投资偏好和信息阅读场景的技术平台支撑。该系统能够为投资者实时从海量资讯新闻中提炼最具个性化投资价值的资讯内容，辅助投资者快速捕捉投资机会，了解市场异动，解读投资逻辑。

创 新 亮 点

本技术方案采用了先进的互联网推荐引擎架构以及对行业用户和业务场景的深入理解，具备以下技术特点。

具备完善的在线实验分流引擎（见图2），能够进行多策略对照测试，并提供数字化的推荐效果评价，以数字为驱动，指导推荐策略和算法迭代。

	资讯 - 持仓、自选、兴趣混合	资讯 - 浏览偏好	资讯 - 最新优先
流量比例	40%	40%	20%
资讯推荐总数	227,795次	225,225次	110,480次
资讯曝光总数	60,000次	55,439次	28,004次
资讯点击总数	3,431次	3,547次	823次
资讯收藏总数	6次	18次	1次
资讯分享总数	22次	17次	0次
平均阅读时长	62秒	71秒	63秒
资讯曝光率	26.34%	24.61%	25.35%
资讯点击率	5.72%	6.40%	2.94%
资讯收藏率	0.17%	0.51%	0.12%
资讯分享率	0.64%	0.48%	0.00%

图2

提供可运营的推荐策略管理中台，能够自由配置推荐场景，自由选取不同的召回策略模型、排序模型，以及兴趣度、时效性、丰富度的平衡，为运营人员提供可维护的推荐策略，如图3所示。

推荐过程可解释，在证券金融领域，合规性和可解释性的要求要远远高于一般互联网平台，该方案提供了用户推荐历史、用户行为、用于阅读兴趣画像的可视化查询及模拟推荐能力，如图4所示。

图3

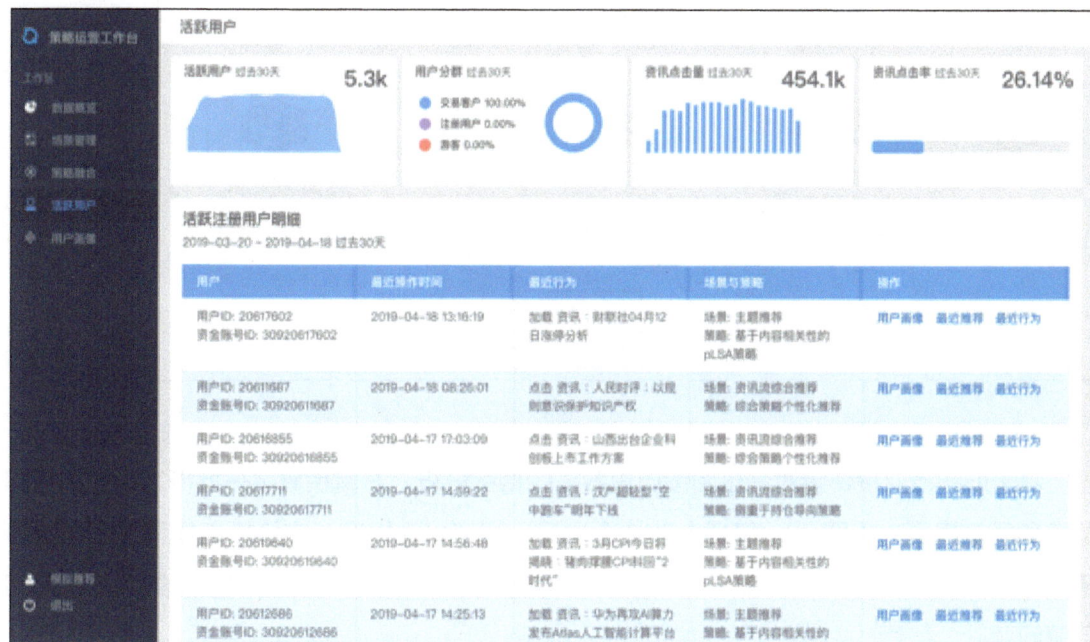

图4

推荐引擎采用的技术架构具备高并发、易扩展、易维护的特性，并且采用了标准化的物品及用户数据接入数据规范，具备泛化到资讯之外的更多类型物品的推荐，包括服务推荐、理财产品推荐、广告位推荐等，如图5所示。

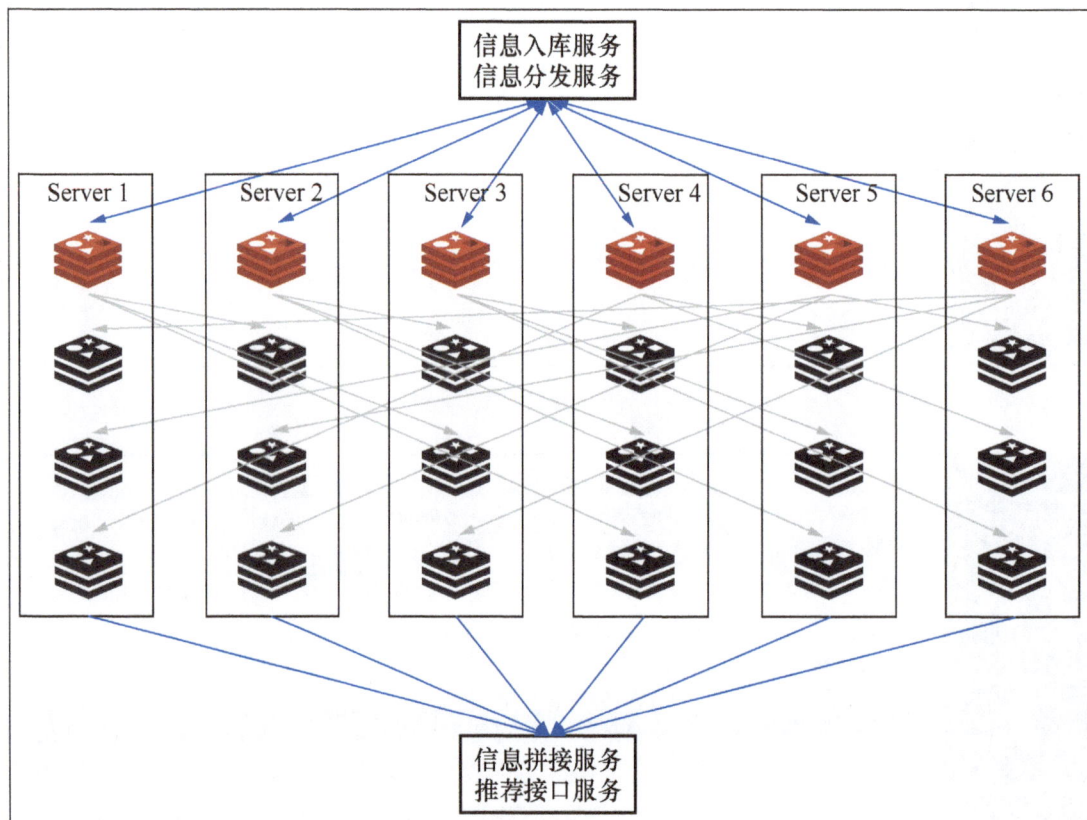

图5

基于证券行业投资者对资讯阅读历史数据的持续分析，方案积累了一批行之有效的推荐策略和算法模型（见图6），包括自选持仓推荐、阅读兴趣推荐、市场热点推荐、主题推荐等策略以及协同过滤、随机森林、XGboost等算法模型，能够帮助客户快速解决系统冷启动等问题。

	个股兴趣维度		内容兴趣维度			市场环境维度		
	持仓自选	行情浏览	投资兴趣	阅读场景	内容质量	热门资讯	行情热点	舆情热点
策略	基于自选股添加时间，持仓股调仓时间，计算个股兴趣	根据用户7天、30天内查看的行情的频次和时间特征作为潜在兴趣	根据用户点击资讯、分享、收藏、点击标签形成的阅读兴趣向量	根据用户访问场景规律，早盘侧重机会，盘中侧重时效，闭市后侧重深度	剔除重复、制式化资讯，将内容时效性、标题吸引力纳入推荐参数	资讯点击趋势及时间衰减模型计算热门资讯	行情数据的热门板块及个股资讯	财联社投资热点前瞻的标的推荐全网资讯爬虫的热点概念相关资讯
优化价值	直接相关为基础突出时效性	捕捉更广泛的兴趣覆盖	内容维度聚焦投资价值	符合普遍阅读时间习惯	提升优质资讯曝光度	基于整个App所有栏目的点击	紧跟行情，契合大部分股民	外部数据代表全网热点

图6

合 规 性

根据监管合规要求，平台提供了敏感词拦截、公司黑白名单拦截、资讯质量审核功能。

- 敏感词拦截：涉政、低俗内容自动拦截，并可扩展敏感词。

- 公司黑名单：涉及某个上市公司的资讯自动拦截，并可扩展公司列表。

- 公司白名单：涉及某个上市公司的负面资讯自动拦截，并可扩展公司列表。

- 资讯质量审核：基于人工审核标注高质量资讯，训练资讯质量审核模型，实现外购资讯的自动化内容审核及自产资讯的质量初审。

应 用 落 地

该券商智能资讯推荐服务正式上线发布后通过不断地基于业务场景的模型优化和迭代，形成了特色智能资讯服务。

- 资讯曝光点击率横向评估指标：推荐栏目作为资讯频道50%的流量默认入口，智能资讯曝光点击率比项目初期提升了4倍。

● 用户平均次日留存：财经类的资讯是为用户提供投资机会的，推荐的资讯对用户有用，用户就会回来不断地在频道内寻找新的投资机会，因此用户平均次日留存也是一个很重要的评估指标。用户平均次日留存率比项目初期提升了1倍。

● 资讯平均阅读篇数：阅读篇数是从另一个维度评估用户推荐是否精准的指标，资讯的平均阅读篇数指标由原来的3左右提升到11.15。

● 资讯活跃数据：随着智能资讯的上线，资讯的活跃度不断上升，目前资讯的活跃度达到了整个App日活的近30%。

案例21 证券行业智能服务助手：智能小e

北京融汇金信信息技术有限公司

案 例 背 景

1. 金融科技创新

大数据、人工智能等金融科技核心技术推动智能产业服务业务的发展，并不断地进行产品和服务的创新。

海量数据时代来临，多维度＋高频度的大数据为智能产业服务发展奠定基础。除了数据规模外，大数据的发展还包含维度、频度两个方面：一方面，数据维度不断增加，即用户产生数据的类型、层次、场景越发丰富，诸如交易数据、社交数据、行为数据、信用数据等各类数据层出不穷；另一方面，数据频度快速提升，即数据的记录及发布频率持续提升，由低频数据向高频数据转化，例如互联网平台流量、浏览有效时长、用户交易额等实时监测数据相对于传统的定期财务报告数据频率更高、更加精确和前瞻反映用户状况。

2. 证券行业变革

券商佣金率的持续下降，一人一户政策的全面放开，以及行业竞争格局的转变，券商经纪业务加快转型，提升服务质量，佣金率较低且具有各类特色服务的券商竞争优势将更加显著，而差异化的智能服务产品是不少券商的发展重点。

3. 社会结构的变化

80后、90后正逐渐成为社会的中坚力量。他们的理财投资行为习惯和思维方式深受互联网影响，更容易接受互联网新事物和新产品，在投资、借贷、理财等金融行为上，更依赖科技驱动型工具与方式，他们中的大多数正处于经济能力上升或稳定阶段，未来一段时间内他们对智能产业服务产品的需求会呈直线上升。

案 例 概 述

基于对券商财富管理业务转型的深刻理解，融汇金信公司为合作多年的某证券公司（中小券商）打造了证券行业智能服务助手智能小e，并且深度挖掘"E智通"技术模块，专注于解决券商投研和客服业务。

融汇金信公司创造性地研发了智能小e产业服务智能机器人，智能小e的基础是跨领域快速获取知识的知识图谱平台。

该平台基于远程监督、无监督生成等弱监督学习方法，利用已有的知识关系积累和少量的人工介入，高精度地完成了支持分词、命名实体、关系抽取、分类、描述抽取等一系列自然语言处理工作，快速地搭建产业知识图谱。

1. 智能小e的特点

特点一：基于自动知识生成的对话机器人，通过识别用户问题，为用户提供个股诊断、指数诊断、行业诊断、条件选股、业务办理、投教百科、资讯阅读、公告阅读、研报阅读、新股查询提醒、人物公司关系、软件操作、指令操作等相关服务。

特点二：知识体系基于海量文本的知识自动提取，自动化生成知识图谱。

特点三：基于人机交互构建更全面的知识服务体系、更准确的意图识别结果。

特点四：简化服务流程，提升服务质量，提高用户体验。智能小e就像一个贴身管家，7×24小时随时响应客户需求，不间断智能化管理客户的专属投资账户。

特点五：相比人工投顾，降低了服务成本，提升券商竞争力。

2. 智能小e的业务场景

索引技术、知识图谱、语义识别、意图识别、机器自动学习和深度学习、决策智能等技术构筑的智能小e，已渗透在金融、教育培训、通讯、化工、白酒等产业服务各个方面。

金融产业智能服务助手的复杂性在于影响金融市场的因素复杂繁多，智能小e在技术上实现了在每一个环节与金融具体实践、经验积累和理论发展的结合。

智能小e的增值服务有效提升客户体验，满足个性化需求，同时充分发挥券商投研、产品设计等专业优势，有助于实现经纪业务转型升级，开拓新市场空间。

智能小e的功能扩大了券商财富管理业务的覆盖面，还为客户提供个性化的服务。

解 决 难 点

智能小e在金融产业的数据收集、搜索分析、自动学习、知识图谱构筑、报告生成等业务场景中都研发出了"细致"智能化的服务产品。

智能小e是知识服务机器人，是基于自动知识生成的对话机器人，相对传统客服机器人，能更好地完成意图识别和领域覆盖。

智能小e致力于知识图谱的构建，涉及产品、公司、行业等要素的知识图谱自动构建，产品与公司、公司与客户、公司与供应商/经销商、公司与产业、产业战略群组之间、产业战略群组与产业等关系的知识图谱自动构建。

智能小e致力于智能报告的输出，包括简单配置、机器撰写、审核发布，支持多领域报告的自动生成和撰写。

智能小e致力于产业客户个性化自动服务，可通过用户数据和行为分析，提供个性化主动服务（通知、资讯、策略等），实现精准化营销与服务。

智能小e致力于智能客户服务通过语音识别等技术，替代或帮助客服完成客服中心的日常工作。

智能小 e 的智能终端利用大数据对个股进行产业链分析、板块资金流向分析以及同行业数据深度对比等。

创 新 亮 点

1. 基于弱监督学习和深度学习平台的知识图谱自动构建

大规模产业知识的自动获取与生成是构建产业知识图谱的关键。传统知识抽取主要是基于关键字、规则等浅层结构进行的知识抽取。深度学习技术的通常做法是将知识抽取做成端到端的过程，省略掉关键字、规则等文本特征的构建，这样做的代价是需要大量人工标注出大量的知识关系语料。

融汇金信公司也需要人工对各项文本分析进行数据标注，但是在基于对弱监督学习和主动学习技术进行了多年的深入研究和产业应用的基础上，公司能够实现在少量人工标注数据的前提下，训练模型自动完成大量标注工作，并且结合深度学习技术，完成多种文本的自然语言处理和自动分析，并且自动生成报告。

目前，国内人工智能领域产业知识图谱的构建技术，绝大部分基于人工标注或者人工构建。当需要已有知识图谱覆盖更为广泛领域时，重新或者增量构建知识图谱非常耗时耗力，以财经领域为例，据悉目前国内尚无其他企业构建的知识图谱可以覆盖所有的产业细分。

国内外学术界的知识图谱大部分基于半结构化的维基百科，如国外的 dbpedia 和国内的 cn-dbpedia，尽管数量更为庞大，但都是基于数据格式较为规整的维基、百度百科等百科类文章，没有实现对非百科领域特别是专业领域的大规模构建。大型搜索引擎技术公司百度、谷歌等，尽管具有更大规模的知识图谱，但其知识体系偏向于满足普通客户一般咨询需求的百科、娱乐、体育等资讯信息，而不是专注于专业领域的知识的建设。国外非百科类的知识图谱自动构建项目的优秀代表卡耐基梅隆大学的 NELL（Never ending language learning），基于非百科的互联网抓取数据来进行开放式的知识图谱生成，运行多年后，目前生成了一百多万个高信心度的关系实例，如图1所示。

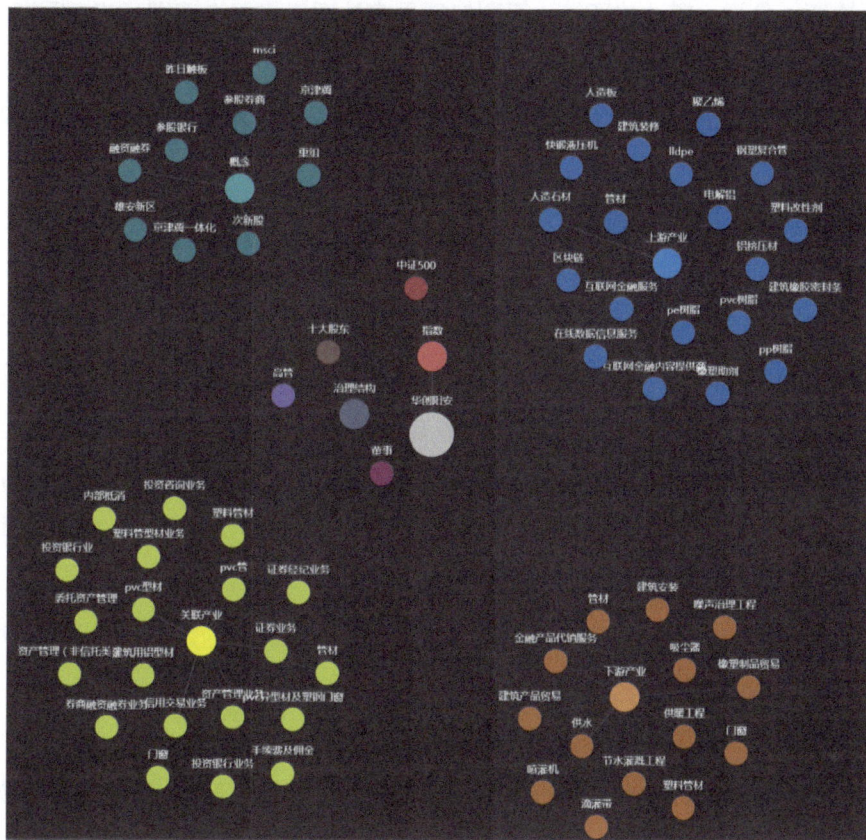

图1

2. 弱监督浅层语义学习

知识图谱构建的关键是大规模领域知识的自动获取与生成。传统知识抽取的做法主要基于关键词、规则等浅层结构进行知识抽取，后来深度学习的出现，常将知识抽取做成端到端的过程，省略掉关键字以及规则等文本特征的构建，但这样需要人工标注出大量的知识关系语料，因此实现成本巨大。

我们创造性地研发出跨领域的快速知识获取平台，基于远程监督和无监督生成等弱监督学习方法，利用已有的知识关系以及少量的人工介入，平台可高精度地完成支持分词、命名实体、关系抽取、分类、描述抽取等一系列自然语言处理工作，快速搭建知识图谱。该平台支持多领域的知识学习，少量人工干预就可以获取更多可用的领域知识表示。我们通过这种技术仅用了4个月就构建了国内首家全财经领域（含有上千个细分行业领域）的知识图谱，内含知识关系超过百万。

当前国内业界的知识图谱构建技术大部分基于人工标注，因此当领域覆盖广泛时，构建知识图谱非常耗时。以财经领域为例，据我们所知，现在还没有其他企业构建的知识图谱可以覆盖所有的行业细分。国内外的学术界的知识图谱大部分基于半结构化的维基百科，例如国外的dbpedia和国内的cn-dbpedia，尽管数量庞大，但都是基于数据格式较为规整的维基百科类文章，还没有实现对非百科领域专业数据的大规模构建。国外在非百科类的知识图谱自动构建项目的优秀代表是卡耐基梅隆大学的NELL（Never Ending Language Learning）。NELL基于非百科的互联网抓取数据来进行开放式的知识图谱生成，目前生成了280多万个高信心度的关系实例。

我们创造性地使用基于远程监督和弱监督的方法，利用已有的知识关系以及少量的人工标注或一些较弱的规则，平台自动发现更多知识和模式，人工快速介入审核后，进一步迭代发现更多模式和知识，直至准确率达到一定程度。

我们所搭建人工智能知识自动获取平台，可以快速应用到其他领域，扩展性良好，少量人工干预就可以获取更多可用的领域知识表示。我们构建的基于远程监督和弱监督等方法快速获取知识的人工智能平台，并在此平台生成了国内首家全财经领域的知识图谱，构建国内意图识别准确率最高的财经机器人，并利用阅读理解技术回答复杂问题，做到覆盖面最广的财经机器人。

3. 弱监督与迁移学习

高精度地理解用户意图的关键是让机器能获得文本的更好向量表示，其基础是通过海量领域文本构建了强大的自然语言模型。

　　我们的语言模型的核心过程非常简洁，它会先从海量文本中随机抽取两个句子，利用第二句是否是第一句的下一句采用无监督的方法快速构造出大量的句子间标注关系，这样就能学习句子之间的关系。然后随机去除两个句子中的一些词，并要求模型预测这些词是什么，这样就能学习句子内部的关系。最后将经过处理的句子传入大型转换器（Transformer）模型，并通过两个损失函数同时学习上面两个目标完成训练。

　　因为强大的语言模型学到了句子内部以及句子之间的关系，所以我们将预训练完的模型尝试应用到各种 NLP 任务中（如 NER、关系抽取、文本分类以及阅读理解等），并进行简单的微调，就会得到非常好的性能表现。

4．信息压缩的抽取与生成模型

　　我们通过聚类、后选法等方法来识别文本中的冗余信息。我们的算法会测量所有句子对之间的相似性，然后用聚类方法识别公共信息的主题。我们的系统还会测量候选文段与已选文段之间的相似度，仅当候选段有足够的新信息时才将其入选。

　　我们通过抽取法、信息融合法来辨别文本中的重要信息。我们通过抽取法，选出每个聚类中有代表性的部分（一般为句子），默认这些代表性的部分（句子）可以表达这个聚类中的主要信息。我们通过信息融合法，生成一个简洁、通顺并能反映这些句子（主题）之间共同信息的句子。为达到这个目标，我们先识别出对所有入选的主题句都共有的短语，然后将之合并起来。由于集合意义上的句子交集效果有限，因此我们还采用一些其他技术来实现融合，这些技术包括句法分析技术、计算主题交集（theme intersection）等。

　　我们通过时间排序法、扩张排序法等对句子进行排序，以确保文摘的一致性和连贯性。时间排序法（chronological ordering）通过选定某一个时间为参考点，然后计算其他相对时间的绝对时间。扩张排序算法（augmented algorithm）是通过将有一定内容相关性的主题（topically related themes）放在一起来降低不流畅性。

　　我们通过以下几个人工评价指标来评价摘要的质量：一致性、简洁性、文法合理性、可读性和内容含量：

- 文摘的合乎语法性（grammaticality）。
- 非冗余性（non-redundancy）。
- 指代的清晰程度（referential clarity）。
- 聚焦情况（focus）。
- 结构及一致性（structure and coherence）。

我们采取以上方法，实现报告的自动写作、可控制（抽取与生成式）的文本生成，基于知识图谱保证智能报告的生成质量。

我们还实现了基于文本抽取与聚合的智能写作：基于数据的文本生成和图表生成，使用模型算法将文档进行段落或句子级的分类，自动解析文档（WORD/PDF/表格等），按照人为定义大纲自动聚合成分析报告。

我们还实现了基于data to text、data to figure的自动报告生成（见图2）：根据数据自动生成图表和文本描述，根据人为定义大纲，自动拼装成完全由机器撰写的原创报告。

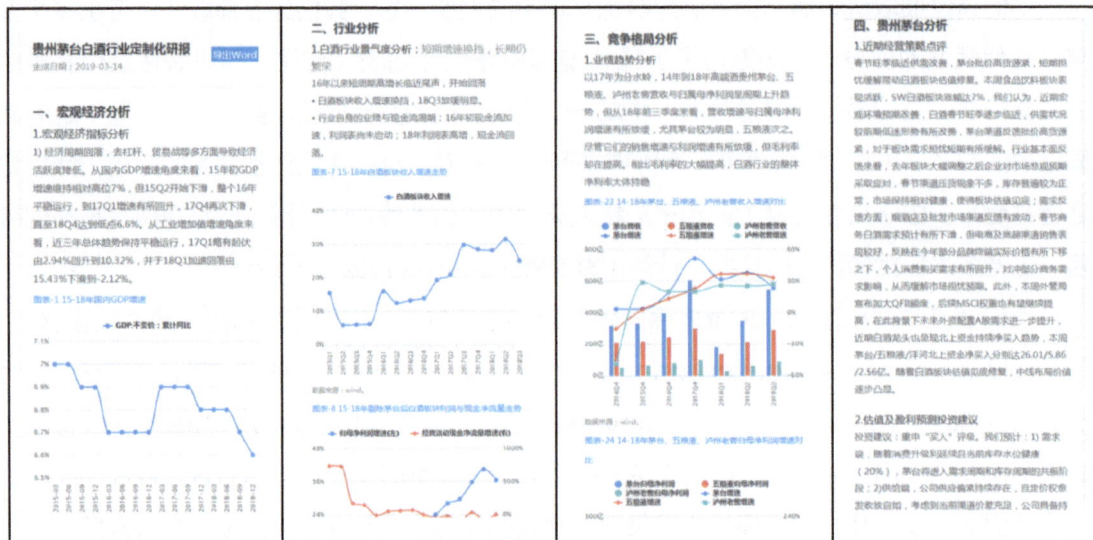

图2

应 用 落 地

1. 为客户贡献更多基于人的附加价值

智能小e已部署应用于金融领域内的券商、非金融科技创新公司，非金融领域内的教育培训机构、电信运营商、龙头化工企业、航天科技公司等，尝试让人工智能赋能金融领域的工作人员。

2. 典型案例

案例1，某券商部署了小e之后的经济效用：人工服务处理的问题从每月3万个下降到了300个，人工服务量降低了99%；每个营业部原来需要多名人工投顾专门答疑，现只需要总部安排1~2人值班即可，大于95%的投顾服务人员的减少；智能投资咨询问答方便快捷，激发客户问答欲望，客户提问量较使用之前提升了5倍的客户活跃度。

案例2，某券商将产品文档交给融汇金信公司后，融汇金信公司完成客户资料及产业图谱的构建，为客户省去后期运维的大部分工作，产品交付时长也可以缩短至数天至 1 -~2 周，主要的时间用于与客户方的系统对接。

3. 运营数据

■ 小e可识别意图种类1035类，意图识别准确率97%。

■ 小e的知识图谱（知识库）规模：实体识别15万，知识库规模过百万。

■ 小e的知识图谱自动构建准确率95%。

■ 小e后台实际处理客户问题的次数6106246次。

■ 企业使用小e后，客服成本平均下降率约为90%。

■ 小e后台当前服务客户规模为50万人左右。

第3章 金融区块链与网络信息安全

案例22 广发证券——可信ABS云

广发证券股份有限公司

案例背景

资产证券化是指以基础资产未来所产生的现金流为偿付支持，通过结构化设计进行信用增级，在此基础上发行资产支持证券（Asset-backed Securities，ABS）的过程。如图1所示，

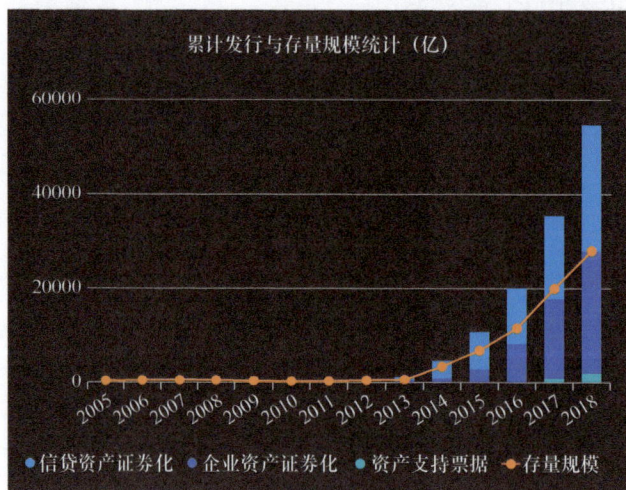

图1

中国ABS市场正在迎来高速发展，据CNABS数据显示，2018年度共新增发行943单ABS产品、规模20086亿元，分别同比增长46.13%、40.44%，同时有大量的存续期资产需要进行管理。

目前，在我国资产证券化业务实践中存在资产穿透性差、管理流程复杂、评级定价困难的问题。我们希望用最新的信息技术让数据变得更加可信，提升资金方对资产方的信任，降低合规风险，提升ABS市场的效率。

案 例 概 述

为了解决传统资产证券化市场的行业痛点，广发证券携其旗下全资子公司广发资管自主研发了基于区块链技术的资产证券化平台可信ABS云。

该平台通过结合区块链技术与资产证券化业务，有效保障资产的真实性，有助于解决行业中的痛点问题。中介机构可以通过区块链获取真实的基础资产数据，提高在尽职调查环节的效率；投资者可以在真实的基础资产数据上开展分析，更准确地评估资产价格；监管机构也能在更大程度上实现穿透式监管。

可信ABS采用分层设计，按微服务的方式组织程序，如图2所示。

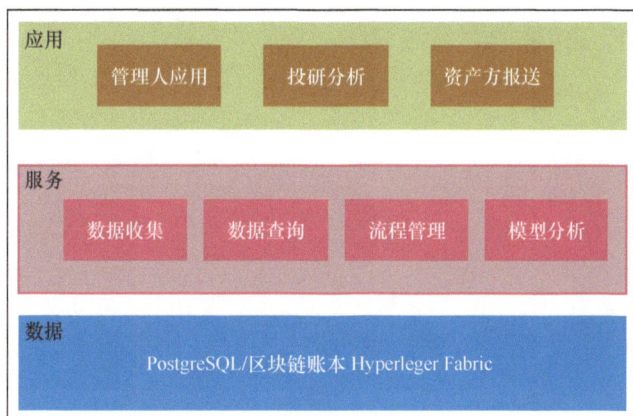

图2

在数据层，区块链起到了存证和提供可信数据源的作用，但是区块链在数据查询方面的能力并不强，我们采用了关系数据库作为补充，把区块链中的数据同步到关系数据库PostgreSQL中，利用成熟的技术来解决查询问题。

在服务层，数据收集服务主要负责对上报的数据进行数字签名验证，检查数据格式，在区块链中保存数据，并同步到关系数据库。可信ABS希望把收集到的数据也开放给广发证券的其他应用，甚至是其他的业务合作伙伴，因此我们提供了数据查询服务，使用了灵活的GraphQL作为查询接口，能通过一个接口查询所有的数据模型，减少了接口和数据的冗余，让前端应用更加简单，提升了开发效率。ABS管理流程比较复杂，流程管理服务负责ABS管理中关于人的流程控制，确保运营人员按照规定的流程完成工作，比如通过Email提醒数据上传。从金融工程的角度看，ABS是一个复杂的利率衍生品，需要模型和工具对资产现金流进行预测，对每档证券的风险展开分析，也需要结合市场上的利率数据对证券进行定价，因此我们也在收集的数据基础上开展模型分析服务的研究和开发工作，为资金方的研究人员提供数据、模型和工具，同时我们也为CMBS单独开发了会计模型，帮助管理人监控原始权益人的运营情况，提供实时的监控报表。

在应用层，管理人应用是给ABS管理人提供的管理工具，包括数据上传、数据分析和监控功能；投研分析是资金方的应用，通过数据查询服务获取可信ABS云的数据，提供给投资研究人员使用；资产方自己有报送应用，通过数据收集服务接入可信ABS云。

在可信ABS云中，采用的技术栈如下：

- 区块链账本：HyperLedger Fabric 1.0。
- 应用开发语言：Go。
- 数据分析开发语言：Python。
- 采用微服务的架构，使用容器（Docker）进行部署。

解决难点

目前，在我国资产证券化业务实践中存在以下3个痛点。

第一，资产穿透性差，信息披露不够充分，投资者很难准确了解资产的真实情况，很难证明资产数据的真实性和完整性。

第二，流程复杂，资产证券化业务流程信息化程度低，由于参与方众多，企业之间的协作困难。

第三，评级定价困难，由于缺乏高质量的底层资产数据以及评级模型设计本身的难度，目前市场普遍存在着风险定价准确性差的问题。

可信ABS云利用了区块链技术保存基础资产，使数据具有不可篡改、不可抵赖的特性，结合会计模型和线下抽样审计保证了数据的真实性和完整性；可信ABS云的管理工具也提升了数据的传输、获取、分析效率，从而降低了ABS项目的管理成本，提高管理效率。

创 新 亮 点

从产品和技术的角度来看，可信ABS云的主要创新点在于数据的收集和保存方式。本节首先介绍目前常用的基础资产数据收集方式，然后描述可信ABS云基于区块链的数据保存方案。

在ABS发行过程中，需要涉及多个机构：原始权益人，也称为发起人，是证券化基础资产的原始所有者，通常是金融机构或大型工商企业；管理人，通常是证券公司；律师；评级机构；等等。这些机构都需要在原始权益人提供的基础资产数据上开展工作，比如会计机构需要审计基础资产的真实性、评级机构需要根据基础资产数据做出评级。

基础资产数据的内容细节和具体的ABS项目有关，但都会包含该资产现金流的信息，比如一个租赁类的ABS项目的基础资产可能包括如表1所示的内容。

表 1

序号	合同编号	应收日	应本本金（元）	应收利息（元）	实收日	实收本金（元）	实收利息（元）
1	1	2018-01-01	10000	100	2018-01-01	10000	100
2	2	2018-01-01	10000	100	2018-05-01	5000	0
3	3	2018-01-01	10000	100	n/a	0	0

在资产证券化项目中，基础资产数据极为重要，它的准确程度直接影响资产证券化产品的质量和风险。目前常用的获取基础资产数据的方法有以下几种：

■ 原始权益人通过Email把表示基础资产的Excel文件发给其他机构。

■ 管理人建立一个云盘，让原始权益人上传各种资料，在机构间共享。

■ 管理人自己建立一个基于传统数据库的数据收集系统，让原始权益人通过系统接口上传基础资产数据，然后和其他金融机构共享。

上面列出的共享基础资产数据的方法和技术都有缺陷。对于通过Email发送文件的方案，数据是保存在具体操作人员的计算机上的，可能有丢失／损坏的风险。随着经办人的流动，很难确认获得的数据是完整无误的；对于采用云盘的方式，云盘的管理人有很大的权力，可以上传或下载云盘上的内容。对于其他非管理员的机构，没有技术手段可以防止云盘管理员篡改、删除数据；对于自建系统的数据收集方案，系统的管理者有很大的权力，可以对数据进行修改，却很难"自证清白"，证明数据的正确性和完整性。一旦该机构的数据丢失（例如，被攻击），那么整个项目的数据都将丢失。系统的安全性完全依赖于该机构的技术能力。传统方案无法彻底满足需求的原因在于它们都是中心化的技术，都需要信任某一个管理员或者某一个机构。

区块链是一个多方共同维护的可信数据库，是非信任环境中的信任基础设施，任何一方都无法单独篡改数据。在可信ABS云项目中设计了一种新的存储方案，在区块链上对基础资产数据存证，能够对上传的基础资产数据进行验证，追溯数据的改动历史，实现版本化管理，高效地回溯到任何一个历史版本，就像有一个时光机一样。该方案结合了数字签名和区块链技术，能证明数据的真实性和完整性。当发生争议时，该方案可以提供公证数据，提交给监管和法律部门进行仲裁。

虽然资产证券化中的基础资产数据和具体的原始权益人的业务有关，但都是以表格数据表示，本方案统一规定用CSV格式。

在可信ABS云中，基于区块链的基础资产数据收集方式分为3个步骤。

步骤1：公钥分发

在数据报送前，原始权益人需要生成一个数字签名，自己保存私钥，把公钥发给其他合作机构，并且打印出公钥的哈希值，盖章后发给合作机构，证明公钥确实是原始权益人的。

步骤2：接口调用

原始权益人的系统对基础资产数据进行数字签名，然后调用管理人提供的数据采集接口传送基础资产数据以及数字签名。

步骤3：区块链保存

管理人的数据收集服务把基础资产数据存储在区块链中，其他部署有区块链节点的机构可以同步看到基础资产数据。

每一次数据上传都在区块链中作为一个交易数据（Tx）保存，形成一个链条式的顺序结构，如图3所示。由于每个Tx保存了数据改动信息，形成了一个版本，因此应用程序可以通过从头开始重放所有上传数据来还原指定版本的信息，实现对数据的版本控制。区块链的底层账本没有实现版本控制功能，可信ABS云选择在应用层实现。

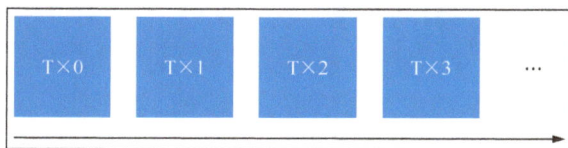

图3

区块链在可信ABS云中用于证明基础资产的真实性和完整性。由于Tx数据在区块链中保存，只可以添加，不允许删除，并且每一个Tx数据都带有数字签名，无法篡改，无法抵赖，因此这些数据起到了存证的作用，可以用于回溯数据形成的历史，必要时可用来追责。

如果不用区块链，只使用传统的数字签名，虽然可以证明单个数据没有被篡改过，但是无法证明数据传送的顺序和整体的完整性，不容易在多个机构之间共享数据。区块链使得存证和共享的问题很容易解决，共识协议可以确保所有机构看到同一份数据，任何一方均无法单独篡改数据，相对于目前的ABS数据共享模式，区块链起到了提供可信数据源的作用。

结合区块链的基础资产数据，在CMBS项目中采用会计模型监控资产的运营情况，更准确地展示了企业的经营情况，使信息披露更加充分，提升了资金归集的效率，把管理人的季度审计工作量从20个人日降低到了2个人日。这是国内首创。

应 用 落 地

可信ABS云平台于2018年上线，在生产环境中运行良好，有力提升了ABS项目管理效率，降低运营人员的操作风险，提高了合规性。

可信ABS云同时支持CMBS、租赁类ABS、应收账款类ABS项目。该平台已于2018年正式上线，并于2018年10月18日在某知名商业地产项目中实现了首笔资产的上链存证，目前每月对大约6000笔资产完成上链存证。

广发证券积极参与深交所的区块链研究课题，未来将进一步增加和同行的交流与合作，寻找更多的区块链应用场景，共同提升金融市场的效率；未来将继续依托区块链、人工智能等科技手段，致力于金融科技在服务实体经济发展的研究创新。

案例23 东吴证券——区块链金融信息安全平台

东吴证券股份有限公司

案 例 背 景

随着信息技术高速发展，信息化进程不断推进，我国证券期货金融的行业信息网络基础设施承载着本行业的重要业务和经济活动。目前金融领域的关键基础信息系统的信息化程度高，智能化、网络化程度迅速发展，对网络的依赖性持续增强，一旦网络遭到攻击破坏，不仅可能导致大规模的财产损失，甚至可能威胁国家安全。

现阶段证券公司在网络安全领域面临着层出不穷的新型威胁，出现问题以后，如何保障证券核心业务数据的安全、完整、可靠，同时尽最大努力减少已经发生的威胁对信息系统造成的影响是公司一直努力解决的问题。新出台的《网络安全等级保护2.0》中对数据存储过程中的完整性以及实现数据原发、接收行为的抗抵赖做出了明确的要求。与此同时，大量的应用在券商信息系统中的传统存储方案，不管是磁盘存储、数据库，还是分布式文件系统，更关注的是存储数据的可用性，而对存储数据的完整性证明，特别是对恶意篡改的防护都是不够的。为了解决上述传统信息安全方式存在的问题，平台采用区块链技术，利用区块链具备链上"信息不可篡改"的特性对关键系统基础设施的关键数据进行基于区块链的存证、传输，及时发现恶意篡改的行为，及时修复虚假数据和非法篡改恶意数据，解决数据完整、可靠的问题。

案 例 概 述

东吴证券基于区块链存储技术搭建了区块链金融信息安全平台，构建了一条内部通用的存储私有链。平台利用区块链去分布式、去中心化的特点，结合密码学的相关原理，对外提供防篡改、可溯源的存储服务。通过平台服务，将业务系统中的重要数据，例如将关键配置、业务日志、日志哈希、业务文档、用户合同、网页文件等多种文件或数据信息存储在区块链中，保证了数据的完整性和可追溯。通过在应用系统主机部署平台所提供的防篡改Agent，实现指定文件夹的防篡改保护，一旦被篡改就立即恢复并报警。

除此之外，区块链金融信息安全平台优化了传统区块链的共识机制，提高了系统的吞吐能力，能够满足实际使用需求。该项目自2018年5月启动以来，先后被多套系统采用，部署Agent的主机近百台，平台运行稳定、效果显著，受到了一致好评。

解 决 难 点

在现有的券商信息系统中，存储文件主要采用的是操作系统自带的文件系统、数据库、分布式文件系统。这种存储方式能够满足一般的业务需求，但是也存在不足，主要涉及以下几个方面。

1. 核心信息防篡改保护

重要的业务系统普遍存在很多关键性文件，这些文件一旦被篡改立刻会影响业务系统的正常运转，从而造成重大的损失。现有的普遍解决方案是通过杀毒软件、防火墙等技术手段防范外来攻击，但是考虑到防护技术的局限性和滞后性，防护手段一旦被攻破，数据文件就会立刻被篡改，系统受到影响，而运维人员却又很难发现。

2. 日志的真实性证明

业务系统会输出大量的业务日志，这些日志能够为监管或者稽查提供原始的数据信息，但是现有的方案不能在技术上提供对日志完整可靠的证明，日志的真实性存疑，也就失去了其作为原始监管稽查证据的意义。

3. 数据历史记录

一些重要的数据（如配置文件、网页代码）有需要跟踪完整数据变更历史的需求，典型的文件系统只能记录文件的最后修改时间而无法提供历史变更记录。

创 新 亮 点

经典的区块链存在着性能的瓶颈，为了解决性能问题，我们对区块链基础技术做了一些创新，主要包含以下两个层面。

1. 提出了在共识节点上构建信任传递关系网的架构层

该架构是介于操作系统底层内核与上层共识应用之间的中间层，用于保证其与上层应用程序之间能够相互证实，并保证在节点之间有互相证实的基础。这样节点间的互信关系便能够推导出整个网络之间的互信关系。基于信任传递关系网，可以在网络中剔除一些不可信的节点，这样保证了系统中存在极少的恶意节点，此时我们进行区块链的打包以及交易同步的成功率会非常高。

在平台的设计中，每隔一段不定的时间会重新计算所有节点的可信状态，并据此对所有节点进行排名，形成可信排名。在这份排名中，排名越靠前的节点可信状态越好，撒谎的代价越高。平台会选择一组"最难撒谎"的节点来负责下一时间段内的负责共识的节点。整个过程基于可信计算和P2P网络，无人为干预因素，保证了可信排名的客观公正。节点的证实记录、征信记录、计算资源将作为计算可信排名的依据。以下是在共识节点选择方面的几个关键技术点。

（1）证实记录

证实记录代表着一个节点被其他节点证实的历史。通过这些记录可以说明任何一个点在过往被人监控的状态。越是被频繁监控过的点，在未来越有可能被频繁地监控。越是被较多节点证实的节点，在未来越有可能被较多节点证实。节点如果想要"撒谎"，就必须在某两次证实之间的这个时间窗口内进行，节点被多个节点证实的频率越高，那么节点"撒谎"而不被发现的困难就越大。

在实际计算中，首先选择一个节点，然后从全网中找到所有证实过该节点的其他节点，得到最近证实该节点的其他节点数量，再对bitmap中每一位的证实结果进行统计，得到该节点的被证实频率。

定义全网最近证实过的节点N_j集合为AS_j，定义集合中的节点数量为$Size(AS_j)$。使用求和符号代替按位或（OR）操作，那么节点N_j被全网的证实结果可定义为：

$$D_j(t_{new}) = \sum_{i \in AS} D_{i,j}(t_{new})$$

节点N_i在从高位到低位第k比特位的证实频率为：

$$R_j[k] = D_j(t_{new})[k] \times Size(AS_j[k]) \times F_{rate}[k], \ k \in K$$

其中，$D_j(t_{new})[k]$为第k比特位的证实结果（0或者1）。$Size(AS[k])$为全网最近证实过节点N_j集合中第k比特位的证实结果为1的节点个数。F_{rate}为证实频率影响因子矩阵，$F_{rate}[k]$表示第k比特位证实结果的影响因子，越是最近被证实的结果对证实频率的影响越大。

定义节点N_j最近被证实的频率为：

$$R_j = \sum_{k \in K} R_j[k]$$

（2）征信记录

征信记录代表着一个节点对另一个节点的不良征信历史。征信记录值越大，代表被证节点在历史上出现过越多的异常情况，可信状态越差。节点的不良记录越多，节点的安全性越差，节点在下一个时间段"撒谎"的可能性越高；相反，节点无不良记录或者不良记录较少，就说明节点的安全状态持续较好。

在实际计算中，首先选择一个节点，然后从全网中找到所有证实过该节点的其他节点，再将这些节点对该节点的征信记录求和，最终结果作为该节点的征信记录。

定义节点 N_i 对节点 N_j 的征信记录为 $C_{i,j}$ ，那么全网对节点 N_j 的征信结果为：

$$C_j = \sum_{i \in AS_j} C_{i,j}$$

（3）资源性能

在平台设计中，为保证共识算法的运行效率，节点需要满足基本的资源要求，包括CPU、内存、网络和存储。基于此，对各节点的资源性能进行评分。任意一项资源性能如果无法满足基本要求，那么该项资源性能评分为0。定义各项资源性能评分为 $P_{j,type}$ ：

$$P_{j,type} = \begin{cases} 0, & x < Baseline_{type} \\ F_{resource}(x, Baseline_{type}), & x \geqslant Baseline_{type} \end{cases}$$

其中，$type \in \{CPU, Memory, Network, Storage\}$，$F_{resource}(x, Baseline_{type})$ 为指定类型资源性能影响因子，符号"$<$"代表指定资源不满足基本性能指标，符号"$\geqslant$"代表指定资源满足基本性能指标。

定义函数 $A_{resource}$ 为节点资源性能评测函数，则可定义节点 N_j 的资源性能评分为：

$$P_j = A_{resource}(P_{j,CPU}, P_{j,Memory}, P_{j,Network}, P_{j,storage})$$

平台将综合节点的证实记录、征信记录和计算资源，计算全网所有节点的可信状态。首先，对全网所有节点的证实频率值进行降序排名，并对征信记录进行升序排名。定义节点 N_j 的证实频率排名为 RR_j ，定义节点 N_j 的征信记录排名为 CR_j ，那么定义节点 N_j 的全网可信状态值为：

$$T_j = A_{trustworthiness}(RR_j, CR_j, P_j)$$

按照可信状态排名后的节点集合为 N' ，任意的两个节点 $i,j \in N'$ ，且 $i \leqslant j$ ，则有 $T_i \geqslant T_j$ 。依据所有节点的可信状态值进行排名，形成可信排名。

2. 基于"实用拜占庭容错 PBFT"算法的网络共识

PBFT共识：拜占庭假设是对现实世界的模型化，由于硬件错误、网络拥塞或断开以及遭到恶意攻击，可能会对计算机和网络带来不可预料的影响。拜占庭容错协议必须处理这些失效，并且这些协议还要满足所要解决的问题要求的规范。这些算法通常以其弹性 t 作为特征，t 表示算法可以应付的错误进程数。PBFT即实用拜占庭容错算法，可以在作恶节点少于三分之一的情况下保证系统的正确性（避免分叉）。与原始的BFT算法相比，算法复杂度从指数级降低到了多项式级，从而使得BFT算法的实际应用成为可能。

三阶段协议是PBFT协议的核心，从发起请求到最终收到响应，中间的共识过程需要经过3个阶段（见图1）。

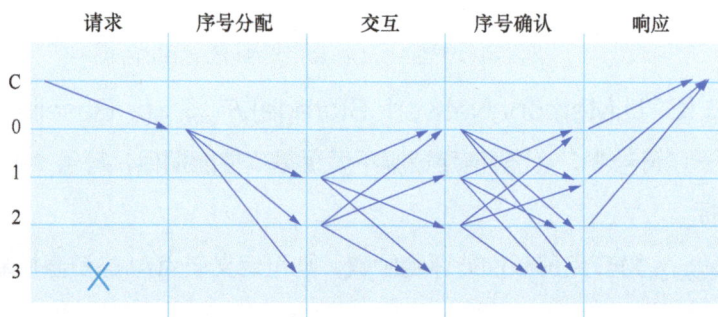

图1

① **符号分配阶段**：主节点收到请求，生成新区块并广播。

② **交互阶段**：所有节点收到区块后，广播区块验证结果，同时等待接收超过三分之二的节点的广播。

③ **序号确认阶段**：收到三分之二的节点广播或者超时后，再次发送广播，同时再次等待接收超过三分之二的节点的广播。

通过三阶段协议，PBFT算法能够处理计算机和网络的异常问题，而且与典型的区块链同步算法相比较，在非公有链模式下，其同步效率优势显著。

通过以上所描述的组合可信计算、实用拜占庭容错等技术的运用，区块链的存储性能得到显著提升，理想条件下存储的I/O性能达到10万级TPS，已经达到数据库级别的存储性能。

应 用 落 地

证券行业信息系统在各个方面都有对数据存储完整性的需求，《网络安全等级保护2.0》中也特别提到要保证数据的完整性以及数据的抗抵赖，我们也进行了不少尝试，这里列举几点作为示例。

1. Web网站数据安全

公司网站往往是直接暴露在公网上的，尽管我们采取了多重防护措施，客观上依然存在被黑客恶意攻击并篡改主页的可能性。利用安全平台的区块链存储服务，以及在Web服务器上部署的防篡改Agent保护网站数据文件夹，对外部攻击行为进行实时监控。一旦黑客恶意篡改，平台就能够立即恢复网站相关数据文件，不会影响页面的正常显示。同时平台会推送告警消息给运维人员，使得运维人员有机会及时中断后续非法操作。

2. 用户电子合同的完整性证明

通过平台提供的方便高效的区块链存储API，将现有的电子合同中利用文件系统存储的电子合同部分替换成利用区块链存储的用户签署的电子合同，既能够保护电子合同的完整可靠，也能够向用户或者其他机构提供更加可信的完整性证明。

3. 运维人员误操作的快速感知

经实际生产调查统计，运维人员的误操作时有发生，但这种情况一般很难被立即发现，只有等到业务系统确实启动失败或者运行异常，才有可能被感知到。通过部署平台的区块链防篡改服务，我们能够立即发现这种情况。区块链防篡改服务在实际应用中主要有两个作用：防篡改服务能够立即发现文件异常变更，立即恢复并尝试事件，有效地保障业务系统运行；同时防篡改服务的存在也是对运维人员可靠运维的督促，实际上部署了区块链防篡改服务的业务系统后，运维人员的误操作明显减少了很多。

　　由于系统对外提供丰富且方便的API（类文件系统、类key-value数据库），同时提供了文件系统防篡改Agent，平台系统可以更方便地和业务系统交互，后续更多的应用场景还在讨论实现中，包括代码存储、用户操作记录、自动化运维脚本存储等。

案例24　壹链E融区块链智慧贸易融资网络

深圳壹账通智能科技有限公司

案 例 背 景

据国家统计局年度数据报告等公开资料显示（见图1），我国工业企业应收账款净额在2018年达到了14.3万亿元人民币，年均增长超过8%，由此可见供应链金融潜力巨大。目前国内供应链金融市场开发比例尚不足15%，约40%中小企业表示存在信贷困难。

图1

尽管在供应链金融市场内入局者众多，其中也不乏借助区块链技术打造供应链金融系统的IT建设方，但是始终无法有效地解决市场上存在的痛点。究其原因，主要瓶颈是数据隐私保护与数据共享间的矛盾。因为传统贸易融资业务信息数字化程度低，企业间、银行间无意愿共享数据而造成数据孤岛，优质企业难以自证还款能力，中小银行也难以就缺失的数据进行精准信用评估，最终导致银行风控难、放款成本高，企业面临融资难、融资贵的困境。

如图2所示，传统中心化的供应链金融平台由于参与方需向中心化平台提供数据，平台方拥有不对称权力，存在参与方数据泄露、被滥用风险；同时，传统平台接入流程复杂，接入周期普遍较长、门槛较高。

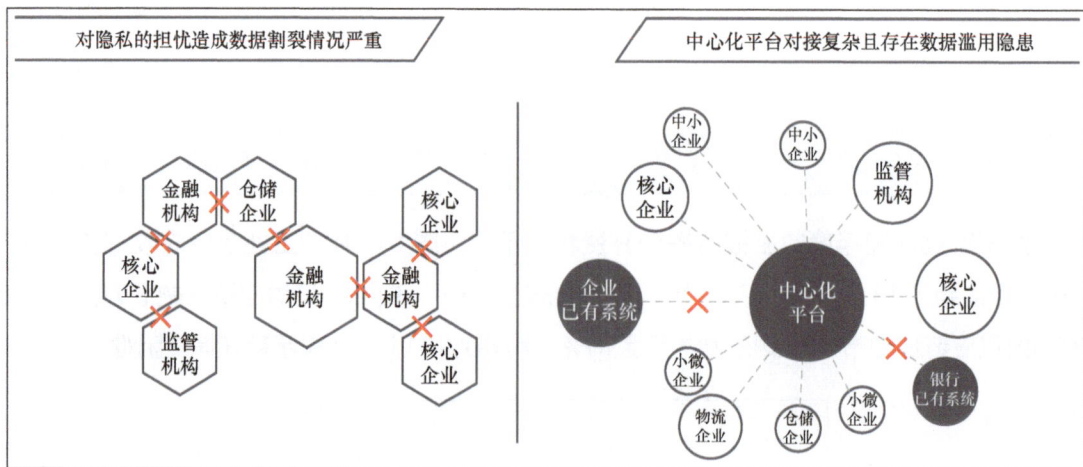

图2

案 例 概 述

如图3所示，壹链E融贸融网络通过独有的区块链隐私方案及灵活的弱中心化系统管理模式解决了这两个困扰行业已久的痛点。独有的区块链隐私方案使得参与方能够在隐私无忧的前提下实现数据共享，使不同参与方之间、不同维度数据间的交叉验证成为可能，显著提升金融机构风控水平，驱动金融业务创新；灵活的弱中心化管理模式解决了传统系统接入门槛高、中心化管理者存在滥用数据的风险进而导致参与方不愿参与系统的问题。

这两个行业痛点的解决将能够助力金融机构"零时差"检测贸易欺诈、重复融资及超额融资行为，有效降低贸融业务风险，从而提高企业融资效率，降低融资门槛。

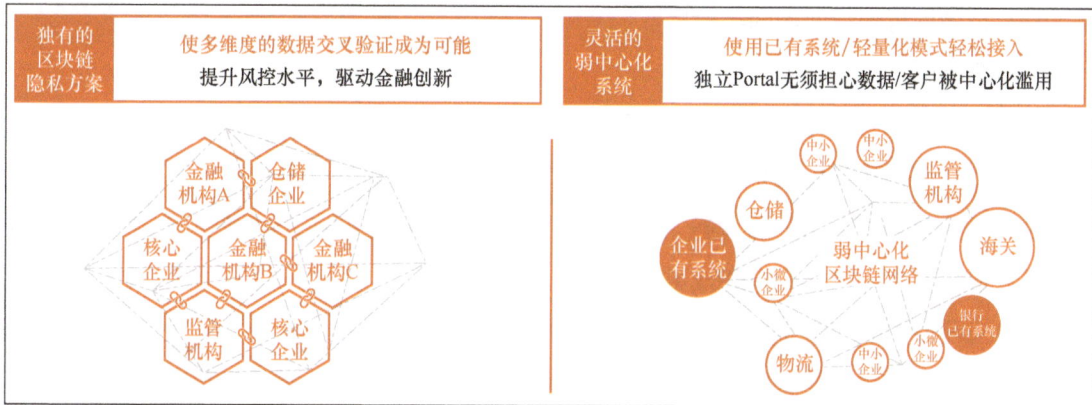

图3

创 新 亮 点

1. 技术先进性

壹链E融贸融网络采用了金融壹账通自主研发的壹账链FiMAX区块链底层技术，具有行业领先的高性能区块链底层、密码学隐私方案和轻量化网络等技术优势。

（1）高性能区块链底层

区块链强一致性、数据可追溯不可篡改的特点，能够实现供应链金融中各参与方的信息统一与交叉验证，并做到核心企业信用多级穿透等功能；壹账链FiMAX特有的高性能底层智能区块技术，使系统性能达到或超越传统数据库，在24核CPU环境下达到50000+吞吐量（TPS），使用户没有系统效率之忧。

（2）领先的密码学方案

区别于传统区块链可能存在的隐私泄露风险的问题，我们采用了极端的全加密框架，所有数据均由拥有方自行加密后上链，解密密钥仅由用户自行保管，没有数据隐私之忧。同时，领先的3D零知识证明（3D ZKP）技术能够在3毫秒内对加密状态下的密文进行加减乘除的四则运算和密文间的关系验证，在不"共享"数据的情况下实现数据价值的"共享"，零知识验证效率远超行业内同类竞品。

（3）轻量化网络模式

参与方可选择轻量化对接或使用已有系统快速、低成本接入壹链E融网络，解决其他区块链系统或传统供应链金融系统接入复杂、成本高的问题。此外，每个参与方可拥有独立的入口，并通过其独立入口开展业务，给予参与方对自身业务数据完全的掌控权，不必担心业务及客户数据被中心化机构抢夺或滥用。

（4）基于区块链的贸易融资网络

一方面，传统供应链金融业务围绕且依托核心企业信用开展，融资业务范围仅能覆盖上下游一级供应商或经销商，供应链上其他参与方尤其是中小企业，时常面临融资难、融资贵的困境；另一方面，供应链金融业务中参与方数量众多、流转层级复杂、信息化程度低，导致数据及操作碎片化严重，流程烦琐复杂。传统中心化的融资平台，难以快速批量对接各层级参与方，且中心化平台无法打消参与方对于数据泄露和业务所有权归属的顾虑，难以吸引同等量级的参与方加入，导致网络覆盖范围有限。

2. 技术创新性

壹链E融贸融网络（见图4）采用了金融壹账通自主研发的壹账链FiMAX区块链底层技术，区块链数据强一致性的特点使供应链金融中的大部分业务参与方均以数据源的身份参与到系统中成为可能。区别于传统解决方案，在区块链系统上参与方上传的数据，在经过共识机制验证后，会被记录在一个系统内所有人共同拥有的"账本"中，省去了不同参与方"各自账本"数据互相对账确认的环节，极大地提升零散数据汇总整合的效率，使全流程数据的系统化共通成为可能。

此外，区块链的链式结构不可篡改和信息记录可追溯的特性，使得所有通过共识验证成功上链的数据都无法因个别参与方的意愿，在其他参与方不知情的情况下被修改。即使信息经过层层传递，金融机构等参与方仍能通过区块链系统高效地核实数据真伪，验证贸易真实性，使得电子凭证在供应链上下游间的多层穿透成为可能，显著降低N级供应商、经销商的融资门槛，激活供应链活力。

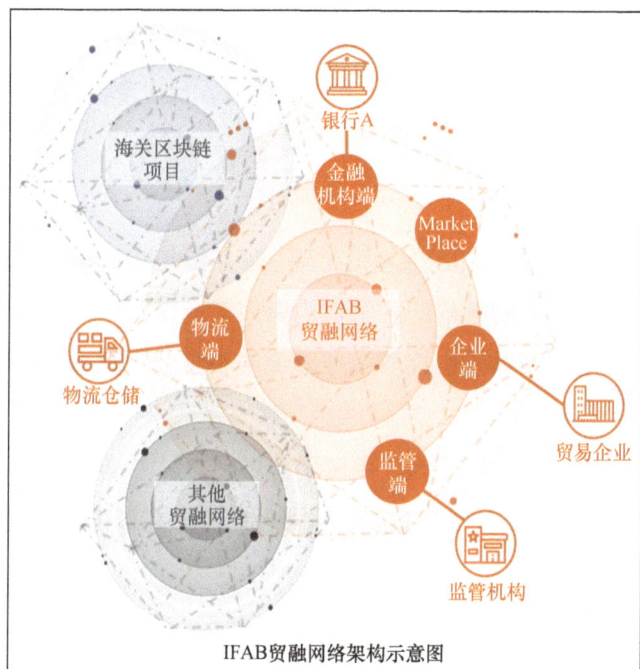

IFAB贸融网络架构示意图

图4

必要的全加密区块链框架。在供应链金融行业中，数据和信息无疑是贯穿整个业务流程的重要要素，数据流的打通对于供应链金融中贸易真实性的验证至关重要。然而，恰恰是因为数据在业务中所扮演的重要角色，其对各参与方而言都是私密且重要的商业资产，参与方无法也不愿公开分享，从而导致了数据孤岛的形成。供应链金融中数据孤岛的存在割裂了业务流程中的数据流，进一步造成了各参与方间因信息缺失而导致的信任缺失和流程协同的低效。

壹链E融贸融网络采用了金融壹账通自主研发的壹账链FiMAX全加密区块链框架，该区块链网络系统上的所有数据都由数据拥有方加密上传，并由数据拥有方掌握解密及授权其他参与方解密的权限。结合3D零知识证明技术的使用，在通过数据共享最大化数据价值、优化供应链金融数据交叉验证与环节协同的同时，确保数据拥有方的所有权和相应利益，以鼓励更多跨境贸易的参与方加入该系统。

应 用 落 地

1. 技术实用性

通过壹账链FiMAX独有的全加密区块链框架，使各参与方从根本上没有数据隐私之忧，并可实现多方信息交叉验证，能够帮助金融机构有效防范贸易欺诈和超额融资，显著降低贸融业务风险。一站式的融资体验也能够有效降低中小企业的融资难度和成本，促进其长期发展。

在将来，还将与资产证券化（ABS）平台无缝对接，区块链将用于记录ABS产品全生命周期信息，实现信用资产底层穿透，金融机构可低成本、高效率回收资金，实现新的业务增长。

2. 技术合规性

壹链E融贸融网络在设计之初便通过全加密区块链框架、字段级可授权加解密、参与方独立入口等技术与管理机制，确保对隐私和数据的充分保护。在信息安全方面，IFAB贸融网络已通过由公安部组织的测评并最终获得了信息安全等级保护三级国家认证。

3. 全加密区块链框架

区别于传统区块链存在的隐私泄露风险，我们采用了极端的全加密框架，所有数据均由拥有方自行加密后上链，解密密钥仅由用户自行保管，没有数据隐私之忧。独有的3D零知识证明技术能够在不解密密文的情况下，实现隐私无忧前提下的数据共享，做到数据"可用、可算、不可见"。

4．字段级可授权加解密

链上所有数据权均由且仅由数据拥有方掌握，任何需要解密的业务请求都需要数据拥有方通过客户端或App进行身份认证后提供授权，且解密权限细化至字段级别，能够实现数据权限的精准管控。

5．参与方独立入口

该网络在区块链弱中心化特性的基础上更进一步，所有参与方可以通过各自独立的入口开展业务，避免传统系统中中心化机构滥用数据或客户资料的问题。

案例25 海通证券——安全态势感知智能分析平台

上海观安信息技术股份有限公司

案 例 背 景

基于证券行业的业务特性，传统的网络安全工作主要覆盖合规、网络基础架构安全、应用安全、数据安全等方面，各种交易类风险控制由业务部门关注。随着各类新技术的快速发展与应用，针对投资者账户的各类风险逐渐崭露头角，甚至形成了相关的地下灰色产业链。此类新型威胁层出不穷，并与证券公司的技术控制手段形成了一种实时的攻防对抗趋势。

海通证券与观安信息近年来一直对基于互联网的新型业务风险进行持续跟踪和研究，以保护各类投资者的账户安全。在本平台规划与建设过程中，率先在行业内将业务安全风险纳入到网络安全监测体系内。通过对证券业务的具体场景深入分析，在本平台内体系化的梳理、设计针对投资者账户的业务风险监控模型（包括但不限于包括第三方非法接入、代客理财账户异常、账户托管异常、云打新异常检测、投资者账户撞库行为检测、非法终端接入检测、机器行为异常检测等）并予以落地实现。

案 例 概 述

基于海通证券总体的基础架构规划，观安信息安全态势智能感知平台通过对采集到的安全设备的告警日志、系统日志、网络流量等各类数据进行综合和智能分析，对业务风控、数据、信息系统基础设施进行安全威胁预警。同时，平台配合系统管理模块，可以方便安全运维人员利用图形界面，直接调整各类安全检测策略和检测模型。

在本智能分析平台的建设过程中以及建设之后，已逐步肩负起对海通证券的办公网、操作网、生产网、互联网域等网络区域的安全监测任务。对公司各区域的安全监测对象覆盖包括但不局限于海通证券的门户网站、网上交易、网上营业厅等重要业务系统，确保各项业务在日益复杂的网络环境下安全、可靠地运行。同时通过对数据安全、业务安全的监测，使各类数据泄露风险、投资者账户泄露风险等得到有效控制。

海通证券与观安信息对本平台开展了研发和落地实现工作，并陆续通过行业会议、参观交流、安全沙龙、白皮书发布等方式，面向证券期货、银行、中大型网络规模的企业和行业用户进行了技术与实践分享。

解 决 难 点

1. 数据采集技术点

安全态势感知智能分析平台的数据接入层主要用来对各类安全要素进行采集、存储和ETL处理，以满足安全态势智能感知平台对海量数据采集、存储顺畅和质量的要求。

2. 分析引擎技术点

安全态势感知智能分析平台的分析引擎为复杂的证券安全威胁场景分析提供分析计算能力，包括分析算法、离线计算引擎和实时计算引擎。分析计算需要提供计算模型和计算方法。

3. 数据安全分析技术点

安全态势感知智能分析平台的数据安全威胁检测子系统需要应用多种分析技术，如关联分析、统计分析、人工智能分析、图分析等，并且按场景划分模块，对各种可能导致证券公司敏感数据外泄的威胁事件进行检测分析。

4. 业务安全威胁检测技术点

安全态势感知智能分析平台以证券账户为主体，会分场景对证券公司面临的各类新型业务安全威胁进行检测，并予以防范。

创 新 亮 点

1. 业务创新

（1）创新性智能化的安全威胁识别分析体系

在当前勒索病毒、挖矿病毒、0day、APT攻击日益猖獗的网络安全形势下，本平台利用大数据思维和大数据技术为准确识别安全威胁和量化安全态势形成有效支撑；以多种大数据与人工智能建模（包括但不局限于多重贝叶斯模型、递归神经网络、K均值聚类、传染病模型、马尔科夫链、群体智能决策树）为核心基石，建立一套智能程度高、效率强、识别度好的安全威胁识别体系；同时通过有监督与无监督的AI引擎，多重手段识别未知威胁、检测用户异常行为，对安全事件快速溯源，变被动防御为主动防御，增强威胁捕猎能力，降低威胁检测平均时间，通过上述能力的建设极大地提升了海通证券网络安全保障能力。

（2）业务安全风险识别

海通证券与观安信息携手在本平台建设中率先在行业内将业务安全风险纳入网络安全监测体系内，通过对证券业务的具体场景深入分析，在本平台内体系化地梳理、设计针对投资者账户的业务风险监控模型（包括但不限于包括第三方非法接入、代客理财账户异常、账户托管异常、投资者账户撞库行为检测、非法终端接入检测、机器行为异常检测等）并予以落地实现。

2. 检测方式创新

（1）监督学习和无监督学习联合使用提升检出率和准确率

通过构建神经网络模型等模型做监督学习，对基于传统的规则识别网络攻击方法进行有效的补充，有效识别传统规则绕过的攻击行为，实现一个模型多类识别的效果。

通过构建Isolation Forest等模型实现无监督学习，对资源和用户的访问情况做行为分析和异常打分，以此发现未知的异常。

将监督学习和无监督学习结合使用，既可以通过无监督学习积累未知的样本和场景，提升监督学习的检出率；又可以通过监督学习，对无监督学习的结果进行修正，提升无监督学习的准确率。

（2）增加检测的视角

对资源被访问情况和用户的访问情况做行为分析，将安全检测的视角从传统的少数流量和数据分析，增加到实体和用户的各个维度的综合分析上，使得告警数减少，告警更精确。

通过分析实体或用户组成的群体，然后对群体的行为进行分析，将一般的用户实体分析提升到群体的视角。

3. 安全创新

（1）机器学习与安全技术的结合

本平台采用大数据技术实现安全威胁分析，通过大数据技术、机器学习的方式（学习正常的行为模式）来鉴定异常，针对重点、难点安全场景通过异常模型来识别异常的访问，从而可以发现未知或难以检测的安全威胁。与传统的安全防护设备相比，构建在大数据分析下的安全威胁检测的全面性和有效性有了本质的提高。

例如，针对传统网络安全防御的难点——WebShell检测，恶意人员利用某种漏洞获取对主机的访问权限，进而形成攻击的数量在各类攻击中占比一直居高不下。针对WebShell的检测一直是证券、金融乃至各行各业主要面临的安全威胁，也是安全工作中的重点、难点。

本平台区别于传统的基于代码特征和规则的检测技术,利用机器学习技术,针对WebShell的访问行为特征来构建相关检测模型,所基于的原理是不管恶意人员如何对WebShell进行代码变形,一旦其对网站系统上传WebShell后,必然会访问相关WebShell以执行后续攻击动作。因此,从页面访问的角度来说,必然存在和普通正常Web页面不一样的访问特征和趋势。本平台基于上述理论设计专项模型,通过页面的特征,例如出度、入度、访问时间、响应码、响应字节、请求数量、请求地理位置分布等多种维度,构建相关模型,并通过无监督学习算法让模型自动学习正常和异常页面的相关特征,同时兼顾到生产环境中的各种复杂因素。在模型设计与工程化阶段,充分考虑了日常安全扫描、网络爬虫、用户误操作等各种感染因素,将模型可能产生的相关噪声降至最低,并在运营过程中不断优化,从而全面提升检测效果的准确率。

（2）用户行为分析技术

在企业面临的所有安全威胁中,内部安全威胁是最难以发现和防范的,但是公司大量的安全风险是由内部用户造成的。UEBA用户行为分析通过机器学习、算法和规则模型,以用户为主体从时间序列、行为序列等建立多维度行为基线,对用户的行为进行智能化分析,建立用户风险画像,实时检测异常行为和隐藏的威胁,及时发现内部和外部用户的违规行为。

本平台基于证券公司实际的数据安全场景开展多维度异常检测功能,针对数据外传、数据交换、数据访问等行业特定异常检测场景,将机器学习和算法产生的各种数值结果翻译成用户能够理解的安全场景。本平台同时也覆盖了敏感数据的访问、数据交换、数据外发等数据生命周期关键环节,真正构建了符合证券公司业务场景的用户行为分析模型并予以落地。

4. 技术创新——基于开源大数据组件的基础架构

传统基于日志的安全检测平台面临的一个主要瓶颈就是海量数据的计算能力和扩展性,以往很多类似产品都由于基础架构的先天性缺陷,系统测试和试运行阶段尚可勉强支撑,一旦接入生产环境,特别是接入诸如Web日志、流量数据等高容量数据时,系统就无法支撑正常的安全监测需求。同时商业数据库由于技术架构的问题,难以水平扩展,当系统性能达到瓶颈时，很难通过硬件的水平扩容来支撑数据的扩容。

本平台采用基于Hadoop的开源大数据技术架构，通过综合Kafka、Hbase、ElasticSearch、Spark Stream、Spark Mllib等组件，覆盖了数据收集、存储、分析等各个基础环节，在满足平台高性能、水平扩展需求的同时，实现海量数据的秒级处理和高效并发，同时由于采用了开源组件，和采购相关商业软件组件投资相比，极大地降低了软件投资成本。

应 用 落 地

海通证券安全态势智能感知平台的整体结构如图1所示。

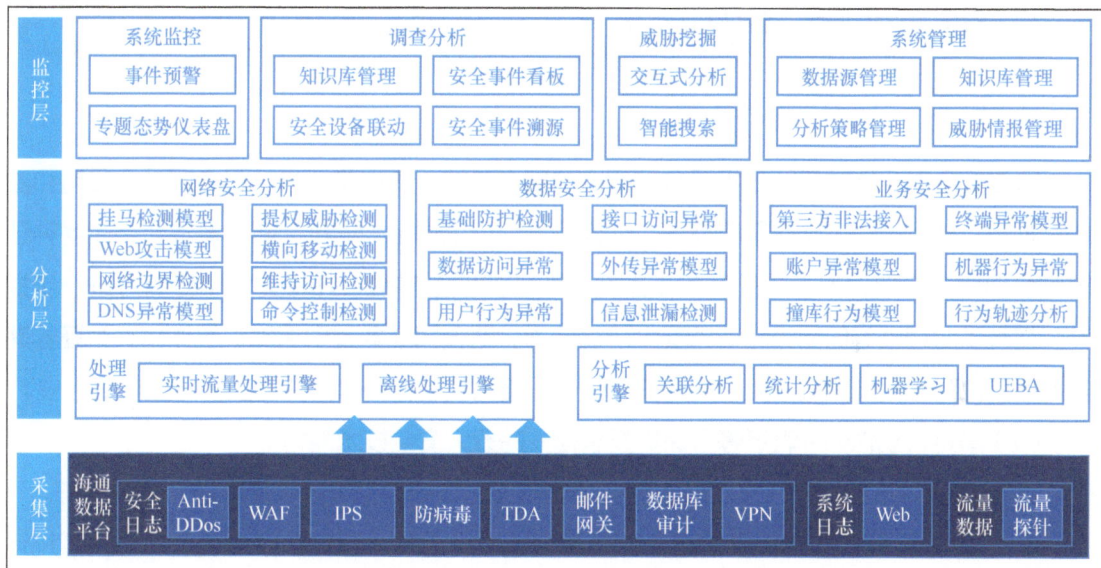

图1

1. 平台各层的作用说明

（1）采集层

完成对全网安全数据的集中化、标准化、全文检索以及数据共享。根据海通证券总体基础架构规划，本层由独立的公司级大数据平台承载，承担各类数据采集和输出。观安信息安全态势智能感知平台直接通过海通数据平台进行数据获取。

（2）分析层

通过对安全设备告警日志、系统日志、网络流量等各类数据的分析，对业务的风控安全、数据安全、基础架构进行安全威胁预警。同时，配合系统管理模块，方便安全人员利用图形界面直接调整各类检测策略和检测模型。

（3）监控层

向用户提供安全威胁的查看和分析入口，通过对历史安全数据的归纳总结、实时安全威胁分析以及态势发展情况的预测评估，全面描述全网的安全情况、影响评估和态势演化，并进行相关安全事件的调研、验证和溯源。

2. 项目实施后产生的效益

通过安全态势感知智能分析平台的研究与实施落地，实现了证券公司全网安全风险和威胁可视化，并且涵盖了全网所有范围，让安全威胁无处遁形；通过创新性解决思路和各种技术结合前所未有地发现和防护各类新型网络和业务安全威胁，并将安全预警能力进一步提升；提升了海通证券的网络和业务安全防御能力，对公司业务起到保驾护航作用；为证券期货业各单位乃至其他金融行业在网络安全防护思路树立了标杆作用并产生了行业示范效应。

（1）满足合规性——满足等级保护要求相关的五大安全技术能力

① 日志集中管理能力：应对分散在各个设备上的审计数据进行收集汇总和集中分析。

② 安全检测分析能力：以信息安全事件为核心，通过对网络和安全设备日志、系统运行数据等信息的实时采集，以关联分析等方式实现对监测对象进行风险识别、威胁发现、安全事件实时报警及可视化展现。安全检测分析能力包含对网络安全、主机安全、应用安全、数据安全、业务安全、合规审计等方面的监测分析。

③ 态势感知能力：海量数据采集对象包含"流量+设备日志"；精准监测能力涉及机器学习算法、UEBA检测、内网横向平移威胁检测；全局可视能力，宏观可视辅助决策、微观

可视辅助运维；协同响应能力涉及多设备协同联动、一键封堵、一键查杀。

④ **通报预警能力**：建立网络安全监测预警和信息通报制度，及时掌握本行业、本领域关键信息基础设施运行状况和安全风险。

⑤ 应急处置能力。

■ 快速识别及定位问题的能力。

■ 系统遭受持续攻击的应急措施。

■ 业务不可用时的应急措施。

■ 内容信息被篡改后的应急措施。

（2）技术实用性

① **数据采集技术**：数据接入层主要用来对各类安全要素进行采集、存储和ETL处理，以满足安全态势智能感知平台对数据质量的要求。

② **分析引擎技术**：分析引擎为场景分析提供分析计算能力，分析引擎包括分析算法、离线计算引擎和实时计算引擎。分析计算提供计算模型和计算方法。分析方法包括关联分析、统计分析等方法。数据挖掘使用通用的数学计算模型进行数据的深入分析。

③ **数据安全分析技术**：态势感知平台的数据安全威胁检测子系统利用了多种分析技术，按场景划分模块，对各种可能导致证券公司敏感数据外泄的威胁进行检测，包括数据安全基础防护策略审计、生产库异常访问行为分析、营业部操作行为画像、敏感数据接口数据异常访问检测、敏感数据外传行为检测、敏感信息泄露检测业务。

④ **安全威胁检测技术**：针对证券公司面临的各类新型业务风险，以账户为主体，分场景进行各类威胁检测，防范各类新型业务安全威胁，具体子功能包括第三方非法接入检测、代客理财异常账户检测、账户托管异常账户检测、账户撞库行为检测、机器行为异常检测。

（3）金融行业案例

观安信息的安全态势感知智能分析平台已经成功部署在国信证券、海通证券、中信证券、银河证券等国内大型金融客户并投入使用。

（4）可推广性

在网络安全领域，通过架构革新和新技术的引入，实现对海通证券网络安全状态实时防护检测与预警的目标，能够快速发现、分析、响应各种威胁及攻击目标，为证券业务的安全、稳定、高效运行提供强有力的保障。项目主要实现了以下几方面的功能：

■ 覆盖更加全面的企业全网安全监控范围。

■ 提升高级威胁发现的能力。

■ 实现被动防御向主动防御转化。

观安信息通过安全态势感知智能分析平台的研究和实施部署，加强了海通证券在网络安全预警、监测、响应和全局安全风险可视化能力以及防御前沿新型网络安全威胁和业务安全威胁等方面的能力，顺应了当前证券公司紧迫的网络安全和业务安全风险防控形势需要，在证券行业的网络安全和业务安全威胁监测与防护领域具有很强的实践效果和领先性；并且通过融合、借鉴和创新新型安全防护思路和引入当前前沿安全新技术，为证券期货业各单位乃至其他金融行业在网络安全和业务安全防护思路上树立了标杆，对当下和未来具有很强的行业示范意义，并产生具有建设意义的推广价值。

案例26 移动应用威胁态势感知系统

北京智游网安科技有限公司

案 例 背 景

银行市场是我国重要的经济体系，随着国际化竞争的加剧，对内降低组织的摩擦力，提升公司的运营效率，对外实现与客户更友好的沟通，提升服务水平，对客户需求给予迅速回应成为行业亟待解决的战略问题。优化App业务与管理流程在技术层面要更多地借助信息技术，特别是快速发展的移动通信技术为银行行业提升管理和服务水平提供了有效手段，通信技术的发展为银行行业从业务到管理的移动信息化提供了更为便捷的技术条件。

某商业银行为继续加强移动安全方面的建设工作、满足自身业务平稳运行需求及银保监会等监管要求，已经在本地建设了移动应用的安全检测平台及安全加固平台。某商业银行为增强移动应用的安全运行能力，启动移动客户端安全加固及渠道监测服务升级项目。

案 例 概 述

北京智游网安科技有限公司对某商业银行的需求制订了明确的服务方案，具体建设方式及目标如下所述。

■ **本地移动App安全检测、加固平台升级：** 建立兼容Android、iOS的安全检测系统，并与升级后的加固系统进行升级，实现漏洞的检测、加固、复测为一体的安全平台。

■ **提供渠道监测云服务：** 对全网安卓渠道进行信息监测，监控版本分布及下载情况以及对仿冒、恶意篡改应用进行识别查证和下架。

■ **建立风险实时决策系统：** 通过建立系统，我们可以有效地帮助企业进行应用的安全防护，建立全面控制体系，提供动态的风险防护手段以及对终端交易过程中产生的风险进行监测。

解 决 难 点

2018年3月，中国银监会办公厅发布了《银行业金融机构数据治理指引》，指导银行等金融机构要以数据治理为核心，提升业务的服务能力以及安全能力。移动应用态势感知平台可为银行建立移动应用的安全大数据分析平台，以数据为核心，为银行提供安全数据分析服务以及业务威胁数据分析服务，并针对数据进行深度分析实现威胁的判断与应对。

移动应用威胁态势感知系统主要解决了移动应用上线并运行于广大用户手机端时对不可控的设备环境、网络环境进行风险防控的难题。

创 新 亮 点

北京智游网安科技有限公司在该案例中构建的移动应用威胁感知平台（见图1）正在成为银行业移动应用安全方面的重要保障，为银行移动应用安全业务的上线后安全以及运营提供强有力的数据支撑。

北京智游网安科技有限公帮助金融App客户端建立电子渠道移动业务风控模型，在移动业务基础上，进行业务场景风险数据和安全攻击数据的采集，进而完成数据处理和分析，最终进行风险阻断和处置，具体实用技术如下。

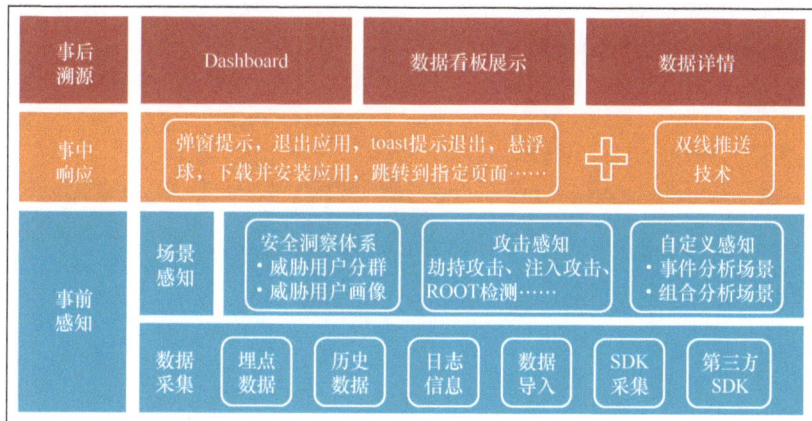

图1

1. 移动端数据采集可视化埋点

通过代码采集和可视化控件数据采集，全面采集App运行环境风险、业务操作风险等内容。埋点总体分为上报埋点和下发埋点两个过程。可视化埋点相对于原始的开发环节代码埋点更加智能化、便捷化。

第一个过程（埋点SDK完成）：通过移动在视图控制器上的悬浮球采集当前悬浮球下最佳的事件响应者，并遍历控件唯一路径，将唯一路径上报给服务器存储起来，至此上报埋点完成。在此过程中，我们也可以在管理页面中对埋点信息进行删除操作，并且手机端也会通过websocket实时刷新。

第二个过程（感知SDK完成）：对于已经集成了威胁感知SDK的App，App启动的时候从服务器获取埋点信息（见图2）。威胁感知SDK内部采用hook技术，对控件的事件进行监听，当控件触发事件的时候，将该控件的唯一路径生成，然后和下发埋点数组的埋点信息进行对比。如果两者匹配，就上报该控件的相关数据到服务器。同样在H5页面加载完毕以后，通过注入js将节点的事件捕获通过js桥传送给原生页面，当节点触发事件的时候，将该节点的唯一路径生成，然后和下发埋点数组的埋点信息进行对比（见图3）。如果两者匹配，就上报该节点的相关数据到服务器（见图4）。

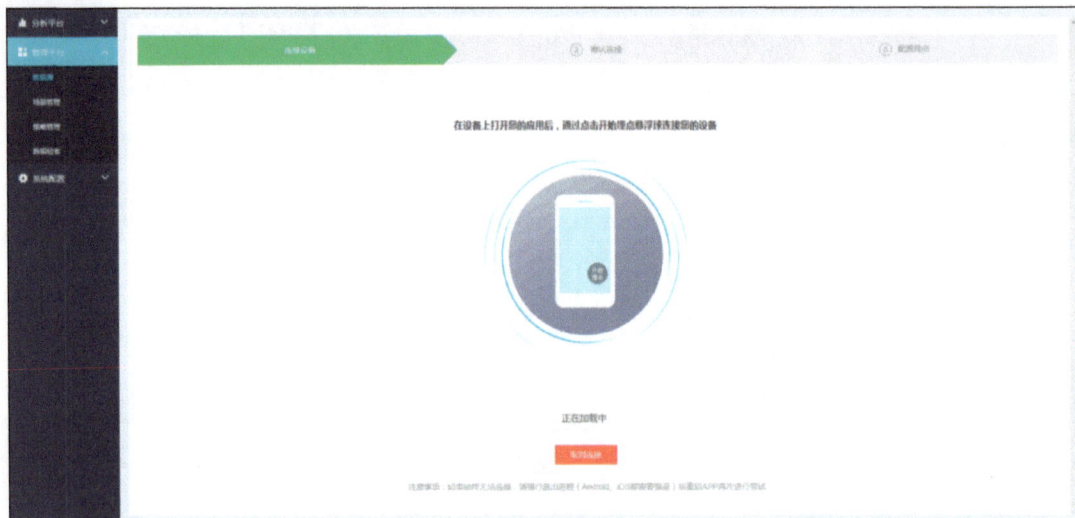

图2

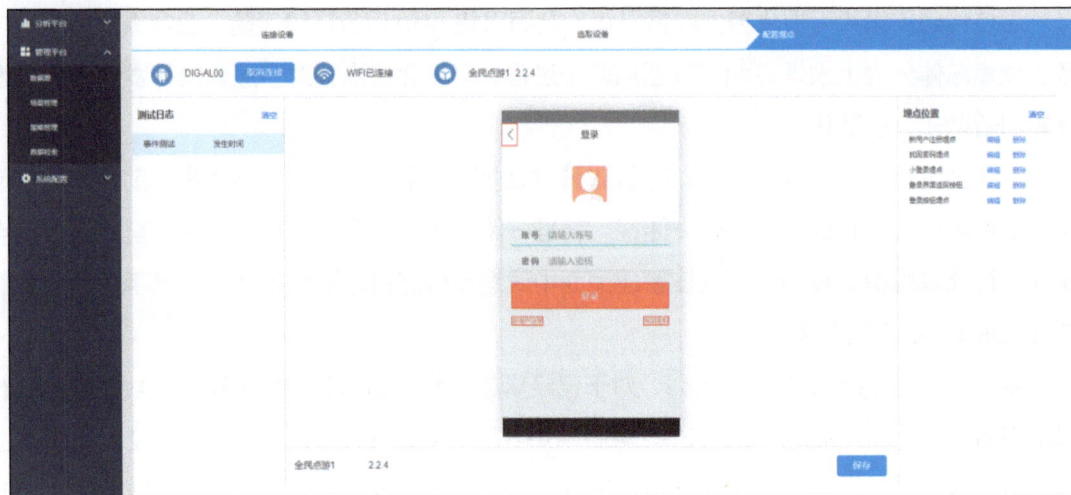

图3

- 设备信息：事件发生的设备品牌、型号、系统版本、ROOT/"越狱"信息、是否模拟器、网络情况等。
- 用户信息：用户 SIM 卡信息、运营商、电话号码、基站信息等。

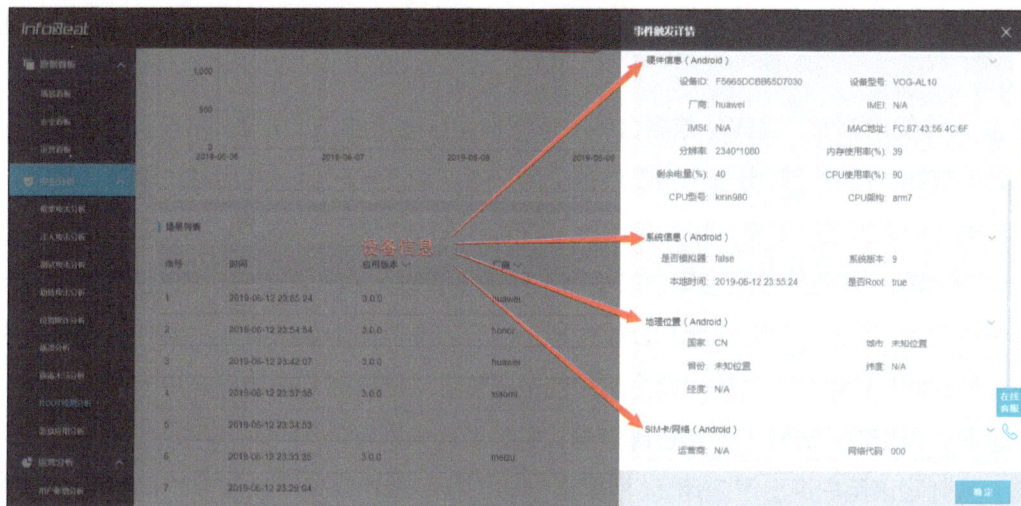

图4

2. 业务场景风险分析

支持App页面访问、按钮、功能模块等操作行为的分析，并结合基础安全数据以识别业务场景风险分析。

（1）页面访问分析

① **页面访问次数：** 首先从数据仓库中加载指定日期（昨日、7日、30日、60日）内的页面访问数据，然后根据页面的唯一标识进行GROUP BY分组，就可以获得每个页面的访问次数。

② **页面访问人数：** 首先从数据仓库中加载指定日期（昨日、7日、30日、60日）内的页面访问数据，然后将页面的唯一标识以及DeviceID作为key，然后进行去重，最后将DeviceID从结果中去掉，再根据页面唯一标识进行GROUP BY分组，就可以获得每个页面的访问人数。

③ **次均使用时长：** 首先从数据仓库中加载指定日期（昨日、7日、30日、60日）内的页面访问数据，然后计算出每个页面每次访问的时长（离开时间减去进入时间，单位为

秒）和访问次数，并将时长累加，得到结果后将每个页面的总时长除以每个页面的访问总次数。

④ **人均使用时长：**首先从数据仓库中加载指定日期（昨日、7日、30日、60日）内的页面访问数据，然后计算出每个页面中每个用户每次访问的时长，并将时长累加，同时将每个页面的访问人数进行去重，可计算出页面访问总人数，最后将总时长除以总人数。

⑤ **退出率：**首先从数据仓库中加载指定日期（昨日、7日、30日、60日）内的所有数据，将用户进行分组，用DeviceID作为key，日志详情作为value，然后对每个用户的日志详情按时间进行排序，再找出每个用户的退出节点（根据时间轴找出用户每次切回后台的日志信息，根据该日志找下一条日志信息，并计算两条数据的间隔时间是否大于5分钟。如果是，就判定该用户退出了应用），根据退出节点往前查找最近一次页面访问日志，将该页面访问日志过滤为一个新的集合，该集合的总条数即为退出应用的总数。根据页面唯一标识GROUP BY计算出各个页面的退出次数，二者相除的结果就是每个页面的退出率。

（2）位置欺诈分析

位置欺诈技术主要可避免黑客破解区域营销限制，从而实现非法利益获取。市面上常见的位置篡改软件分为两类：一类基于Xposed框架和VirtualApp框架；另一类基于沙箱的外挂软件，如虚拟位置精灵、多开分身、平行空间、双开助手。

具体的位置欺诈检测技术如下。

① **基于框架的检测：**如果是使用Xposed框架，就必须定制伪造地理位置的Xposed模块；如果是使用VirtualApp框架，那么被动态加载代理的App必须和VirtualApp框架处于同一用户组。

② **虚拟位置精灵、多开分身、平行空间、双开助手类检测：**检测应用的私有目录结构是否异常。

（3）安全攻击数据分析

① **调试攻击：**攻击者使用调试工具对App进行动态调试攻击，从而获取App运行时的相关代码及数据。移动端常见的调试工具包括gdb、ida等。

② **注入攻击：**攻击者使用注入工具对运行时App注入新的可执行代码，以改变App的

运行状态或获取运行时敏感数据。常见的注入工具包括inject、frida等。

③ **劫持攻击：** 界面劫持是黑客使用仿冒界面替换正常应用界面的行为。替换的界面与正常界面完全一样，但是信息传输地址不再是正常的服务器地址，而是黑客指定的服务器，诱导用户输入信息后黑客可获取用户隐私信息，从而损害用户及企业利益。界面劫持行为检测技术指的是基于进程栈的检测应用界面切换时检测设备运行程序栈顶进程是否属于自身应用，以此判定应用是否受到界面劫持。该检测适用于所有界面劫持行为。

3. 风险处置

系统能够实时处置业务风险和攻击风险，至少应包含消息提示和退出应用等阻断措施。通过storm实时计算，数据消费来自kafka，场景表达式采用redis订阅，日志采用hbase存储，流程如图5所示。

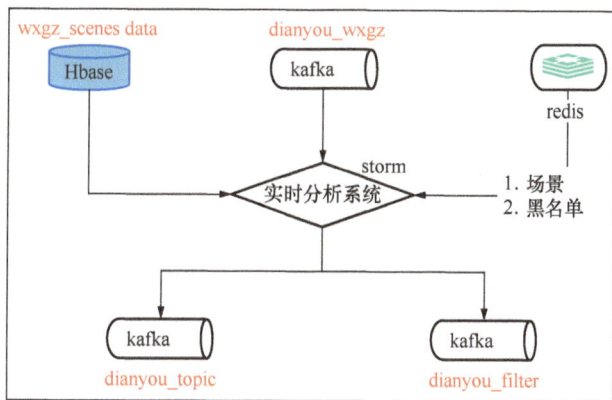

图5

计算逻辑如下。

消费数据源采用kafka中ijiami_wxgz频道中的数据，数据格式是json格式的数据，是通过flume采集日志加过滤器得到的。

计算步骤如下。

① 对原始数据进行解码和解析，检查接口字段是否缺失（deviceId,appKey,fieldUrl），如果缺失就说明不是埋点数据。

② 输入interfaceKey调用接口获取函数，获取接口json数据，如果此接口不存在，则循环等待3次获取，若获取不到则终止放弃。

③ 输入appKey和deviceId，从hbase中获取日志数据。（注：对于单事件场景，数据从kafka中消费的数据中取；对于多事件场景，当前执行的事件数据从kafka中消费的数据中取，其他事件的数据从hbase中获取。）

④ 定时刷新场景中的条件表达式，作为接口条件匹配的规则。

⑤ 对步骤②中取到的接口进行场景条件表达式挨个匹配，如果条件表达式中包含此接口，则作为条件筛选的候选队列，如果不包含此接口，则直接过滤。

⑥ 匹配规则。

● 判断筛选过的场景是否被列入黑名单，判断的时候取redis的topic_black_list表中的数据。

● 判断是否按照时间轴顺序，判断的时候取urlTime字段。当时间轴顺序判断成功后，从筛选过的条件表达式进行匹配，匹配条件的引擎采用AviatorEvaluator。

⑦ 经过上述两个规则匹配成功后，将数据发布到kafka中，对于绑定场景的策略，发布到ijiami_topic和ijiami_filter，对于没有绑定场景的策略，发布到ijiami_filter中，对于发布到ijiami_topic中的数据下一步走的是执行系统。

⑧ ijiami_topic针对用户配置的策略生成协议串并下发到客户端，客户端收到消息解析后按照协议内容即时展示对应的策略类型在当前界面。

⑨ 平台支持的策略类型。

⑩ 弹窗、退出应用、toast提示退出、悬浮球、通知、下载并安装、跳转指定页、打开连接、启动应用等。

4. 态势分析

（1）数据展示

对于总体数据展示，具备看板功能包括场景看板、安全看板，方便买方从地域TOP值、时间、设备厂商、操作系统、应用版本、活跃设备数及影响率等参数，从不同维度了解应用的安全和使用情况，具备以下特性。

■ 具备风险场景看板和风险信息看板。

■ 能以时间角度进行风险信息展示。

■ 能以地理位置（区、县）角度进行风险信息展示。

（2）报告任务管理

系统提供报告任务管理功能，为管理者提供完善的威胁情报报告自动化生成服务，减轻管理者手工编写安全运行报告的工作。报表管理部分可以定制报表生成任务，根据事先制订的任务，自动化生成安全报告。

5. 威胁用户分析

通过创建用户群，可以将用户按照不同条件分组。用户群的创建支持4类条件：在某段时间内触发过某个事件并满足某些事件属性多少次的用户（简称做过或没做过）、满足某些用户属性的用户（简称用户属性满足于）、在某段时间内新增的用户（简称新增于）、在某段时间内活跃的用户（简称活跃于）。这4组条件可以同时为"与"关系或同时为"或"关系。当用户群创建后，控制台会将该用户群的条件表达式同步至Redis中，大数据离线计算系统每天会将用户群表达式读取并解析。

如果是"与"关系的用户群，离线计算系统会先筛选出"在某段时间内活跃的用户"，得到第一个结果集，然后从该结果集中筛选出"在某段时间内新增的用户"，得到一个新的结果集……依次按上述4类条件顺序倒序筛选到第一类用户群条件，然后将最终得到的结果集中的所有用户保存到数据库中，便于使用。

如果是"或"关系的用户群，则会在所有用户中分别筛选满足4类条件的用户，得到4个结果集，然后将4个结果集进行设备去重后保存到数据库中。

针对受到威胁或产生威胁的设备/用户进行分群，通过分群查看发生过某种威胁的设备/用户有哪些，这些设备/用户在之前指定的时间范围内每一天的行为记录。

案例27 安全管理系统在保险行业的应用

奇安信科技集团股份有限公司

案 例 背 景

随着互联网应用的快速发展，如何快速响应千变万化的业务需求并在开发的过程中保障信息系统的安全性是保险业正在面临也必须解决的关键问题。

近几年重大网络安全事件的频频发生，显示了当前信息系统安全形势的严峻性，仅仅依靠传统的安全防护机制，只关注软件交付运行之后的安全问题来保障信息安全的做法已经逐渐力不从心。要更好地解决软件安全问题，就需要从源头入手，在软件开发生命周期的各个阶段增加一系列针对安全的关注和改进，实现从需求、设计、编码、测试、上线运行等阶段的软件安全开发全生命周期管理，通过构建软件"内生安全"，从而更好地保障业务安全稳定运行。

为了实现源头安全管控，在需求、设计、编码等阶段尽早发现软件存在的安全风险，并快速有效支撑业务系统安全有序上线，奇安信和某大型保险客户联合建设一套研发安全管理系统。通过该平台的建设，实现开发全生命周期的安全管控能力。

案 例 概 述

在上述背景之下，我们针对保险系统的特点，建设了研发安全管理系统，从软件开发的整个生命周期出发，即需求设计、开发编码、测试运维等阶段入手，将安全措施融入各个阶段，实现安全开发的"左移"，尽早尽快地发现软件中的安全问题，进而改善软件的安全性。

　　研发安全管理系统功能模块主要包括五大方面内容，如图1所示。

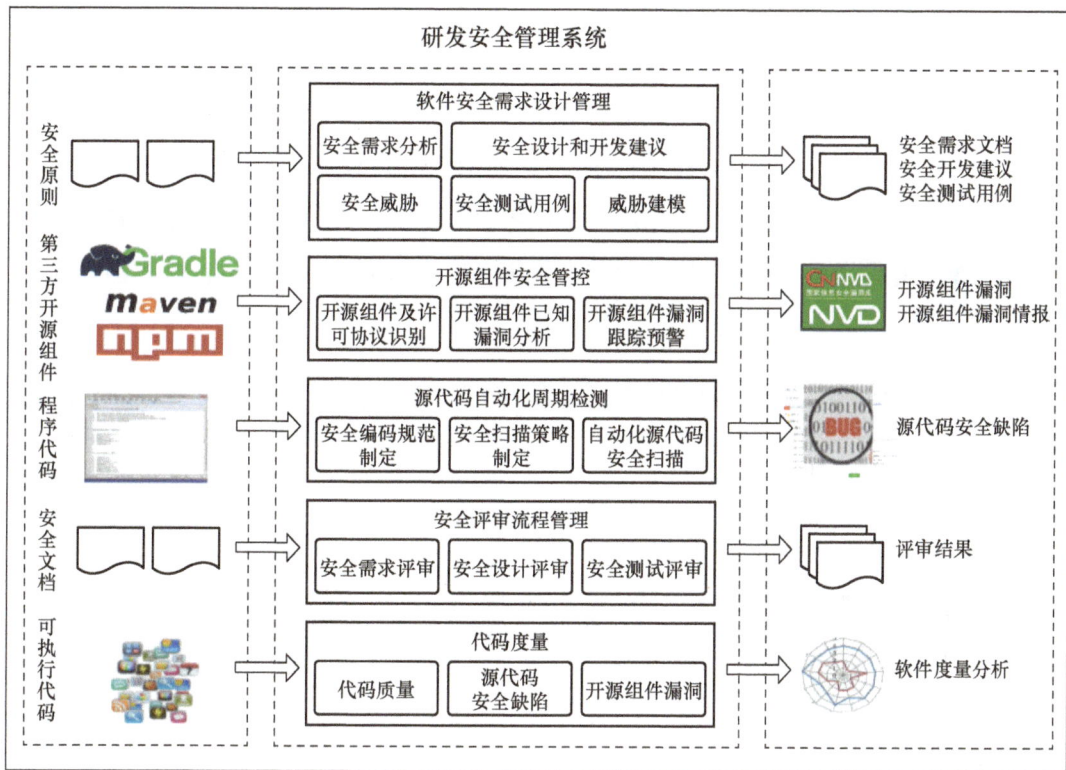

图1

1. 软件安全需求、设计管理

　　安全需求分析覆盖需求和设计阶段安全活动，内置国家和行业标准、监管机构发文要求及业内最佳安全实践，通过项目问答或者模板定制的方式，输出应用系统需要满足的合规标准及对应的安全要求，应用系统负责人可根据实际情况对安全基线的适用性进行选择，以及是否采纳进行在线确认，确认完毕后自动输出软件安全需求文档、安全设计及开发建议文档、安全测试用例文档，并通过与需求和设计评审相结合，实现需求和设计阶段的安全管控。

2. 开源组件安全管控

开源组件安全管控是集开源组件识别、检测、预警于一体的软件成分分析功能，通过智能化数据收集引擎在全球范围内获取开源组件信息及其相关漏洞信息，利用自主研发的开源组件分析引擎为企业提供开源组件资产识别、开源组件安全风险分析、开源组件漏洞告警及开源组件安全管理等功能，帮助用户掌握开源组件资产信息，及时获取开源组件漏洞情报，降低由开源组件带来的安全风险，保障客户交付更安全的软件。开源组件检测结果如图2所示。

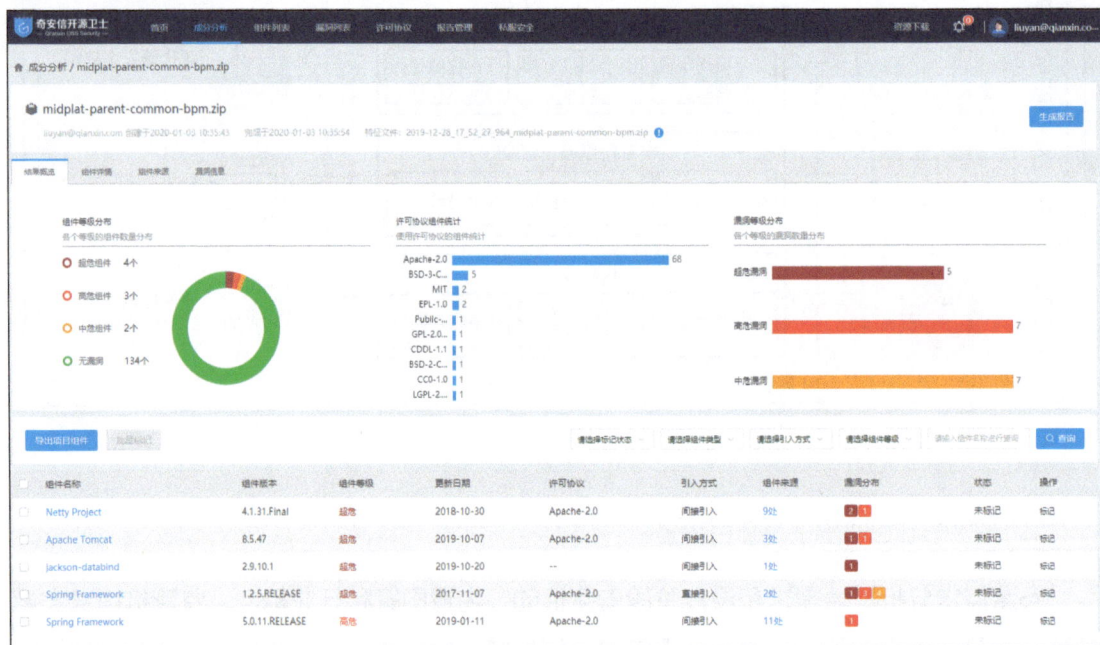

图2

3. 源代码自动化检测

源代码自动化安全检测功能提供一套企业级源代码缺陷分析、源代码缺陷审计、源代码缺陷修复跟踪的解决方案。在不改变企业现有开发测试流程的前提下，代码卫士与软件版本管理、DevOps、Bug跟踪等系统进行集成，将源代码安全检测融入企业开发测试流程中，实现软件源代码安全目标的统一管理、自动化检测、差距分析、Bug修复追踪等功能，帮助客户以最小代价建立代码安全保障体系并落地实施，构筑信息系统的"内建安全"。源代码自动化检测代码审计如图3所示。

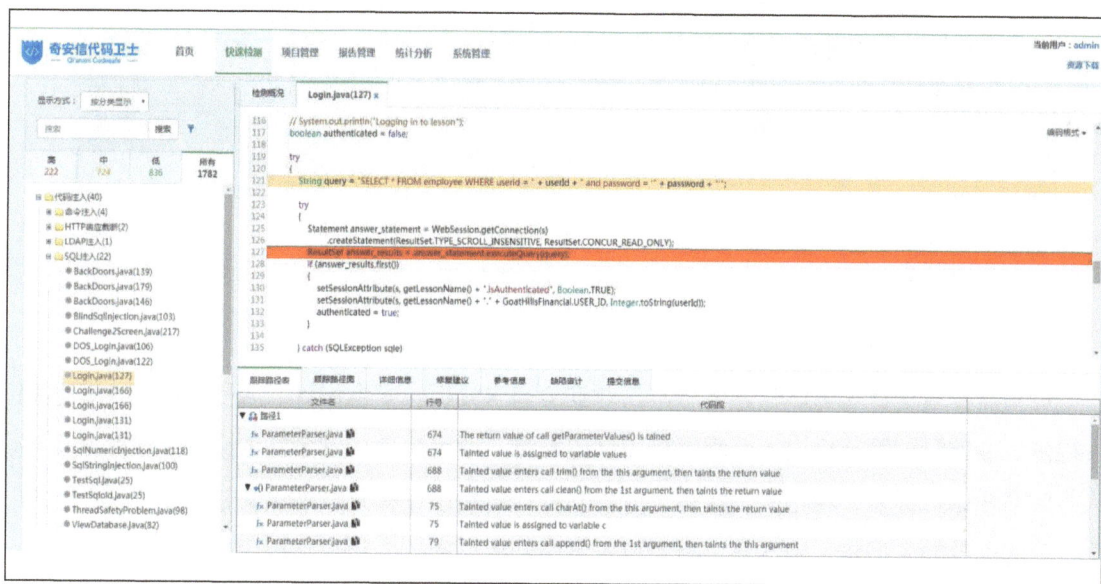

图3

4. 代码度量分析

代码度量分析是帮助客户全局掌控研发项目、研发人员代码安全、代码质量的可视化解决方案。系统结合代码贡献度、熵值、代码安全缺陷、代码质量、开源组件漏洞等多方面数据进行整合分析，对编码人员和软件系统进行画像。软件安全生产态势分析中心功能示意图如图4所示。

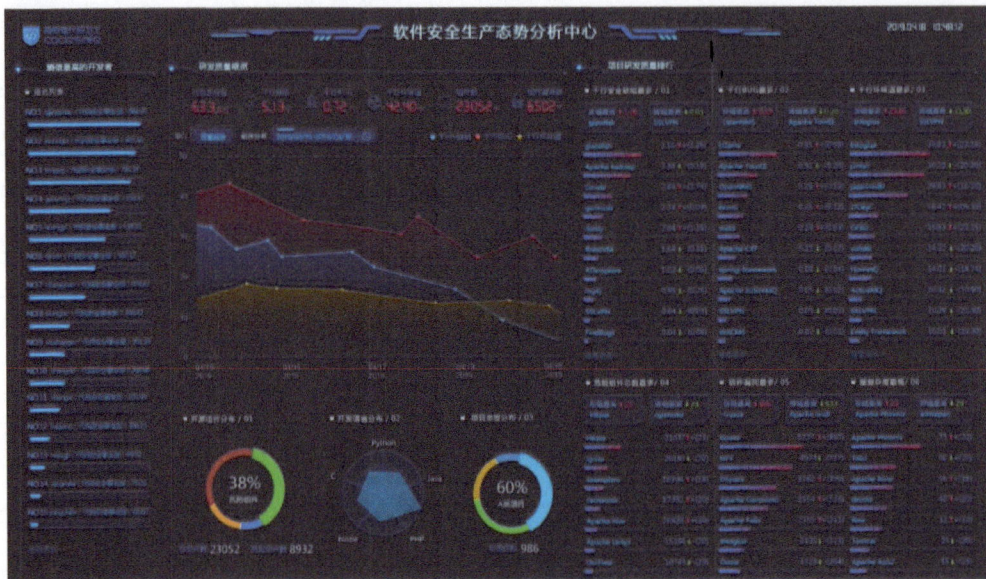

图4

5. 评审流程管理

评审流程管理针对具体软件体版本，对安全需求分析、安全设计、源代码检测、开源组件检测、渗透测试等节点进行流程管控，通过配置"项目经理—安全测试岗—测试团队负责人"的多轮审批环节，将相关安全需求分析文档、安全设计和开发建议文档、源代码检测报告、开源组件检测报告、渗透测试报告等安全文档提交审核，所有材料审核通过后，方可继续走剩余发版流程，实现对需求、设计、编码、测试环节的有效管控。

解决难点

研发安全管理系统从软件安全需求管理、源代码自动化周期检测、开源组件检测、软件度量、评审流程管理等几个方面将安全手段深入到软件开发过程的需求、设计、开发、测试等各个环节，对各个环节做安全与质量的管控，解决了以下问题。

1. 安全控制滞后问题

以往只在版本上线前进行源代码检测和渗透测试等工作，部分系统由于设计阶段未进行安全活动，安全测试发现的涉及系统权限等问题，修复起来成本巨大。由于业务需要，无法在规定时间内完成安全问题修复，系统往往带病上线，存在较大安全风险。通过建设安全需求分析工具，依托专家级的安全威胁库、安全需求库、安全设计与开发建议库、安全测试用例库，有效帮助客户对开发进行需求和设计阶段的安全指导，降低了对安全人员个人能力的依赖，并通过制订安全需求和安全设计评审流程，实现了对需求和设计阶段安全的管控。

2. 开源组件风险管控问题

开源组件使用存在管理难题，由于软件系统不断迭代，管理者很难及时获取企业各系统不同版本具体使用了哪些开源组件、哪些开源组件存在安全漏洞、哪些开源组件正受最新报告的漏洞影响、新的开源组件漏洞影响了企业现在哪些软件系统、开源组件许可协议风险问题等。通过建设开源组件检测工具，能够有效识别软件系统使用的开源组件、组件许可协议、组件漏洞信息，并通过实时监测 NVD、CNNVD 等漏洞库及开源社区，及时获取漏洞情报信息。

3. 缺少自动化安全工具支撑问题

应用开发整体安全管控流程复杂，缺少流程自动化安全工具及专业安全知识库（如安全威胁库、安全需求库、安全设计库、安全组件库、安全用例库）支撑，对人员的安全能力有很强的依赖性且与现有流程的不兼容导致很难有效管控。

目前通过与持续集成工具进行对接，在代码构建时自动进行源代码安全检测、开源组件漏洞检测，将安全工具和客户 DevOps 平台进行无缝对接。

4. 安全活动开展难以评估问题

没有工具和平台支撑，客户很难有效对安全活动进行审计和评估，导致针对开展的安全活动无法确定实施效果及进行有效改进。通过平台建设，所有安全活动数据均在系统流转、存储，客户可以定期对安全活动的实施情况进行总结和评估，为管理者进行分析决策提供有力依据。

创 新 亮 点

1. 合规风险一站式解决

系统内置了保险行业安全知识库，通过简单"项目问答"，得到系统类型，并以此自动匹配系统需要满足的合规文件（包括法律法规、行业标准、监管机构发文、企业内部安全规范等）及对应的安全要求、安全需求等，全面满足系统合规要求。

2. 开源组件私服防火墙

私服防火墙对存入私服和从私服下载的组件进行监控，如图5所示，阻止存在漏洞或不满足安全策略要求的开源组件入库或被下载，从源头对开源组件安全问题进行管控。

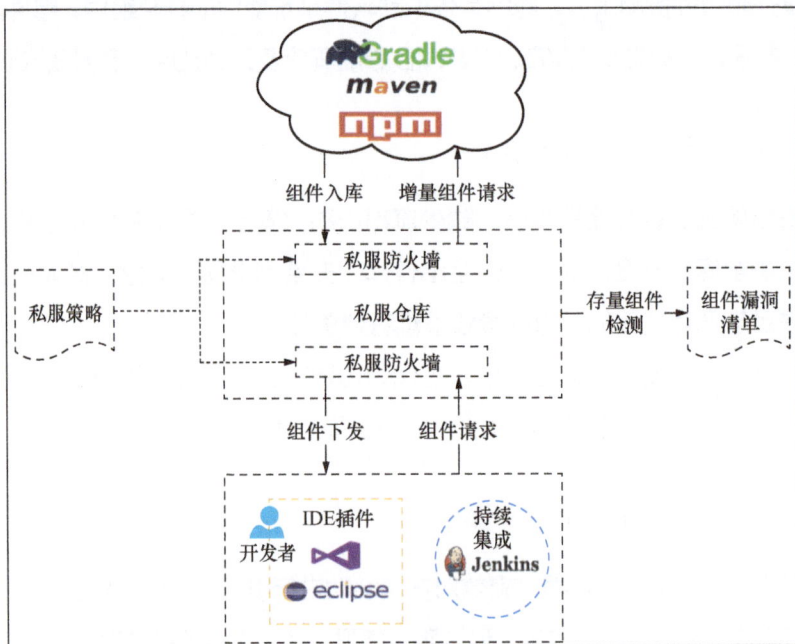

图5

开源组件私服防火墙会根据定期扫描检测和定期更新检测策略定时对私服仓库中的开源组件进行检测，私服仓库中的所有组件都会被开源卫士分析，并标识其漏洞信息，如图6所示。

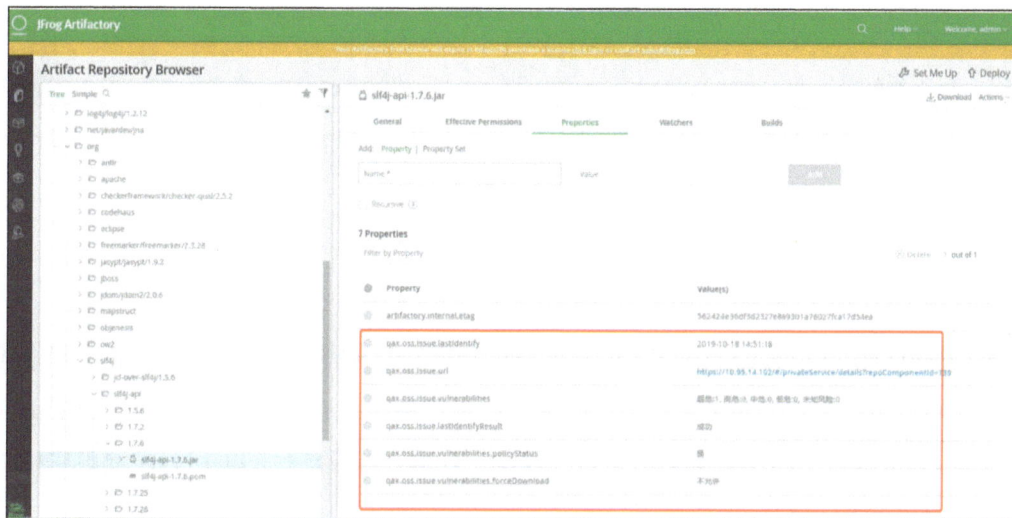

图6

3. 软件工程画像

通过抽取整合代码管理工具、代码质量、安全测试等相关数据，形成全局、部门、项目、人员级别的代码安全、质量画像及趋势分析，并通过对开发人员代码贡献度、熵值、项目代码复杂度、代码重复度、注释完善度、函数调用关系图、源代码安全缺陷、开源组件漏洞、环节时效等指标进行度量分析，生成开发人员和整个软件工程画像。通过内置相关标准，可为开发人员和项目进行评级、评分。

4. 基于人工代码审计的数据反馈及自学习机制

研发安全管理系统建立了一套基于人工代码审计的数据反馈及自学习机制，每个检测引擎的检测规则做到了细粒度的控制，能定位到具体的缺陷模式，平台将人工审计的信息加入到规则准确性的评判体系中，通过不断的自学习，对每个检测规则的检测精度做出评价，后续的检测结果依据评价体系给出结果可信的范围，提高检测的精度，将人工审计的经验复制和推广到其他项目检测中，提升平台的检测精度。

应 用 落 地

研发安全管理系统落地主要是基于安全支撑工具的建设和完善以及各环节安全管控流程的制订和管控共同实现的。

1. 安全需求分析效率提升

需求和设计阶段相关安全活动（如安全需求分析、安全需求评审、安全设计评审）等已经在客户研发中心重点项目需求和设计阶段进行推广使用。通过安全需求分析工具的支撑，能够节省70%以上的通用安全需求分析工作量，能够在快速迭代的项目开发周期中提供及时准确的安全需求支持。

2. 源代码安全缺陷得到有效管控

软件安全管控平台在支持本地源代码检测的同时，也支持从SVN、Git等代码管理系统中获取源代码进行检测，可与DevOps平台、Bugzilla、Jira等Bug管理系统进行整合，能够很好地嵌入研发流程中，提供自动化工具支持，源代码安全检测工作效率提升了56%。

另外，通过对源代码上线前进行安全管控，上线的新增源代码高危安全缺陷控制为0个项目，高危安全缺陷得到有效管控。

3. 开源组件安全得到初步管控

目前该客户已经完成软件系统开源组件清单、组件漏洞清单、许可协议清单梳理，完成部分高危开源组件的评估和整改，实现了开源组件漏洞情报的及时感知，并通过开源组件私服防火墙在开源组件进入私服和从私服下载开源组件时进行了源头安全管控。

案例28　DACS零信任数据安全平台在金融行业的应用

数篷科技（深圳）有限公司

案 例 背 景

5G、云计算、人工智能带来网络泛化，导致传统的防火墙和物理边界已经无法有效保护数据安全，数据在生产、传输、共享、分发等环节的安全保护愈发困难，对数据安全产品存在刚需。

2019年5月13日，等级保护2.0相关的国家标准正式发布，并于2019年12月1日正式实施。等级保护2.0是网络安全的一次重大升级，金融、互联网、政企均面临严格的合规要求。金融行业此前爆发过多起信息泄露事故，如何管控内部数据安全、实现对数据全生命周期的保护一直是业内的难题，严重威胁到企业和用户的信息和财产安全，因此数据安全对金融行业尤为关键。

数篷科技基于零信任安全框架，为企业构筑安全的工作空间，保护数据动态安全。运用业界公认的领先安全解决思路，只有对设备、环境、员工"零信任"，才能真正实现数据全生命周期的安全保护。一步到位实现网络隔离、数据防泄露、动态权限、动态审计、主动防御等一系列功能，适用于解决企业源代码保护、客户资料保护、跨组织/跨地域协同、防止数据二次分发等场景。

数篷科技是零信任安全技术的领导者，也是第一家推出整体零信任解决方案的企业，是谷歌引领的BeyondCorp安全架构在中国的最佳实践。该解决方案将安全防护的边界从企业网络延伸至终端和用户，让数据充分流动起来，帮助企业客户真正实现了随时随地放心使用数据。

案 例 概 述

2019年，数篷科技为某大型金融券商部署了零信任数据安全平台。该企业雇用大量外包员工，且全国各地都设有分行和网点。外包员工在工作过程中归属感差、流动性高，成为数据泄露的高发人群。同时，因业务需要，业务人员携带终端设备为用户采集个人隐私信息开办账户，回到公司后方能上传到企业内部服务器实施保护，由于终端设备暴露在不安全的环境中，因此数据在采集时就存在严重的安全隐患。

针对该金融券商的实际痛点问题，数篷科技解决方案在该企业的应用主要分为两大场景：一是外包人员安全隔离与研发协作；二是"一柜通"移动开户终端数据安全保护。

通过部署零信任安全计算平台，数篷科技为该券商建立起外包员工安全群组，使得外包员工在任何时间、任何地点，必须经过强认证方可进入安全群组接触数据，并且无法通过任何方式将数据带离安全群组。同样，数篷科技还为该金融企业建立"一柜通"数据采集安全群组，业务人员在外派期间，经过强认证后接入该安全群组进行数据采集，这些数据在采集时已经落入安全群组内，未经审批无法通过任何方式离开安全群组。

数篷科技为该金融券商企业消除了安全隐患，在满足数据跨组织、跨地域充分流动、充分共享的需求同时最大程度地保障企业数据安全，为数字化转型时代的企业新型业务保驾护航。

解 决 难 点

随着企业互联网化程度和信息化水平的不断提高，企业的重要资产以及生产、运营、管理、决策等活动都呈现出数字化趋势。企业数据面临着跨组织、跨终端、跨地域的流动需求，数据已经不仅仅存在于企业内部，而是广泛地存在于整个网络空间里。

传统的企业安全模型是基于防火墙的物理边界防御。数据一旦离开企业内部的网络环境，企业便失去了对数据的有效管控，机密文件随时会被二次转发，泄露给第三方，所以数据的碎片化、孤岛化和分散化趋势显著。如何在保证数据安全的同时让数据得到充分利用，是业界共同面对的难题。

企业的商业秘密、用户的隐私信息等都需要进行全生命周期的保护，例如软件行业的源代码、制造行业的设计图纸、金融行业的交易留存、人工智能行业的计算模型以及在线平台上的用户个人信息等。此外，网络安全法、等级保护 2.0 等政策性法规也对数据安全保护提出更高的要求。

数篷科技深耕零信任技术，依托终端隔离管控、软件定义网络边界、自适应安全引擎三大核心技术，将企业的网络边界延伸到终端和用户，支持员工随时随地安全访问企业内网，不仅用户体验与在企业内部完全一致，还能保证员工从企业内网获取的数据、代码不被转发和泄露。

创 新 亮 点

1. 先进性：零信任是企业安全的未来

传统的被动防御模式已经不能适应云计算、人工智能和 5G 时代的要求，零信任模型是近年来行业广泛认可的下一代企业安全技术，最早由 Forrester Research 引入，提出了"永不信任、始终验证"的方法论。

Google 引领的 BeyondCorp 技术联盟是零信任的倡导者和践行者，但它完全是一个访问控制模型。数篷科技零信任解决方案在零信任访问控制的基础上进一步实现了动态数据安全，即对数据的流向和使用进行管控，这也是数篷科技零信任解决方案最大的特点。在多项先进技术的加持下，数篷科技的零信任解决方案在安全性、易用性、高效性、经济性方面都达到了新的高度。

数篷科技结合轻量可信计算环境、软件定义网络边界和 AI 安全引擎三项关键技术（见图1），为企业建设安全基础设施，帮助企业直接过渡到下一代安全解决方案。

轻量可信计算环境
与操作系统深度融合
安全高效体验平滑

软件定义网络边界
弹性零信安全网络
粒度细、精度高

AI安全策略引擎
弹性零信任安全网络
粒度细、精度高

图1

（1）轻量可信计算环境

零信任数据安全平台基于对任何终端设备的不信任前提，在终端设备上构筑软件定义的轻量可信计算环境。轻量可信计算环境与终端本地环境处于深度隔离状态，这种隔离保证了数据存储和计算的安全性，同时安全计算环境支持各种应用程序在不牺牲性能的前提下对数据进行加工和使用，做到了轻量和灵活，有效保证程序执行的效率。

（2）软件定义网络边界

在当前企业的数据应用场景中，数据的流动性、分布的广泛性大大增强。数据的网络传输控制是零信任数据安全平台的另一项关键技术。基于对整个网络环境的不信任前提，DACS 在安全计算环境之间架设安全的数据传输管道，做到数据的流转安全。

（3）AI安全引擎

基于上述灵活细粒度的管控手段，数篷科技可以获取到深度关键数据，用于支持态势分析，如安全群组中的数据东西向流量、安全计算环境内的数据计算细节等。这些高质量的数据对自适应安全策略的构建和自适应安全闭环的形成具有极高的价值。

结合独特的 AI 引擎，零信任数据安全平台对通过状态信息采集监控到的安全事件进行分析处理，并进一步进行自主学习，最终形成自适应的主动免疫系统，从而能够智能地适应企业业务场景。该安全计算平台随业务态势改变安全策略，实现主动发现问题、修复问题、数据驱动安全，最终形成整个安全管控的闭环。

2．创新性：从静态访问控制到动态数据安全

传统的安全解决方案是把数据局限在一定的区域内，员工只能在企业内网访问核心数据。数篷科技致力于颠覆传统的解决思路，实现对流动中的数据进行全生命周期的安全管控。也就是说，企业可以让数据充分流动起来，也可以控制数据的流向和使用范围，甚至还能在任意时间点把数据收回来，达到"阅后即焚"的效果。应用数篷科技的零信任数据安全平台，员工可在全球各地随时安全接入和使用企业数据，可在全球范围内享受无差别无边界的办公体验。

上一代的企业安全空间是由钢筋水泥打造的，下一代的企业安全空间则是用软件定义。基于零信任框架，数篷科技为企业构建一个虚拟、私有、弹性、智慧的企业安全空间，横贯企业办公、云计算和边缘计算场景，让数据可以在其中安全流转，使能跨组织的数据流通和共享，充分释放数据价值！

零信任数据安全平台作为业内领先的零信任安全解决方案（见图2），其核心思想是以数据为中心，防御机制跟随数据的流动而建，从而实现为企业数据提供精细化、贴身的防护措施。

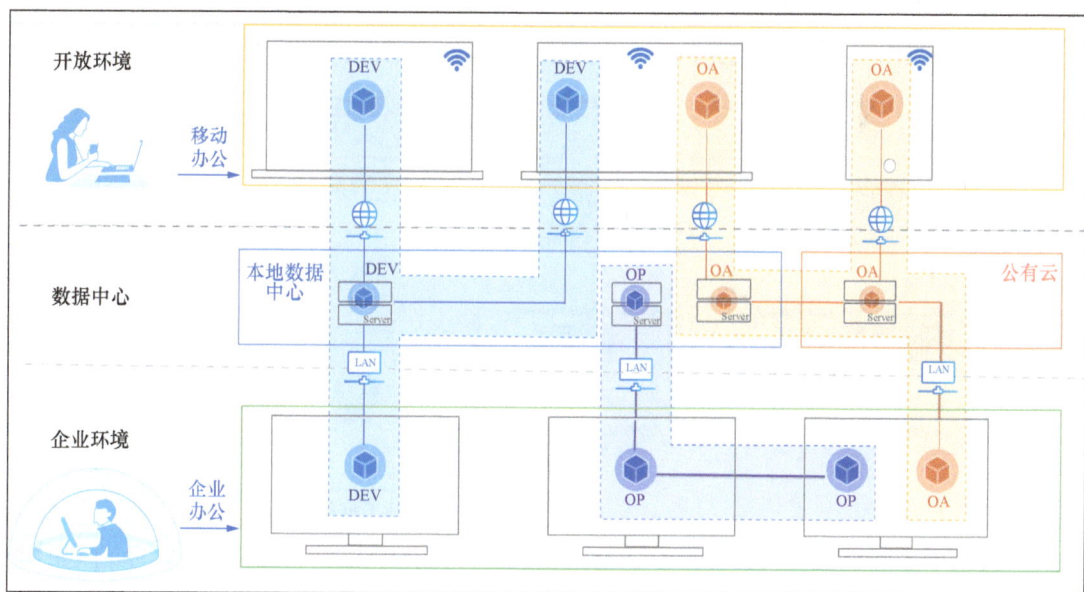

图2

应 用 落 地

　　数篷科技于2018年底与该大型金融券商初步接触，交流后客户发现数篷科技的产品能完美解决企业多场景的痛点问题，2019年初便正式在企业内进行部署。

1. 实用性：为企业解决业务场景中的实际问题

　　零信任自适应安全平台在某大型金融券商企业应用落地，运用创新技术为该企业解决了三大难题：一是员工移动办公和跨地域协作过程中的数据安全问题；二是为企业规避外包员工的数据泄露风险；三是"一柜通"移动开户实现对终端数据的安全保护。

　　企业部署零信任自适应安全计算平台后，可以根据业务需要建立不同的安全群组，同一个群组内员工可以安全地共享数据，无须担心数据泄露；而且，该群组可跨互联网连接，员工在全球范围内均可随时接入群组，享受与企业内部无差别的办公体验。

　　针对外包场景（见图3），由于外包员工流动性强、对企业的忠诚度低，因此是企业安全的薄弱环节。部署零信任数据安全平台后，企业为外包员工建立特定的安全群组，外包员工可以在安全群组内正常访问和使用相关数据，但无法通过微信、邮件、U盘等任何形式将数据拿走。员工退出账号或企业关闭账号后，即使保存在终端本地的数据也会被"删除"，无法再访问。

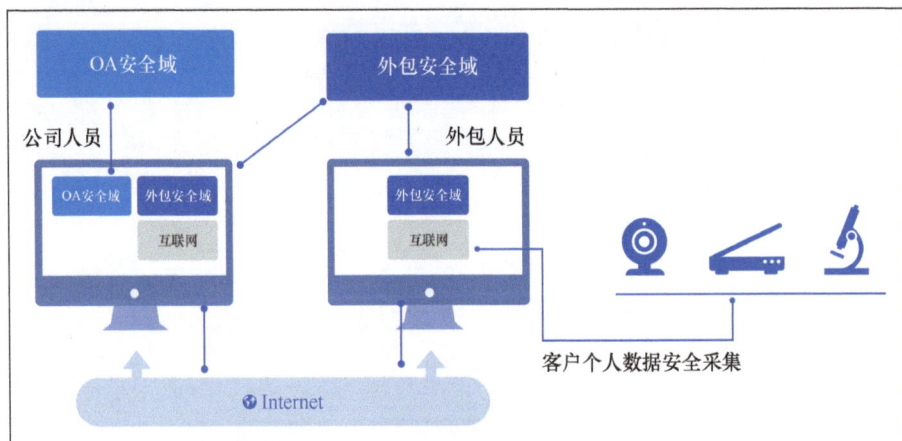

图3

该大型金融券商在全国范围设有分支网点，且计划在各个网点营业部开展流动开户业务，这就使得员工需要携带移动终端为用户采集必要的证件及其他信息，待回到企业内部才能将数据上传到服务器保护起来。不难发现，这个过程中数据在采集阶段的保护成为难点。企业在"一柜通"移动设备上安装了数篷科技的软件，从而保证数据从采集时就已经落入到安全群组内，从而实现数据全生命周期的保护。

2．合规性：助力企业达成等级保护2.0的合规性要求

2019年3月数篷科技的产品通过了公安部第三研究所的安全测评。另外值得一提的是，数篷科技零信任解决方案与等级保护2.0技术要求高度契合。在新的网络空间安全形势下，等级保护2.0在原有通用性要求的基础上提出了进阶要求，新增了扩展要求，并提出体系化的网络空间安全方法论及系统化主动防御思路，对可信计算提出明确要求，而这正是数篷科技的技术优势所在。对标"等级保护2.0"的技术要求（见图4），数篷科技的解决方案在基于身份的访问控制、可信验证及动态边界防护等多个方面都完成了针对性的升级，在全行业处于领先地位。

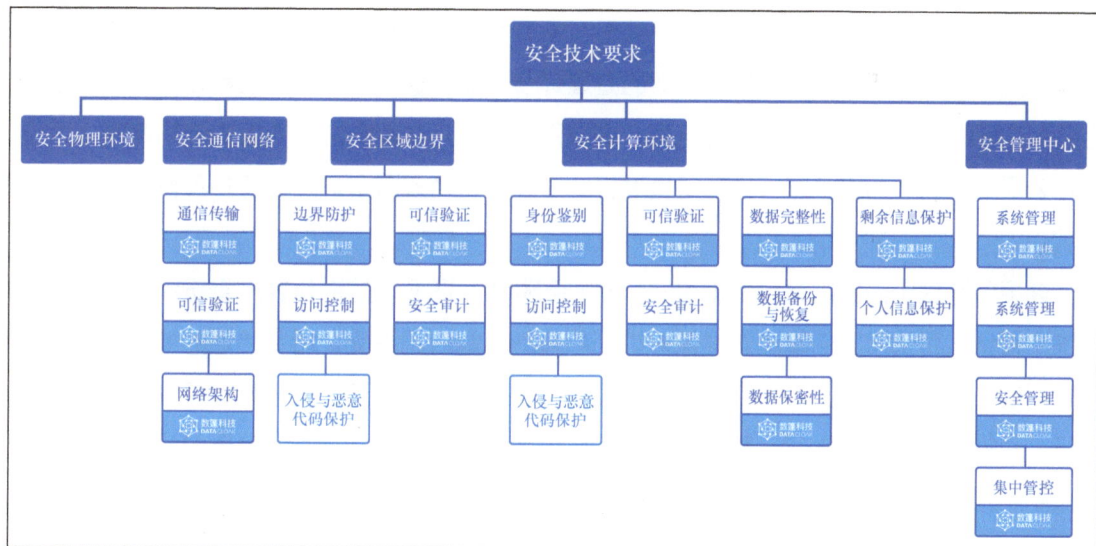

图4

案例 29 eID人证合一网络身份验证平台

北京科蓝软件系统股份有限公司

案 例 概 述

科蓝 CSIIVP eID 人证合一网络身份验证平台应用场景涵盖线上、线下一体化，借助 eID 数字身份，以密码技术为基础、以智能安全芯片为载体。结合互联网银行业务，创新地提供了 eID 数字身份登录、交易授权、免填身份开户、eID 身份电子证照授权访问等综合业务能力。平台对客户身份信息标记化、数字身份碎片化的方式进行传输和存储，能够在不泄露客户信息的前提下在线远程识别客户身份，从源头全程保护客户信息安全，让客户身份信息零风险地应用在互联网银行各项业务的办理环节，具有权威性、安全性和公信力。全面满足公民在网络活动中保护个人身份信息、虚拟财产安全及交易安全等方面的迫切需求，大幅提升公民网络活动的安全感，并满足金融行业通过合法合规渠道对网络客户身份验证的迫切需求。

该平台是基于公民网络身份（eID）和可信环境（TEE）的银行客户身份认证系统，本系统交易全链路使用国密算法安全保护机制和移动前端应用提交、后台验证的业务流程控制模式，客户端 SDK 经过安全加固，具备极高的防护能力。本系统作为基础平台，可为手机银行、直销银行、开放银行、智能 POS 等多渠道提供 7×24 小时的公民身份联网核查、活体检测、人脸识别、身份验证凭证生成等完整网络客户身份验证的能力。

案 例 背 景

金融科技快速发展，互联网金融已成为当下国内金融行业发展的主要趋势。然而，随着互联网金融的快速发展，互联网金融的信息安全问题也日益突出，成为全社会越来越关注的热点话题。

互联网银行业务发展迅速的同时，也伴随着风险事件不断出现。2018年国家相关金融监管部门排查发现部分银行机构存在网络安全漏洞，被不法分子利用开立个人II、III类虚假账户，且数量众多，相关风险传染性强，严重威胁到客户资金安全和银行业账户体系安全，给银行II、III类账户业务的健康发展造成不利影响。2019年央视"3·15"晚会曝光了银联闪付卡被恶意盗刷事件，使公众对这一支付工具产生恐慌，又一次将支付科技创新推到风口浪尖。2019年11月，江苏警方依法打击了7家涉嫌利用互联网侵犯公民个人信息的相关公司，涉及非法缓存的公民个人信息多达1亿多条，提供身份证返照查询近亿次，造成公民身份信息包括身份证照片的大量泄露。纵观近年曝光的一系列公民身份信息泄露的风险事件的根因，实质均是未严格实行客户实名制要求，缺乏安全、权威、易用的客户网络身份验证手段和可信的互联网展业环境所导致的。目前，在国内互联网行业，违规非法窃取时有发生，甚至存在庞大的黑色产业链条，身份信息被非法窃取与使用，已严重威胁到了互联网金融良性健康的发展。如何使公民身份信息在互联网中更加安全地被使用和保存已成为不容忽视的问题。

不断出现的风险事件也推动着行业风险控制模式的转变，人民银行及银保监会也相继发文，对个人II、III类银行结算账户的风险防范提出要求，确保银行账户体系安全，进一步保障客户的合法权益。同时应检讨302号风险控制措施将线上电子账户开户时的客户KYC工作委托给传统线下柜员完成，这种委托业务关系是导致监管政策下发近4年仍无法真正落地的根本原因，只有转变为通过金融科技创新切实提升网络客户身份验证强度，才能从源头防控风险，推动II、III类银行结算账户业务的有序开展。

分析银行II、III类账户相关监管政策演变过程，不难看出，从2015年392号文在政策上肯定了"弱实名制电子账户"创新的积极作用，到2016年302号文完整阐述国内银行个人结算账户体系，再到2018年16号文对Ⅲ类账户使用场景进行了调整，使银行Ⅱ、Ⅲ类账户的使用更趋于成熟。在互联网展业环境下，如何满足监管机构落实反洗钱及反恐怖融资等防控的要求，如何满足金融消费权益保护要求，依托金融科技创新做好网络客户身份验证，才是健康发展互联网银行业务的关键。

为此，科蓝软件联合公安三所合作研发基于公民网络身份（eID）和可信环境（TEE）的银行客户身份认证系统，建设更安全、便捷、可信的互联网展业环境，进一步推进银行机构全面线上化发展，实现非接触的新型金融服务模式。

案 例 概 述

西安银行基于网络身份（eID）和可信环境（TEE）的eID人证合一验证平台，通过与公安部第三研究所及各智能终端厂商共建TEE（Trusted Execution Environment）可信执行环境下的客户网络身份认证服务，该环境可以保证在不被常规操作系统干扰的环境下完成计算，因此称为"可信"。这是通过创建ds（一个独立运行的小型操作系统）来实现的，该操作系统以系统调用（由可信OS处理）的方式直接提供少数服务。

西安银行网络身份验证平台系统的应用架构和功能架构如下所示。

1. 应用架构

eID人证合一身份验证平台是基于公民网络身份（eID）和可信环境（TEE）的银行客户网络身份认证系统。如图1所示，西安银行TEE应用环境包含三层，分别是REE层、TEE层和SE层。

REE（Rich Execution Environment，富执行环境）层：网络身份验证可信SDK，提供标准的可信网络身份验证功能，为各类富客户端环境提供统一服务。

TEE（Trusted Execution Environment，可信执行环境）层：通过在eID TA（Trusted Application）安全操作系统上建立可信应用功能，为网络身份验证可信SDK提供安全、可信的网络身份验证基础功能。

SE层：使用手机厂商inSE（内置安全）或eSE，其中inSE内置安全单元（inner Secure Element），eSE为嵌入式安全单元（embedded Secure Element），该层采用CPU状态隔离、内存隔离和外设隔离，以构建安全的eID数字证书的存储、使用环境，并提供数字签名等功能。

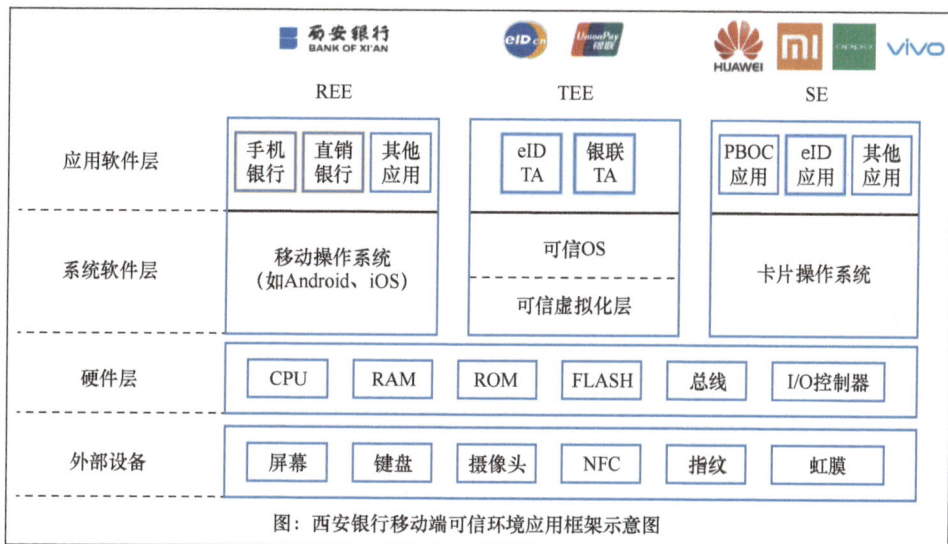

图：西安银行移动端可信环境应用框架示意图

图1

2. 功能架构（见图2）

该平台由接入模块、开放服务、应用服务、后管服务4个模块组成，对外与公安部公民网络身份识别系统对接。下面分别说明各个层次对应的功能。

① 接入模块主要提供第三方SDK接入及API接入两种方式。

② 开放服务旨在提供一个规范、合作、创新的开放接口，构建网络身份验证开放服务API能力中心，支持访问控制机制，构建开放生态环境，为外部开发者提供SDK、OpenAPI接口服务，构建统一的网络身份验证工具。

③ eID认证应用服务提供人证合一的网络身份识别、金融IC卡应用、身份凭证应用、eID签名授权、小微企业服务等应用服务。通过API的方式为SDK及三方系统提供相应的

服务能力，最终达到极速授权、极速进件、极速开户的目标。

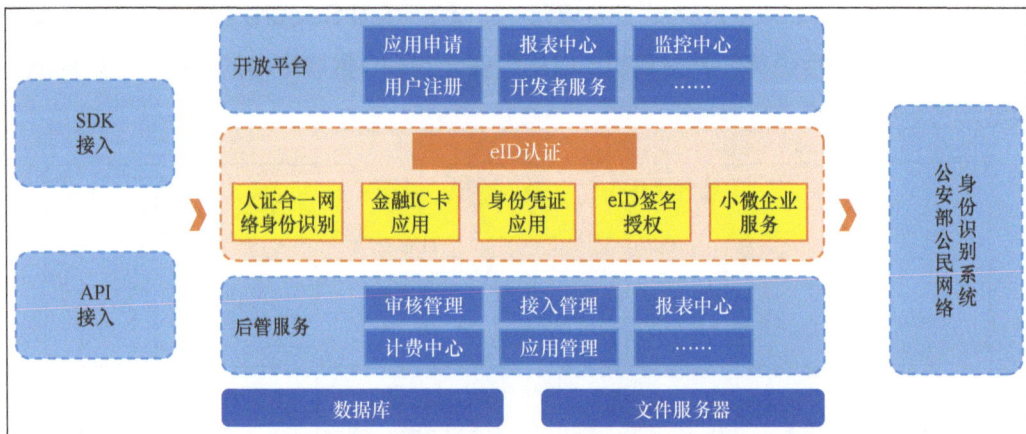

图2

④ 后管服务提供管理控制台，通过审核管理功能，可以对接入方、应用、服务、证书、上线等功能审核，还提供权限管理、参数设置、费用统计、报表分析和管理认证等功能。

解 决 难 点

科蓝软件作为通过公安部第三研究所资质审核的eID网络身份服务机构（IDSP）推出的CSIIVP eID人证合一网络身份验证平台专注于eID应用体系与互联网银行业务结合，借助eID公民网络身份体系的安全优势和eID签发、认证能力方面的优势，针对金融行业客户身份识别方案混乱、技术标准不统一、身份比对强度不够造成的盗用他人身份办理金融业务等互联网展业风险点，为金融行业客户提供了一套更安全、高效、可信的公民网络身份服务。

创 新 亮 点

1. 基于TEE移动终端可信环境

如图3所示，eID人证合一网络身份验证平台，根据人民银行发布的行业标准《移动终端支付可信环境技术规范》（JR/T 0156-2017），基于 TEE 移动终端可信执行环境，建立健全兼顾安全与便捷的多元化身份认证体系，通过与公安部第三研究所、国内各手机设备厂商共同建设可信、合规、便捷的网络身份认证系统应用。

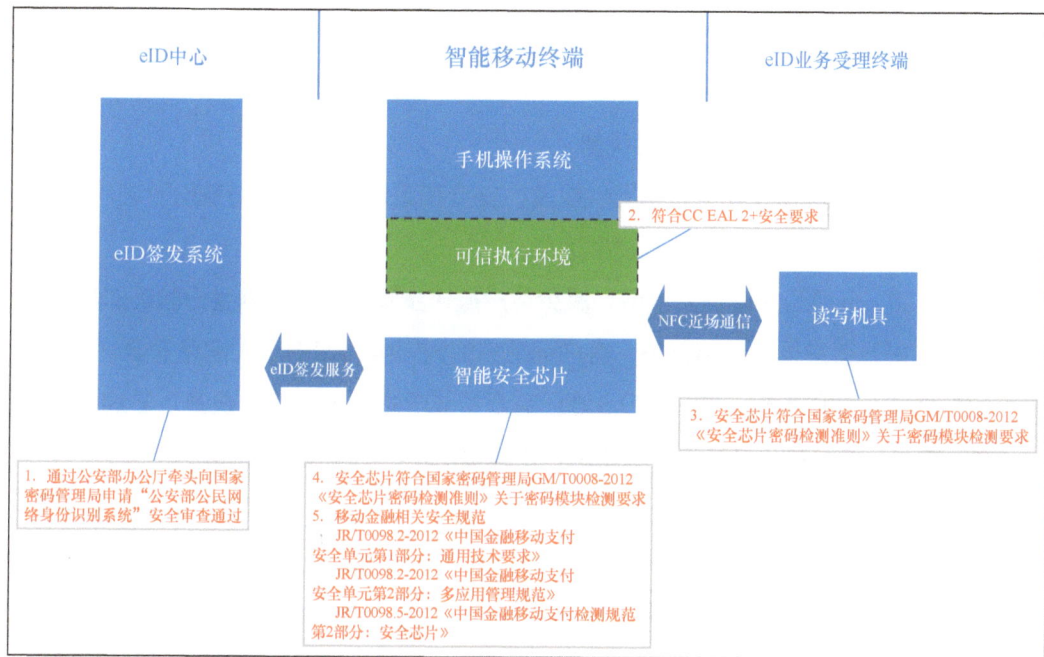

图3

① 采用非对称密钥算法生成一组公私钥对，私钥本身不能被读取，公钥公开。用户可使用自己的 eID 私钥对信息进行电子签名后发送给其他人，其他人可以使用该用户的 eID 公钥对签名信息进行验签，从而保证了数据的安全性。

② eID 凭证以智能安全芯片为载体，芯片内部拥有独立的处理器、安全存储单元和密码运算协处理器，只能运行专用安全芯片操作系统，其内建芯片安全机制可以抵抗各种物理和逻辑攻击，确保芯片内部数据无法被非法读取、篡改或使用。

③ eID 安全架构和遵循规范。eID 是以密码技术为基础，以智能卡芯片为载体，由国家统一签发给公民的、权威的、保护个人身份信息的、普适的网络身份标识，用于在互联网上远程识别个人身份。

2. 实现证件有效识别、安全存储及读取、传输

平台实现了用户对证件应用场景的自主化、便捷化管理，使金融消费者不再仅仅是银行产品的被动接受者和使用者，而成为个人证件安全管理的主动参与者和实践者，在满足消费者个性化需求的同时增强用户的参与感，为用户提供自主管理账户风险的有效手段和便捷工具。

（1）利用移动设备 NFC 电子证件优势

① 超高安全：依托 eID 安全体系提供权威、安全和可信的公民网络身份验证服务，"真人实证，人证合一"，准确记录客户的真实意愿。

② 超高体验：100% 完整信息读取，减少客户操作步骤，可将网络身份验证流程压缩到 30 秒，极大地提升客户体验和留存率；客户信息免输入，全力保护个人信息安全。

③ 超低成本：利用手机、智能 POS 等已有设备或成本低廉的读卡设备，节约大量设备投入，适合线上、线下展业的各种环境需求，大幅降低银行各渠道展业成本。

（2）eID 硬件载体签发优势

① 唯一性：对于数字身份凭证的关键信息，有严格和完整的授权访问机制，如凭证所涉及的私钥信息，其生成、使用和销毁均在硬件内部完成，任何情况下都无法从外部导入或从硬件读出，保证了基于硬件载体的身份认证唯一性。

② 高可靠性：数字身份凭证颁发和认证的过程中，均使用基于硬件的国产密码算法，贯穿于主体鉴权、密钥协商、传输数据保护、签名数据生成和验证等关键步骤，保证了基于硬件载体的身份认证高可靠性。

3. 在保证身份信息安全的前提下实现与业务融合

通过系统进行客户身份认证，能有效和各种场景相结合，包括开户时证件获取与 eID 电子证照签发、转账时通过 eID 加强认证、客户资料维护时利用 eID 减轻人工审核工作量、网上申请贷款时利用 eID 有效提升客户体验和防止假冒证件等。

① eID 既可以作为可靠、有效的电子证件来使用，也是一种有效的安全认证手段，多种

组合，多重认证，打造完善的客户身份主证体系。

② eID数字身份的去身份化，可用而不可见。用户使用eID通过网络向应用方自证身份时，应用方会向连接eID签发管理中心的服务机构发出请求，以核实用户网络身份的真实性和有效性。一旦用户网络身份通过验证，应用方就会得到用户在当前应用上的"数字身份应用标识编码"（appeIDcode），用于在应用中标识用户。而且appeIDcode编码已不可逆地隐藏了公民身份信息，保证用户信息不会泄露，同时在客户授权下应用机构可获取完整的公民身份证件信息。

③ eID数字身份的碎片化。eID公民网络身份识别系统签发的"数字身份应用标识编码"（appeIDcode）按应用机构单独编码，由于用户在不同的线上应用中所使用的网络身份应用标识不同，因此可以避免用户在不同线上应用中的数据被汇聚、分析和追踪，从而保护个人身份信息和隐私信息。

④ eID数字身份的授权访问。与传统身份证件不同，eID可用于客户的线上、线下安全客户身份识别，同时每次客户身份调用都需要客户授权，并且每次授权只能调用一次，有效防范客户身份信息的非授权访问。

4. 兼顾了资金安全与客户便捷

平台采用了多种客户身份读取技术，实现多种安全强度下的客户身份识别能力。

（1）eID电子证照技术

直接读取移动设备智能安全芯片中的eID信息，并与公安部公民网络身份识别系统对接，结合活体检测、人像比对完成身份信息核验。在不需要出示身份证件的前提下，完成身份信息的读取和验证，既保证了客户身份信息的真实性、合法性、一致性，又提高了操作的便捷程度。

（2）身份证云解码技术

客户使用具有NFC功能的Android手机识读二代身份证信息，通过与公民网络身份识别系统对接实现身份证件云解码，结合活体检测、人像比对完成身份信息核验。使用NFC识读二代身份证并在公安部云端进行解码和验证这种验证方式，从原理上讲与客户在柜面读取身份证件的安全强度相同，保证了业务办理过程中客户身份的真实性、合法性、准确性。

（3）OCR识别技术

严格执行监管政策要求，通过客户身份证件核查、活体检测、两次人像比对（联网核查+上传身份证件照片）、身份证件信息校验、网络身份验证业务大数据风险监控，实现对证件的真伪判别。系统提供人工/自动审核模式，有效阻断集中、批量开立Ⅱ、Ⅲ类账户的异常情形。

可 推 广 性

科蓝软件CSIIVP平台专注于eID数字身份体系与金融互联网业务结合，依托eID公民网络身份体系的安全优势和eID签发、认证能力，建设高可信的客户网络身份验证环境，针对金融行业互联网展业过程中身份识别、客户隐私保护、身份资料保存等环节中的难点，为金融行业客户提供更安全、高效、权威的公民网络身份服务，给金融企业带来以下变化。

- 高安全，"真人实证，人证合一"。
- 高体验，"30秒完成身份验证"。
- 多渠道，"线上、线下一体化"。
- 全平台，"支持手机App、智能POS、小程序"。
- 客群优，"高净值客户最优服务方案"。

目前，科蓝软件在公安部第三研究所的技术指导下，遵循人民银行、银保监会等监管机构颁布的相关政策法规。2020年5月，eID人证合一网络身份验证平台产品入选工信部企业数字化赋能产品首期推荐目录，并已经在中国银联总公司、南京银行、长沙银行、西安银行、晋商银行、泸州银行、东莞农商行、张家港农商行等多家机构相继部署了该系统。

案例30　智慧农业"猪宝宝贷"

四川享宇金信金融科技有限公司

案例背景

在未来的发展中，要让农业成为有奔头的产业、让农民成为有吸引力的职业、让农村成为安居乐业的美丽家园。未来十年，中国农业的趋势表现为专业化、产业化、区域化、品牌化。

农业是一个大产业链，品类众多，享宇公司团队的切入标准就是"接地气"、可实施，为此选择了面比较全的生猪养殖。

当前，我国生猪产业当前正处于转型期。2002年到2016年，我国生猪养殖户逐步向规模养殖户转化，发展比较好的生猪养殖企业开始横向整合、猪场收购合并、扩产，中小养殖户加速退出，规模养殖企业大幅扩张。截止到2016年，年出栏头数超过500头的规模养殖比率约为40%，规模养殖户约4000万户，且规模养殖户数量相对稳定。全年生猪的出栏总数约为6.8亿头，总产值超过1.3万亿元/年。其中，规模养殖出栏为2.72亿头，一只肉猪净利润约为500元，规模养殖户的年总利润为1360亿元。

为此，享宇金融科技公司于2019年2月提出了以"猪宝宝贷"为核心的智慧农业产业金融解决方案。

案　例　概　述

享宇金融科技公司是为农商银行提供风控能力的金融科技公司，在5G智慧农业概念提出后，便一直思考"如果跟产业级的数据打通，在风控能力提升、流程提效的基础上，能否从产品层面进行创新"。基于此，享宇团队提出了"猪宝宝贷"产品，它是以生物资产确权为前提逻辑的纯信用化产品，是按照生猪头数进行放款的全信用贷款标的物的产品，不用现场申请，可以完成实时猪场数据核验等，在智能化识别猪的重量之后自动授信。

"猪宝宝贷"是团队原创设计的智慧农业金融产品，该产品针对养殖场建设在本辖区内经营生猪养殖的持有相关证书的规模化养殖户或企业，依据其预期出栏收益及养殖经营状况，为其提供用于猪场建设或生猪养殖相关资金需求的授信贷款产品。

该公司以CEO为主，以研发部、产品部、风控部、IT部、金融产品部等部门的核心骨干为主要成员，组建了一支40余人的项目团队，其中又以产品研发和风控管理为核心力量，全力推进项目从方案构想到产品研发再到方案落地等工作。

解　决　难　点

我国生猪产业前景巨大，但生猪产业养殖企业的融资问题非常突出。生猪养殖中、小型企业数量庞大，约占到整个生猪养殖的90%，养殖规模小，集约化程度不高，抵质押物有限，且价值权利认定困难，授信金额小，授信成本高，还款方式不合理，政策性生猪保险覆盖面过低，生猪行业缺乏可信赖的数据、缺少有经验的人才、缺乏可落地的技术、缺少可持续的资金，亟待从可信赖的数据源、养殖经验精准复制、数据模型指导生产、标准化的金融产品这四大方面解决问题。

为有效助推生猪产业持续性、规模化发展，解决养殖场主长期以来的融资困扰，将农业产业金融和生猪前端供应链融合到农村金融中，享宇金融科技整合各方资源，与中国移动合作开发了智慧农业产业金融解决方案，以生猪养殖产业作为样板，开发"猪宝宝贷"产品，通过金融服务场景应用、智慧农业云平台搭建等手段降低金融机构授信风险、推动养殖企业规模化发展。

　　智慧农业"猪宝宝贷"依托5G实现7×24小时生猪信息监控，贷前、贷中、贷后整个作业链条全流程监管，打破信用额度的问题，以本辖区建场养殖的养殖户或企业的预期出栏生猪收益及经营状况作为客户履约能力和还款意愿的参照标准。一般的信用贷款针对"三农"只有5万元额度。在这一模式下，一头猪500元（无外力干扰情形下），一万头就可以500万信用贷款，将大大提升农村金融机构的信贷资产能力。

创 新 亮 点

　　本案例链接猪养殖上下游关联产业、通信产业，尤其是5G物联网、持牌金融机构、金融服务场景应用商等，打造猪宝宝贷产业生态圈，将产业链上下游、产业关联方全部都加进来，形成网络化效应，让每一个加入进来的关联方受益，推动产业联动发展（见图1）。

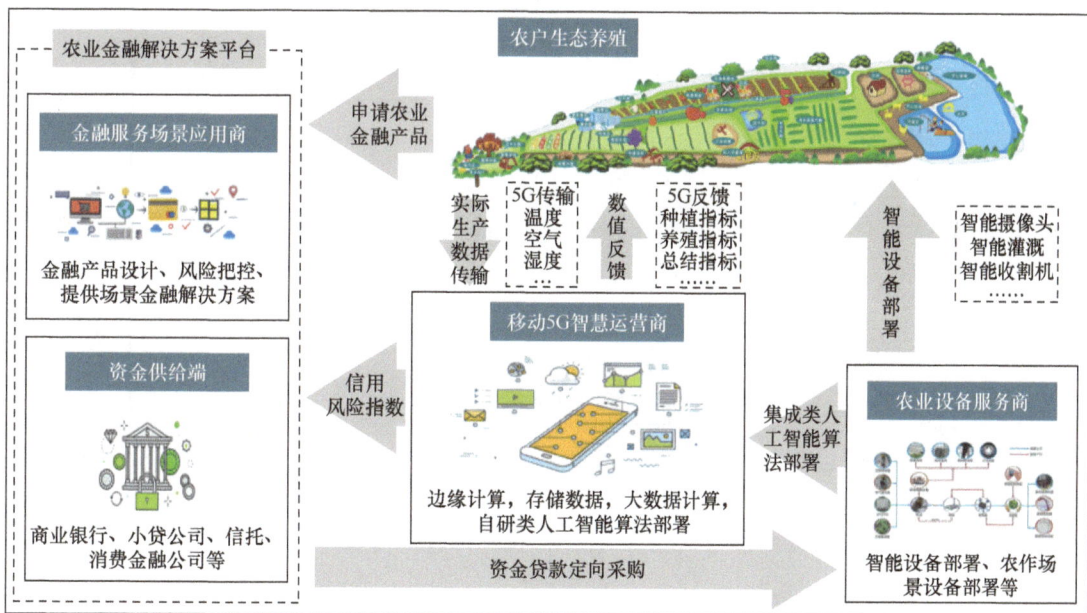

图1

　　智慧农业"猪宝宝贷"以产业金融新思维、基于业务层面的经营协同、基于公司层面的金融协同、基于平台层面的生态协同，依托5G技术，能够同时为客户（猪养殖户、养殖企业）和金融机构赋能。

对于养殖户（企业），享宇金融科技整合了来自于国内前沿AIoT农业设备服务商和移动运营商，拥有可操作性的数据云方案和智慧养殖方案。

对于金融机构，借助运营商的5G+AIoT物联网实现授信全流程的标准化、简约化及风险的前置暴露和实时预警，依托享宇金融科技自主研发的生猪养殖标准化的信贷产品和智慧信贷工具，可实现贷前调查、贷中审查、贷后管理的信贷流程一体化解决方案，保证放款实效和贷款质量（见图2）。

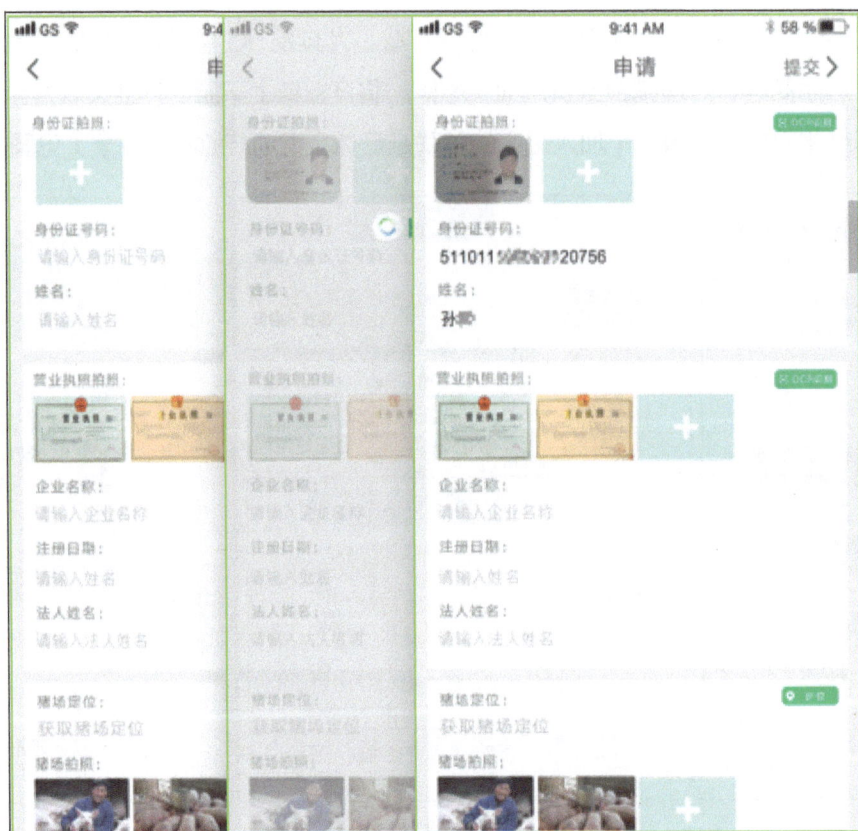

图2

享宇金融科技的智慧农业生猪养殖解决方案，对于智慧农业生猪养殖，包括个体管理、猪群管理、猪场管理等，实现了依托于 5G 技术下的资产确权与动态监督。

智慧农业中的生猪养殖的个体管理，依托可信赖数据源实现个体确权，如编号、品种、日龄、温度、设备、重量、运动量等指标，通过自动建立生猪档案、猪只物理位置跟踪实现智能管理。

智慧农业中的生猪养殖的猪群管理（见图 3），一方面重点关注猪群位置、猪只信息、异常通报，依托实时追踪生猪个体，盘点猪场数量，确保生物资产；实时关注生猪的体型，预测生长趋势，降低养殖场的饲料成本；实时关注生猪的健康状况问题，提前预防疫病，降低养殖场的动物保健成本。

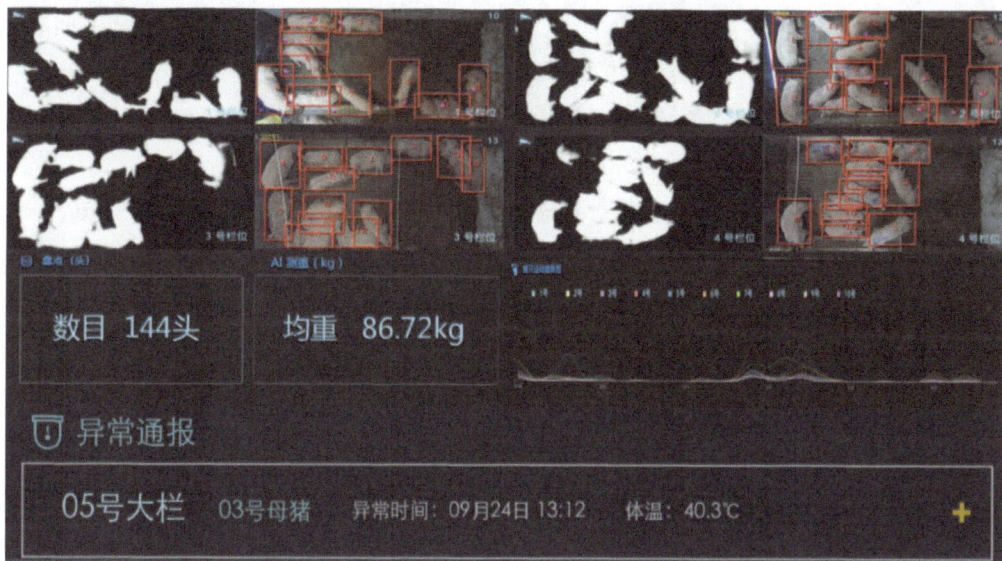

图 3

智慧农业中的生猪养殖的猪群管理，一方面依托硬件进行专业化物联网设备的部署；一方面通过依托 5G 基础设备技术（见图 4）进行存量监控、流量监控、低量预警、调节适合生猪生长的温湿度环境等手段，实现猪群室温（湿度、氨气、微生物）、料塔、日龄分布等猪群管理工作。

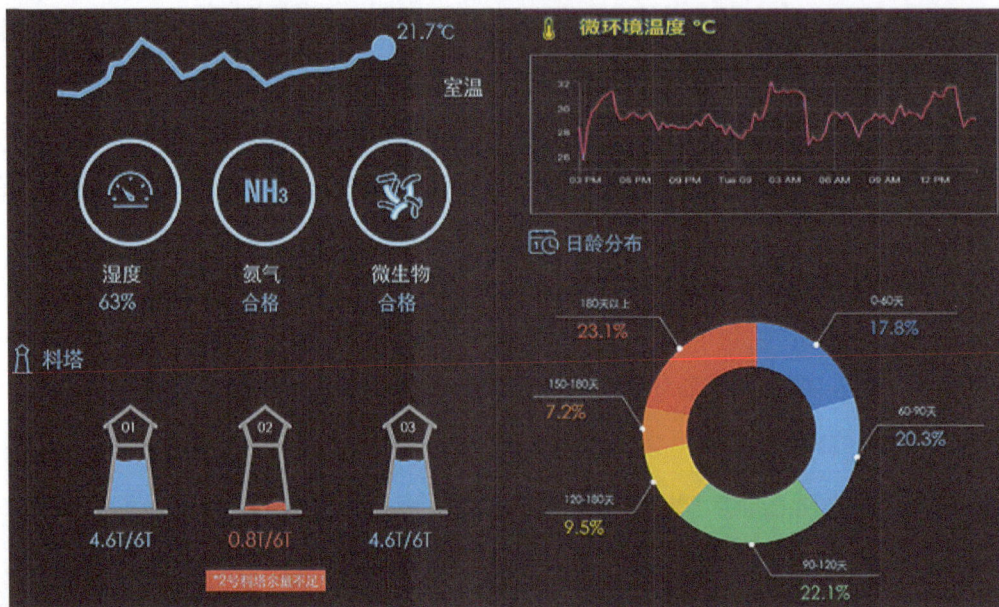

图4

不仅如此，智慧农业"猪宝宝贷"基于5G技术，还将重塑农业产业链各环节。

① 通过搭载5G技术的互联网云服务、农业大数据切入猪养殖产业，提高农业生产技术，解决农业规模化难的问题。

② 基于5G的农业大数据应用切入农资市场，将从农资生产、流通、营销、服务等方面改变农业生产中的农资供应关系。

③ 借助5G智慧农业体系，建立起以农业龙头企业为核心的农业互联网金融平台，为全产业上下游提供金融的投融资、网上支付等服务。

在用户调研过程中，平台接入的和信用分体系是移动打造的综合信誉体系评分模型（见图5），采用多个相关数据源，通过大数据和机器学习技术，对用户信息进行深度挖掘、分析构建用户信誉体系。

享宇与中国移动5G成都产业研究院合作签约打造农业大数据平台项目。基于智慧农业大数据应用平台架构（见图6），可以完整地将猪宝宝贷业务进行技术落地实施，让智慧农业在此架构上平稳运行，让智慧农业更好地服务整个行业人群。在架构中，我们更多的引入

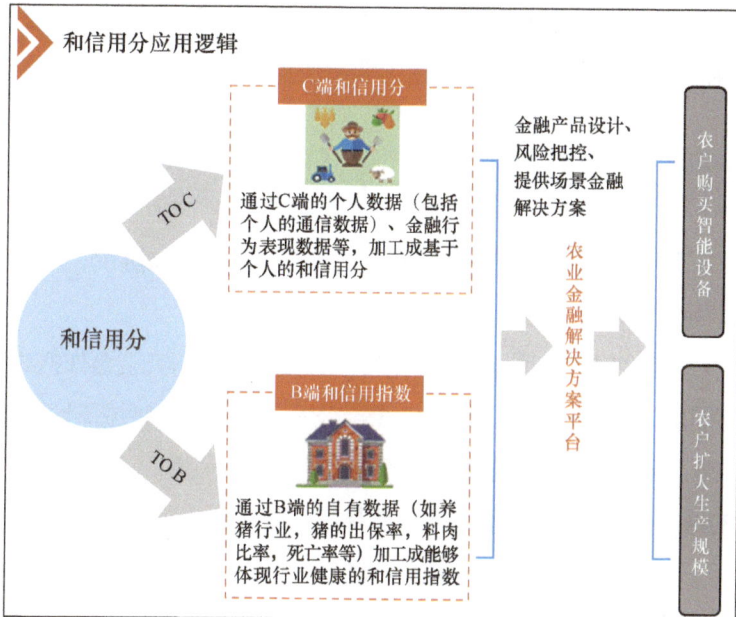

图5

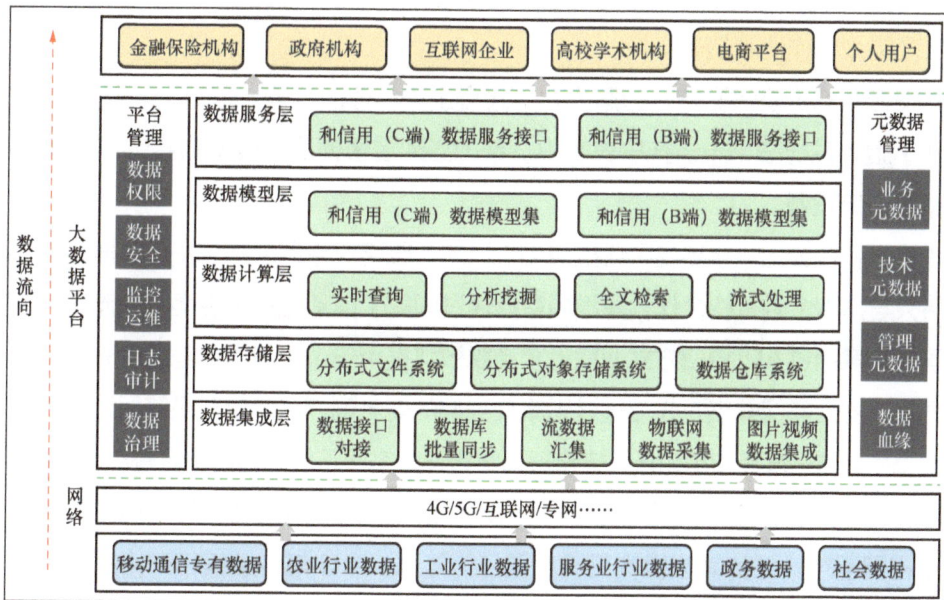

图6

外部多元化数据，为了保证信息安全进行专网专线的部署，所有数据的运算经过模型的跑批形成一个安全可用的结果输出，为个人及企事业单位提供决策参考。

应 用 落 地

2019年5月，享宇金融科技团队与江西一家银行签订合作协议，以猪宝宝贷为样板，推进落地智慧产业金融解决方案。

2019年8月，享宇金融科技团队与中国移动5G成都产业研究院合作签约打造农业大数据平台项目。这是中国移动5G成都产业研究院牵手公司团队在农业领域落地的第一个金融业务，是5G在国内首次牵手农业，迈出智能农业的第一步，也是公司团队布局农业产业金融在5G垂直领域落地应用的第一站，以大数据驱动农业实体产业向智慧化升级，助力智慧农业高速发展。

2019年11月，享宇金融科技走进中国养猪百强县秦皇岛市抚宁，与秦皇岛抚宁家银村镇银行签约合作，共同落地5G猪宝宝贷产品。2019年12月和2020年1月，享宇团队与银行团队深入抚宁区县，走访调研当地养猪场，找到30余家意向合作养猪户；与智能化养猪设备供应商完成合作协议签署。

受新型冠状病毒疫情影响，智慧农业"猪宝宝贷"暂时搁置。2020年3月24日，享宇三人工作小组入驻抚宁，走访抚宁养殖户。考虑当地疫情情况，设备商会选择合适时间走进合作养猪场安装设备。

作为金融科技公司，享宇金融科技自创立以来，坚持只与运营商等正规数据源合规合法合作，坚持只与持牌金融机构合作，是国内首批通过国家工信部金融风控类数据流通标准符合性测试、国内首家通过API接口方式调取运营商脱敏数据用于个人信贷业务授信分析支撑的金融科技公司。其安全等保体系，先后通过国家公安部的安全测评，获得三级等保认证。所有的服务器均部署在合作运营商和华为云，安全部署等级与各家银行服务器的安全等级属于同一级别。

在本方案中，智慧农业"猪宝宝贷"采用多租户服务使用方式，每家银行的管理账户全部掌握在自己手中，任何其他机构无权获取任何信息。享宇与各家银行严格签订信息安全保密协议，以保障银行的数据信息安全，杜绝二次流通和数据滥用。

第4章 金融业务应用系统

案例31 微众银行——分布式架构银行核心业务系统

深圳市长亮科技股份有限公司

案例背景

自2013年起互联网金融蓬勃发展，而互联网金融的营销及大数据时代下海量交易、海量数据等业务模式带来的高并发交易负载以及创新产品日新月异等，对互联网金融服务的支撑体系持续带来巨大冲击，促使银行不断优化IT架构。2014年前海微众银行（以下简称微众银行）作为首家互联网银行，开启一个全新、纯粹的网络银行，对银行IT架构提出了更新、更高的要求，同时明确要求在账户处理能力方面，核心系统必须支持亿级以上的账户规模和亿级以上的日交易量，并且还要满足国家"去IOE"、低成本、高效率等优点，这就促使IT架构转型成为必然。

案例概述

2015年3月，国内首家采用分布式架构核心业务系统的互联网银行——微众银行成功上线，顺利实现了预期目标：基于统一开发平台，采用先进的分布式技术架构，具备灵活的动态弹性扩展能力,支持核心系统亿级(包括亿级账户数量、亿级日交易量)处理能力,满足微众银行对海量数据的处理需求。采用这种架构的核心系统将具有优秀的系统扩容能力、良好的容错能力以及高稳定性和高可用性。同时,该系统能够满足不同类型银行业务对数据安全和处理效能的要求,并且能够有效应对未来业务发展所带来的对系统处理能力不断提升的要求和稳定性要求。此案例对分布式架构在银行核心业务系统领域的推广与发展树立了良好的示范效应,是我们在金融IT领域创新发展的一次成功实践。

解 决 难 点

传统核心系统采用单体架构处理业务,整个系统处理和运行作为一个统一的整体完成相关业务的处理。此类技术架构的设计使各个子系统间耦合性强,系统处理的性能和稳定性完全依赖底层的硬件平台,无法满足未来银行高效快速响应业务发展的要求。随着互联网新兴技术推动金融业的快速发展,以及整个市场和客户针对银行服务不断提升的要求,银行核心业务系统无论从功能方面还是技术方面都有了更高的要求。面对不断发展业务的要求以及未来业务发展的不确定性和敏捷性,传统银行的IT架构将无法支撑银行业务的有效开展。尤其是微服务、分布式架构及大数据技术的兴起,银行业务得到了日新月异的飞速发展,银行普遍遇到海量交易和海量数据的业务场景性能瓶颈问题,集中式架构已经无法满足市场的诉求,IT架构转型已是大势所趋。

长亮科技分布式核心产品是基于微服务设计理念,采用高可用高性能的完全自主可控的SunTSP企业级分布式技术平台,能够有效保障分布式系统下微服务调度的安全可靠,能够彻底解决分布式金融场景下的种种技术难题,能够方便快捷地完成与国内数据库的兼容适配性对接,为客户提供全方位分布式金融服务解决方案,同时符合监管对银行系统高可用、高可靠、高性能及高安全性的要求。

创 新 亮 点

在此案例的分布式技术架构下的银行核心系统是国内首家采用分布式技术架构的银行核

心系统，具有良好的扩展性和稳定性，系统采用一体化的业务架构设计，不仅支持新兴的互联网线上银行业务，还能够很好地支持传统的银行业务。该架构系统地学习和借鉴了大量的互联网技术架构和经验，并结合长亮公司多年的技术积累和行业经验，使系统能够高效满足针对互联网客户业务的高并发性和大数据处理的要求，并且基于业内领先的业务处理模型，能够通过灵活的参数调整快速响应未来新业务和新需求处理的要求。

该系统是由长亮科技完全自主研发的新一代分布式技术平台，结合腾讯广大的客户基础、充沛的互联网产品数据以及便利的网络优势，为消费者提供低成本、高便利性、普及性的金融产品，建设开放式平台，构建金融生态系统。

该系统采用"化整为零"的设计理念使各个业务应用和数据存储可以实现集群化的多机部署和统一高效应用，使系统做到"高内聚、低耦合"，实现良好和灵活的扩展性。业务应用和数据库节点都可以根据业务发展的需要灵活增加应用服务和数据库节点，以到达良好的处理效率，有效避免了单一节点故障带来的系统崩溃的风险。

该系统完全基于Java语言开发，所有业务逻辑都是通过Java实现，没有存储过程，能够跨硬件平台、跨操作系统、跨数据库部署，并通过多年的行业经验积累充分挖掘Java性能，通过优化内存回收策略、缓存机制、异步机制等设计，实现联机和批量的高性能、高可靠性和高扩展性，并以良好的开放性来支撑异构系统的对接。系统中间件产品基于成熟的开源产品进行二次开发，性能和稳定性有保障，无捆绑机制，可以轻松采用开源软件、第三方软件进行替换。

系统由五大平台组成（包括应用集成开发平台、应用运行平台、分布式运行平台、应用监控治理平台和应用持续交付平台），为用户提供以应用为中心的全生命周期开发、运行和管理的组件，具体说明如下。

1. 应用集成开发平台

应用集成开发平台由长亮科技自主研发的集成开发工具提供，该工具基于 Eclipse RPC 插件扩展，集成 Git、SVN 和自研插件，为用户提供一体化的应用开发环境，能够为开发者提供便捷的应用集成开发环境，包括可视化开发、调试、测试、文档生成能力。通过可视化的开发平台能够完成包括数据类型、数据字典、错误码、表结构、SQL、索引、服务、流程编排、批量交易、仿真工具、错误视图等开发与调试工作。

2. 应用运行平台

应用运行平台能够为用户提供便捷的联机交易框架和批量运行框架，为用户提供高效稳定的分布式运行和微服务管理的全套环境。该平台集成了数据访问框架（DAO）、分布式事务框架（TXC）、分布式缓存框架、分布式服务调用框架（RPC）、分布式路由框架（DRS）等组件。

应用运行平台具备的特色设计如下所示。

① 读写分离设计：通过有效的服务识别和分类，进行查询交易与处理交易的分流，能够有效提升系统处理的稳定性和健壮性。通过读写分离设计将部分查询交易分流到查询库，从而降低主库的I/O压力，该设计可以减轻业务主库的I/O压力，从而整体上提升系统的吞吐量。

② 缓存设计：高效准确地对交易数据进行缓存，极大地提升系统处理的性能；针对交易类应用，其对性能要求非常高，平台提供"SQL交易级缓存""参数全局缓存""热点数据缓存"等缓存技术（见表1），可以极大地降低服务请求的响应时间。

表1

缓存类型	功能描述
SQL交易级缓存	用于在一个请求中以相同的查询key调用同一个SQL的场景下，在第一次查询时将结果数据缓存在内存中，后续查询直接从内存返回
参数全局缓存	在平台启动时将系统参数、业务参数等不常变化的参数预加载到内存中，后续当每个请求访问此类参数时直接从内存返回
热点数据缓存	主要用于秒杀购物、限时抢购等场景时，利用Redis实现库存剩余数量的控制，可以非常有效地减少前端大量无效的查询流量（无效的定义是指库存剩余量已经为0仍旧还在访问的流量）

③ 接入与接出设计：按照协议的维度包装一个带有生命周期的服务器与客户端，并将其handler适配到其中，进行数据的统一逻辑处理，支持多协议接入/接出，如HTTP、TCP、EDSP等协议，能够快速无缝对接到整个银行的IT架构体系中。

④ 联机管控端设计：管控端按照用户所关注的四大维度（产品、实例、交易、DAO）分别展示监控信息（见表2）。

表 2

纬度类型	监控描述
产品维度	完成针对产品群蓝图及关键汇总数据、应用蓝图及关键汇总数据监控
实例维度	完成进程资源监控（CPU、IO、内存、热点进程、线程、线程池队列）
交易维度	完成交易相关监控（热点交易、交易耗时，子系统成功与失败交易数、实例交易TPS、实例交易超时笔数）
DAO维度	完成数据库相关资源监控（实例热点SQL、实例数据库连接、实例数据库连接数、实例慢SQL数）

⑤ 批量调度设计：通用的批量调度平台，通过该平台可以轻易构建出高内聚、低耦合的批处理应用，实现处理的高效性、完整性以及正确性。该平台支持灵活的数据拆分模式（按key拆分、hash求模、按数据节点拆分等）；支持资源隔离，避免批量相互影响；支持并行处理；支持批量中断、恢复、二次执行、跳过等丰富的特性。

3. 分布式运行平台

分布式运行平台基于业内主流的技术架构重构实现，为应用提供分布式支持所需的组件，通过 RPC（服务调用框架）、API Gateway、DRS（分布式路由服务）、TXC（分布式事务服务）为应用提供分布式运行环境。

① API 网关设计：应用通过API Gateway 实现 API 对外发布，它提供授权、认证、限流、路由（负载均衡）的功能。

② 授权设计：服务网关支持简单的key授权、JWT（Json Web Token）授权，也可

对接Oauth2实现授权。

③ 安全设计：服务网关支持IP黑白名单安全控制，可以通过CIDR表示法进行配置（如10.10.10.0/24），支持单IP、多IP、IP段配置黑名单、白名单。

④ 限流设计：支持按IP限流、按消费者限流，限流单位支持秒、分钟、小时、天、月、年。限流的策略支持单实例限流（本地限流，如每个gateway实例独自计数）、Redis计数实现集群限流（通过Redis实现计数，所有gateway实例共享更新计数值）。

⑤ 路由设计：可以通过Service Registry动态发现服务实例，实现动态路由和负载均衡分发处理。Backend服务实例动态增加、动态减少（正常停机或异常宕机）时，Gateway都可以自动感知，无须刷新配置（如nginx reload upstream配置），可极大地简化Gateway的配置。

⑥ 服务调用设计：集成高性能RPC、容错、熔断等机制，避免服务故障引起雪崩，同时还集成服务治理接口、链路追踪接口。

4. 应用监控治理平台

应用监控治理平台为应用提供可视化、可管理所需的组件，通过监控告警平台、日志分析平台、服务治理助手提供应用监控治理环境。

① 监控告警设计：实现指标数据收集、集中存储、展现、告警。通过在每个被监控服务器上安装agent实现指标数据，包括OS指标（CPU、内存、磁盘、网络）、JVM指标、应用指标等。告警过滤、静默、分组、路由机制都由Alertmanager机制实现，Alertmanager支持丰富的Notification机制，包括邮件、slack、hipchat、webhook、企业微信、短信平台等。

② 日志分析设计：实现日志收集、集中存储、索引、展现，提供可视化运营监控的能力，在每个服务实例机器上部署agent（如filebeat）实现日志收集，通过Kafka缓冲，日志事件通过Logstash消费后存入ElasticSearch集群，最后通过Kibana展现。

③ 服务治理设计：提供服务体系下的服务治理能力。

■ 线下治理：上线审批、下线审批、下线通知、服务在线升级等，规范服务的上下线。

■ 线上治理：限流降级、服务迁入/迁出、服务超时控制、智能路由、统一配置、优先级调度、流量控制和流量迁移等。

5. 应用持续交付平台

基于开源工具和部分自主研发组件搭建起持续交付流水线，有效提升应用交付效率。持续交付流水线的作用是规范CI（持续集成）、CD（持续部署）流程，自动化构建、发布、回退、日常运维等操作（包括应用的构建、测试回归，版本的发布、回退，日常启动、停止等操作）。

应用持续交付平台还提供作业中心、CMDB中心和应用交付三大核心功能，可以高效地提高交付效率。

① 作业中心：该中心主要包含操作的管理和编排作业，主要用于处理临时或者比较复杂的作业的编排管理。

② CMDB 中心：该中心主要包含业务层次结构以及动态模型，为上层应用持续交付提供各种运维场景的配置数据服务，并保证配置数据的唯一性、准确性。

③ 应用交付：应用交付定位于解决应用在部署、发布过程中的难题。结合CMDB中心提供的配置数据，通过定制不同应用的交付场景，实现应用的全生命周期管理。

该系统采用华为X86服务器、腾讯TLinux操作系统、腾讯TDSQL数据库，完全满足国家对去IOE的要求，同时通过对应用和数据节点的动态横向扩容具备处理亿级账户量和交易量的能力，能够显著提升核心系统的整体处理性能，对分布式架构在银行核心业务系统领域的推广有很大的借鉴意义。

应 用 落 地

该案例是集存款、贷款、银行卡、结算、客户等基础服务为一体的互联网银行核心业务系统交易平台，各微服务能力中心完全松耦合设计可以通过分布式单元架构横向动态扩容能力，有效支持海量数据及海量交易处理，灵活应对未来业务的高速发展需求，同时具备向开放平台提供标准对外 API 服务能力，为银行数字化转型提供有力支撑，具有良好的技术实用性。系统采用分布式的技术架构，采用"化整为零"的设计理念，能够支持多个数据中心灵活部署和线性扩展，项目上线后完全符合预期，支持5亿账户（设计账户容量5亿，实际在线1亿以上）、支持高并发海量数据处理。

　　系统应用架构示意图如图1所示，其中 IDC 表示信息数据中心（跨地域机房）；ADM 表示管理节点（公共节点）；DCN 表示数据中心节点（分布式节点）；CS 表示通用服务；应用域是一个跨 DCN 的业务逻辑系统，采用相同的分布式布局（客户维度），一个应用域提供一致的服务，有相同的系统及版本和参数版本，对于一个应用域，ADM 和 DCN 上的服务有所不同；CS（通用服务）不属于任何 DCN、应用域，采用独立的分布式布局（非客户维度）；CS 根据性能要求采用独立的扩展模式。

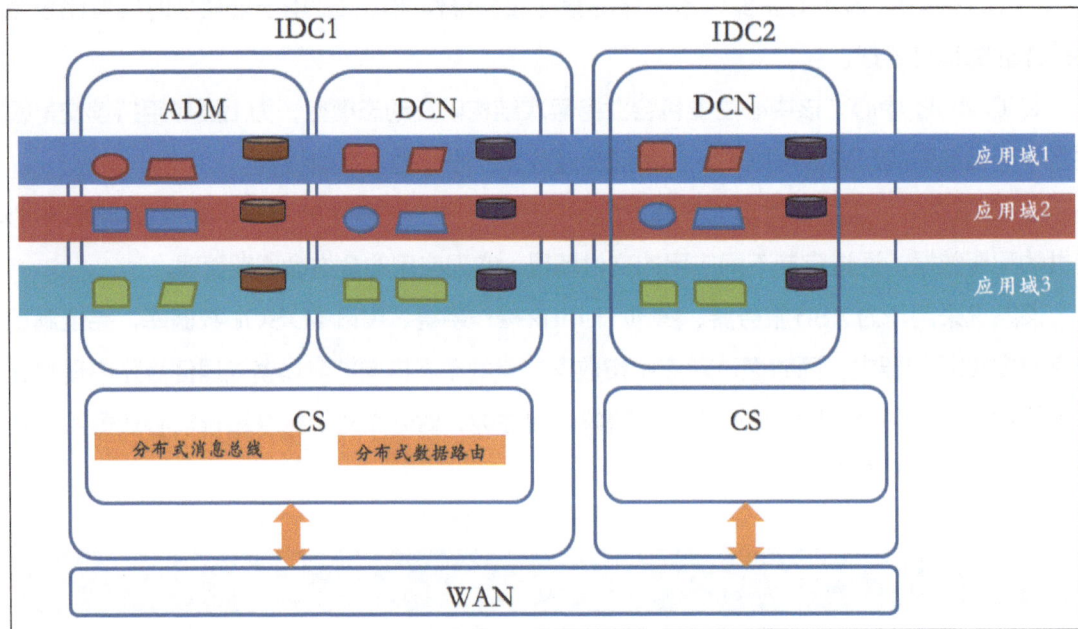

图1

　　该系统完全符合人民银行、银监会、银联等监管部门等各项监管要求，满足客户对系统运行安全、数据安全的需求。数据信息在发送、使用、存储过程中通过技术手段、管理制度保障数据的隐私性和安全性。通过严格的产品运行规范和完善的异常处理机制，保障产品运行的安全稳定。

案例32 托管业务SWIFT报文传输系统在银行业的应用

华炫鼎盛（北京）科技有限公司

案例背景

近年来，我国资产托管市场持续保持快速增长，托管机制日益渗透到资产管理的多个领域，托管业务不断向纵深推进。随着我国资本市场的开放，QFII/QDII业务逐渐成为重要的跨境中间业务，成为银行业务新的增长点。托管业务SWIFT报文传输系统是银行与境外托管行、境外投资管理人之间进行信息交互的重要通道，负责对QFII及QDII托管业务报文和信息的接收、转换、处理和发送。实现托管业务最大限度标准化、自动化、智能化，通过集中管理的手段，降低资金营运的成本。通过系统的手段，支撑业务拓展的需要，加快构造新托管业务系统的步伐，发挥一体化经营的优势，为客户提供专业化的托管系统服务，是当前市场大环境的客观要求。

从银行的国际化角度，不论是金融产品的发展速度、互联网金融的冲击程度，还是大数据的推动进程，银行布署的运行平台均受限于种种瓶颈与因素，目前已面临前所未有的挑战：以客户为核心的数据结构来满足营销需求；迈入客户导向的产品服务模式，支持所有渠道和客户间的互动，让所有的接触都被妥善记录和保存；国际化以后，建立行内全球金融网，不再是单一分行，而是已具备海外据点。

系统开发采用最新的技术，剥离技术层与业务应用层，打造一套全参数化与模块化的金融产品运行平台，保证产品的灵活性与运行的效能与稳定；以客户为核心的数据模型，迅速提供营销数据；提供跨时区机制，为全球布局做好准备。

案 例 概 述

托管业务SWIFT报文传输平台是一个覆盖SWIFT所有报文类型、集本外币于一体的证券交易与风险管理系统，能够提供充分整合的交易、风险、分析、监控和管理功能，还能为交易的金融工具提供多种计算模型。其建设目标是建立一个具备业界先进水平、贯穿托管前中后台的交易管理与风险管理系统，与公司事件数据源实现无缝的直通式交易；并在充分结合银行经营环境和经营特点的基础上，通过系统实施完善管理制度，改进工作流程，提高银行的风险管理水平，做到事前控制、事中监督、事后稽核。

华炫鼎盛秉持着踏实作风与实事求是、精益求精、追求卓越的企业精神，在业界累积了三十多年的金融成功经验、创立了优秀的口碑，打造了银行托管自有软件品牌——托管业务SWIFT报文传输系统。该系统在最新的系统架构上对原有系统进行重新分析整理，对系统进行了重构开发。升级后的新系统可以大大提高处理能力，并对大批量托管报文实现了自动化处理，为用户解决了托管业务相关的SWIFT报文处理功能，并已经于2017年在中国农业银行上线运行，业务量也在逐年上升。

解 决 难 点

托管业务SWIFT报文传输系统支持SWIFT报文格式的全参数化维护，在对SWIFT新规格格式的升级上可以最早进行支持，保持行业领先的最新格式支持。对报文的转换和数据加工上可以做到实时处理，全流程为系统自动化加工。

系统完全由公司根据多年在这个领域的经验自主开发完成，公司自主研发过大型银行的核心系统，对银行业务有深入的理解。连续多年安排人员参与SWIFT报文规范讨论大会，在这方面一直走在行业的前面。

托管业务SWIFT报文传输系统在落地实施后具备以下优势。

■ **资产类型通用性：**支持任何金融资产交易类型（包含复杂结构性衍品）。

■ **模板通用性：**支持所有资产类型、交易类型、报文规则、事件规则，对于新增或修改，只需进行模版配置，无须修改核心代码。

■ **交易币种通用性：**支持人民币、美元、欧元、日元、港元等多币种。

■ **成熟的金融平台：**在大型商业银行、股份制商业银行、政策性银行、农商行等金融机构服务了三十多年。

■ **业务参数化：**系统功能实现参数化配置，可以在业务需求发生变化后降低系统的变更。

创 新 亮 点

本系统为首批配合银行实施的托管业务系统，经过多次升级，目前支持的SWIFT报文格式覆盖了所有的托管相关业务，包含MT7XX、MT2XX、MT3XX、MT9XX等报文格式的处理，并可以自动化与银行财会系统、核心系统进行自动化对接，在数据处理上大量使用集群批次，处理性能高，安全性好。在高峰时段也可以支持每秒上千份报文的处理。业务上支持任务监控，可以及时提醒用户所有待关注的事项，为提高业务处理效率提供了很大的帮助。报文编辑上创新性地提供了插件化可灵活配置的控件，可以可视化地为交易人员展示报文内容，并进行修改保存操作。

1. 系统自动化处理程度高

系统对接多个银行子系统，每天需要处理不同系统发过来的大量数据文件，数据文件格式都不相同。系统可以支持多个文件格式的解读，将相应的要素进行存储后转换为SWIFT报文与境外托管方进行沟通。处理过程基本不需要用户干预，用户主要负责的是最终报文的审核操作。系统还会自主监控与预警，通告用户每天的系统自动处理状态，让用户可以实时掌握系统的运行状况。

2. 系统处理并发量大

由于银行的托管业务正在蓬勃发展，每天需要处理的文件量也越来越多，因此系统需要支持多节点同时并发处理外部文件，要求多节点处理时可以保证数据不会重复也不会遗漏处理，而且可以支持节点的扩充，在运算能力不足时可以增加节点进行处理。我们将系统的批处理进行了比较细的拆解，保证了每个细微环节都可以进行扩充，以保证系统整体没有出现瓶颈。

3. 零编程的全格式SWIFT报文处理

SWIFT报文的格式分十个大类、几百个子类，不同类型的报文格式以及校验规则不尽相同，而且每年都会对格式进行较多的更新，如果每一种格式都需要编程来实现，那么系统的运维开发工作量将十分巨大。

考虑到这一点，在系统设计之初将SWIFT报文的所有格式以及校验规则进行分析，最终形成了一整套完整的报文规则库。所谓的零编程，指的就是系统在进行报文的拆解、编辑、检核、组合等过程中完全依照于配置的报文规则库进行。在增加或修改SWIFT报文格式的同时，系统可以做到不用新增代码即可支持，所有的维护都基于对规则库的维护进行。这一点的实现是系统最困难的地方，但是在完成了这一规则引擎后，后续的维护量就变得无比简单了。

4. 拥有灵活易用的报文编辑模组

系统提供的SWIFT报文编辑模组可以支持用户直观地对SWIFT报文进行展示与编辑。用户可以在界面上很友好地进行SWIFT各个域以及子域的操作，在域上还可以根据需要进行选择，选择不同的都会立刻对域的格式进行改变，大大地方便了用户的操作。在每个域下面都会对子域进行划分，用户对子域的编辑可以根据子域的格式展现不同的输入组件。例如，针对金额提供专门的金额组件，针对公告日有专门的多格式日期组件。以上所有的组件都基于报文规则库，会根据不同的报文类型进行配置，灵活地展示数据。

SWIFT的报文格式是支持单个域或者域块的循环，在系统设计时也考虑到了这一点。整个SWIFT报文对象以树状的方式进行展示，可以支持折叠与展开，在对域进行循环编辑时，可以提供加减按钮以方便实时地对树进行操作，动态增加与减少循环。针对每个域块会自动添加相应的域块起始与结束标记。用户可以看见每个域的用法说明以及格式说明，不必在意具体技术上的格式细节，只需从业务上来考虑信息的输入，大大地降低了用户的学习成本。

应 用 落 地

面对金融产品国际化、智能化的改革方向，托管银行需要的不仅仅是业务和系统上的跟进，而是需要在改革中寻求新的发展模式和建立全新的业务基点。

此次的托管业务SWIFT报文传输系统采用了最新的技术对技术层和业务应用层进行剥离，打造出一套全参数化与模块化的金融产品运行平台，在保证产品的灵活性与运行的效能和稳定性的同时，以客户为核心的数据模型能够迅速提供营销数据；并且提供跨时区机制，以适应国际化金融步伐。从各个角度出发，为银行在即将到来的大数据时代，为应对新一轮的金融改革冲击做好最完备的保护，并携手扶持银行在新的金融体系下取得更大的成就。

2017年托管业务SWIFT报文传输系统在农业银行落地实施后，得到客户的一致好评，在以下方面为用户带来了很大的效益。

① 随着我国资本市场的开放，QFII/QDII业务将成为重要的跨境中间业务，本系统为银行业务提供了新的增长点。

② 托管业务SWIFT报文传输系统成为银行跨境业务服务的支撑系统。

③ 支持多样业务内容的处理，提供给客户更全面的服务。

④ 实现资金划拨、吸收合并等报文自动处理。

⑤ 系统自动化处理程度高。

⑥ 零编程的全格式SWIFT报文处理。

案例33 新一代投资决策支持系统

博时基金管理有限公司

案 例 背 景

从数字化角度，我们可以把资产管理行业的发展划分为三个时代：第一个时代是作坊时代，特点是手工打造，主要业务是Alpha主动管理，对数字化要求不高；第二个时代是工业化时代，业务特点是标准化大规模生产，实现Alpha和Beta规模经营，这种模式的投资和风险管理更多的是依靠团队的力量，依靠内部的专业化分工与协作来做大规模，这就需要建立完善的投研数字化流水线；第三个时代是智能化时代，业务特点是个性化大规模生产，业务方向是Smart Beta、智能投顾，这种模式需要金融科技赋能。中国的资产管理行业正在跨越式迈向工业化时代和智能化时代，迫切需要提升投研的数字化和智能化水平。

在国内资产管理行业，普遍采用了不同来源的多套孤立信息系统支持投研业务，缺乏统一规划，存在比较多的问题：一是核心系统难支持个性化业务，业务承载能力受限；二是系统分散、烟囱式架构，跨机构系统间交互依赖手工；三是内外部数据不能实时有效打通，影响决策能力和风险管理能力。

在这些背景下，行业迫切需要建立新一代投研平台，通过金融科技赋能，提升投研能力，支持层出不穷的业务创新，支持资管开放环境下与全球大型资产管理公司同台竞争的能力。

案 例 概 述

投研能力是资产管理公司根本的竞争力，博时新一代投资决策支持系统是博时基金建立投研核心竞争力的战略性项目。系统对标国际先进平台和理念，建立全资产、全流程、全球化的一体化平台，系统化解决了资产管理机构投研线业务面临的痛点问题，全面支持博时基金业务和创新，包括博时基金的公募、专户、年金、社保等业务，也包括全资子公司博时资本的私募基金业务、博时国际的全球化业务。博时基金依托平台进行投研数字化转型，多维度、立体化打造投研业务的新一代方案：第一，在横向进行整合，把各部门的业务打通，形成全流程闭环；第二，在纵向进行管理提升，把手工操作转变成自动化、智能化操作，把投研人员从低价值、重复性的工作中解放出来，将更多的精力用于投资决策、处理风险、关注绩效；第三，在业务深度上，整合内外部大数据，采用人工智能技术，实现智能研究、智能风控、智能交易、智能量化投资。

在业务架构方面，平台全面支持产品管理、投资研究、投资管理、交易管理、运作管理、报表和数据服务、合规与风险管理等投资前、投资中、投资后业务。在应用架构方面，进行了解耦合设计，把整个系统拆分成投资管理、场外交易、合规风控、运营保障、实时估值、监控平台、MOM 服务、数据网关等八大子系统。在技术架构方面，为支持上千只组合的实时估值、实时风控、实时头寸计算，采用了高速消息总线、内存数据库、分布式设计、微服务等多种先进的技术，同时作为金融科技对投研业务赋能的重要载体，引进了机器学习、大数据等技术。

解 决 难 点

根据波士顿咨询公司2018年全球资产管理报告，资产管理业在数据来源、分析方法以及数字化本身等方面落后于其他大多数行业。其中的重要原因是投研业务的专业性、复杂性、个性化要求等因素，使得投研业务的数字化存在较多困难，实现资产管理投研业务全流程闭环、底层数据打通的一体化平台需要巨大的投入，因此在全球范围内大多数资产管理机构中，投研的很多业务环节仍需要线下、手工操作，在数字化方面的落后成为行业发展和创新的障碍。

新一代投资决策支持系统建设，同样需要解决诸多突出难点。一是业务复杂度高，覆盖了场内、场外、境内、境外所有投资品种；涉及研究、投资、交易、合规、运作、风险绩效全业务流程，平台要实现技术、业务、数据的高效有机整合。二是系统处理性能要求高，每日盘中近千个组合、几千项计算指标、几十万笔流水，需解决实时资产估值、实时头寸计算、实时合规风控这些投资管理核心问题，对技术架构的要求很高。三是投研线业务大量的手工操作、投资风险分析瓶颈、因子发现瓶颈等问题，依靠传统技术已面临瓶颈，需要引进机器学习和大数据等技术赋能。四是项目管理难度高，项目开发测试人员加上业务部门参与人员超过两百人，专业化程度高的个性化需求上万个，这类项目的结果很可能与用户真正的需求和体验有差距，因而容易导致项目失败。

创 新 亮 点

博时基金在投研领域有近二十年的自主研发积淀，始终保持行业领先地位。博时基金新一代投资决策支持系统对标全球资管科技标杆产品，攻克了投研业务数字化的难题，建设了投研线一体化业务平台，填补了行业空白。

1. 构建全流程、全资产、全球化的统一投资决策平台

构建该平台需要打造一个强大的业务中台，将复杂的投研业务进行一体化规划，解耦合设计，把内外部复杂的业务打通、底层数据实时打通。在技术实现上，采用了稳定高效的传统金融架构与敏捷开放的互联网架构融合的模式。针对核心交易、实时估值、实时风控等传统金融业务，采用可靠高效的分布式交易中间件与高性能高可用的消息中间件，保证核心金融业务的稳定。分布式交易中间件采用多项先进技术：降低交易I/O瓶颈、优化内存数据库多播同步、API串、并行处理相结合、争抢式主动负载均衡、有优异的跨平台跨数据库特性。消息中间件支持业务分发热切、流量控制、接入管理等功能，可实现多级联动，形成 N 层结

构，保证系统的高效稳定。针对资产配置、风险监控平台等管理类应用，使用基于云原生的互联网架构，具有敏捷和可扩展性强的特点，保证业务需求的迭代与持续交付。在研发管理方面，采用DevOps开发运营一体化体系，实现持续交付（CI/CD）机制，来支持微服务架构、敏捷开发模式、大型复杂项目管理和大规模研发团队的管理。

2. 实现实时精准估值、实时持仓、实时头寸、实时交易和实时风控计算

面对实时精准估值、实时持仓、实时头寸、实时交易和实时风控计算等高时效性的要求，新一代投资决策支持系统要有高并发、低延时的能力。一是采用"分布式缓存＋应用分级本地热点缓存"模式，构建高性能多级缓存。使用本地缓存做一级缓存，减少分布式缓存访问量，降低网络IO带宽消耗与网络时间消耗；使用分布式缓存做二级缓存，减少群集环境下访问数据库的消耗。二是引入内存数据库，节省磁盘I/O开销，极大地提高QPS量级。三是针对盘中几百个组合的各类实时指标计算与风控测算，对系统的并发要求高，使用消息中间件，提供Publish-Subscribe交互方式实现异步消息队列，并提供争抢式自动负载均衡机制。

3. 引进人工智能、大数据等金融科技手段突破传统技术瓶颈

新一代投资支持决策系统在研究、投资、量化、交易、风险管理等环节引进大数据和人工智能等金融科技新技术，突破传统技术瓶颈问题。以研究工作为例：一要解决手工收集和整理数据、写作研报等大量低价值重复工作问题，实现工作效率的提升；二要解决依赖个人Excel模板的问题，实现知识积累和工作的传承。这些方面利用人工智能和大数据技术实现突破：在收集和整理数据方面，应用NLP（自然语言解析）、意图识别、OCR（图像识别）、知识图谱等技术，结合搜索引擎与爬虫技术打造智能搜索平台；在数据范围方面，采用基于深度学习的图表解析引擎和文本解析引擎将公告和研报中的非结构化数据加工成结构化数据，运用大数据泛采技术，获取新闻事件和舆情信息并进行分类和情感分析；在工作传承方面，引进知识图谱框架将Excel中积累的数据搬到系统中，实现团队知识的积累，在此基础

上构建推演关系，并关联经济指标实现投资机会的自动挖掘；在研报写作方面，基于PDF抽取技术获取公告和新闻中的数据和信息，并利用知识图谱和自然语言处理技术自动对事件的影响进行点评，在报告中自动填充行情和财务数据，生成智能研报。

应 用 落 地

该平台已在博时基金、博时资本、博时国际落地，截止到2019年年底，在平台上管理的资产管理规模超过1.2万亿人民币，全面提升了投研线业务的数字化水平。平台具有投研业务基础功能支持、投研核心能力输出、专业机构服务、业务创新支持、提质增效打造核心能力等多方面的应用。以投研提质增效为例，该平台解决了以下几方面的问题。

在研究分析方面，要解决的问题是提升研究分析的效率与价值。研究工作本身的痛点之一是工作的效率和工作的传承，平台通过智能信息搜索、研报数据定制、智能研报生成等方法解决这些问题，让研究员将更多的精力用在信息分析和得出研究结论上，提升研究水平。另一个痛点是怎样让研究分析成果的价值得到体现。依托投研一体化的平台，通过投研一体化改革、资产配置管理和多层次绩效分析的支持，比较好地把投资决策委员会、研究员、基金经理的成果转化为投研的团队能力。此外，借助机器学习技术，平台可以支持智能量化选股和智能因子发掘。

在投资方面，平台要解决的问题是提升投资组合管理和投资决策水平。基金经理投资管理的一个痛点是投资前的决策，需要实时头寸和实时组合指标信息、投资指令对组合各项指标的影响等，该平台可以提供决策支持，例如货币基金在调仓前可以试算调仓对久期、收益率的影响等；另一个痛点是投资风险的预警和处置，平台上的投资日历、投资监控、实时合规监测报告等是防范操作风险和合规风险的重要工具。根据系统整合的内外部大数据，系统可以自动计算和发起风险券处置流程，可以防范和处理信用风险、流动性风险、市场风险，还可以计算各类信息和事件对组合的影响。

在交易方面，平台解决的问题是提升交易能力、严控交易风险、降低交易成本，以这些来助力投资业绩。新一代投资决策系统将银行间、托管行、中债上清、交易对手业务打通，实时打通底层数据，可以精准控制头寸、自动计算合规风控；可以系统化地进行操作风险监控；可以使用相关数据进行挖掘，快速推荐交易对手和交易价格，支持交易决策。另外，在交易询价环节引入人工智能技术，把自然语言的交流转变为结构化的报价。

在后台运作方面，平台解决的是降低运营操作风险，提升业务效率。新一代投资决策支持系统打通多个内部系统、托管行、银行间、中债、上清的业务衔接，实现自动化，场外交易效率大幅提升。新一代投资决策支持系统采用了和估值系统、托管行三方自动化对账机制，并建立操作风险监控平台，使得运作业务摆脱了低价值、风险大、重复性的业务操作，将更多的精力放在风险监控上，降低了运营的风险，保障业务顺利开展。

案例34　招商证券——交易大师投资管理系统

招商证券股份有限公司

案 例 背 景

当前国内证券行业，投资者正在由散户向机构转型，投资环境更为理性，交易活动愈发多样化，机构投资者已成为证券市场的主导力量。与个人投资者相比，机构投资者有着更为多样化的专业交易场景，同时对于个性化特色功能有着强烈的需求。机构业务的迅速发展为券商带来了新的机遇，但券商的服务能力并没有得到快速提高，更多的还是依赖供应商的技术服务。

招商证券早在2013年就提出了机构化转型的战略规划，研发团队围绕"打造中国最佳投资银行"的战略目标，积极开展了一系列的业务调研，提出了"自主研发""创新服务"的宗旨。交易大师从系统建设立项开始，就坚定从机构客户的实际业务需求出发，通过深度梳理资管公司、公募基金、私募基金、信托基金、机构自营等不同机构投资客户群的需求场景，依托于招商证券雄厚的技术实力，通过采用极致高效的技术框架，力争在满足机构投资者专业需求的基础上，快速提供更丰富的个性化特色功能。

案 例 概 述

交易大师投资管理平台是公司根据机构投资者的业务需要，自主设计、开发、维护的综合性金融平台，平台采用基于消息驱动的微服务极速架构，提供全资产全业务流程的一站式服务。交易大师为满足机构客户的极致交易速度的需求，采用先进的微内核流式极速交易引擎，并创造性地提供统一多执行引擎的算法执行云服务，为机构投资者提供完善的快捷交易、批量交易、套利交易、做市交易等一系列专业的交易功能。随着平台的逐渐完善及业务的快速发展，系统已支持银行/券商等资管公司、公募基金、私募基金、信托基金、机构自营等客户群体。目前交易大师管理的资产规模已逾千亿，日交易笔数超过15万笔。

解 决 难 点

通过与机构客户做业务调研，我们发现了如下难点并进行了解决。首先，机构投资者的投资标的、投资目的、业务模式以及操作习惯多种多样，对系统建设提出了挑战。针对不同机构类别的投资特点，交易大师进行了统一的梳理，整理出了不同客群的通用功能：针对批量交易的客户提供篮子交易模式；针对巨量交易的客户提供算法交易；针对做市交易客户提供手工和自动做市策略；针对套利交易客户提供跨品种跨市场组合套利。机构投资者可根据本身的投资特点在系统内选择对应的功能，或通过专属定制的方式快速扩展支持。其次，机构投资者对于个性化功能有旺盛需求，因为这往往是其竞争力的一部分，能否高效快速地满足客户需要对券商自身的技术实力是一个巨大考验。交易大师在设计之初就搭建了一套高并发易扩展的灵活架构，可以快速为机构客户定制开发相应功能，机构投资者亦可根据需要进行交易工具的直接使用或组合使用，快速实现交易目标。

创 新 亮 点

1. 技术创新

（1）使用低耦合微服务架构构建整个平台

大大提高了并行开发效能，并降低服务间的依存性，保障系统鲁棒性。使用微服务架构构建整个平台，极大地降低了应用之间的耦合性，提高了应用响应速度及系统稳定性。

（2）采用自主研发的低延时RDMA可靠组播技术

在保障低延时的同时，确保各服务间数据发送的高准确和高可靠。RDMA可靠组播技术确保全资产一站式投资管理平台内各项服务的高效稳定的协作。

（3）采用消息驱动模式

全过程无同步阻塞调用，拥有极高的数据流转和使用效率，实现了纳秒级的行情分发和交易执行能力。平台纯事件驱动型设计方案，全过程无同步阻塞调用，拥有极高的执行效率。压测情况下单最高实盘支持14000笔/秒委托处理能力，单笔下单到交易时间小于10微秒。

（4）微内核流式极速交易引擎

流式框架的极速交易引擎，"微内核"系统架构，每个"微内核"轻量运行，细粒度并发，解决了低时延、高并发、高稳定性三者不可兼得的难题，为专业投资者、机构客户、程序化交易和套利交易等提供高速通道服务。

（5）独创高速灵活的主动型抽象语法树的风控计算框架

交易大师使用抽象语法树进行风控规则解析和执行，设计类SQL的风控语言的语法规则，采用编译技术对风控规则进行词法分析和语法分析，得到特定风控规则的抽象语法树，将风控规则的校验处理转化成为对抽象语法树进行求值。这种基于主动型抽象语法树风控计算框架，通过抽象语法树在内存中构建AST风控数据结构，每个计算节点（如产品层Product、账号层Account、指令层Institution）都拥有主动运算能力，当元数据（如订单数据Order产生的资金Cash和持仓Position或者行情数据导致证券分类）发生变动时，其关联的计算节点将收到变动的消息，主动进行计算并缓存中间计算结果，最终的风控结果通过若干个中间计算结果汇集而成，这种主动型AST风控计算方式大大提升了委托下单后的风控计算速度，主动型AST风控计算框架如图1所示。

不同于业界使用的规则引擎方式，这在业界属于首创。这种方式可以由业务人员根据业务的需求使用类SQL的方式自由定义风控规则，无须技术人员参与。这种解决方案既兼顾了风控规则定义的灵活性，又兼顾了风控规则执行的效率。

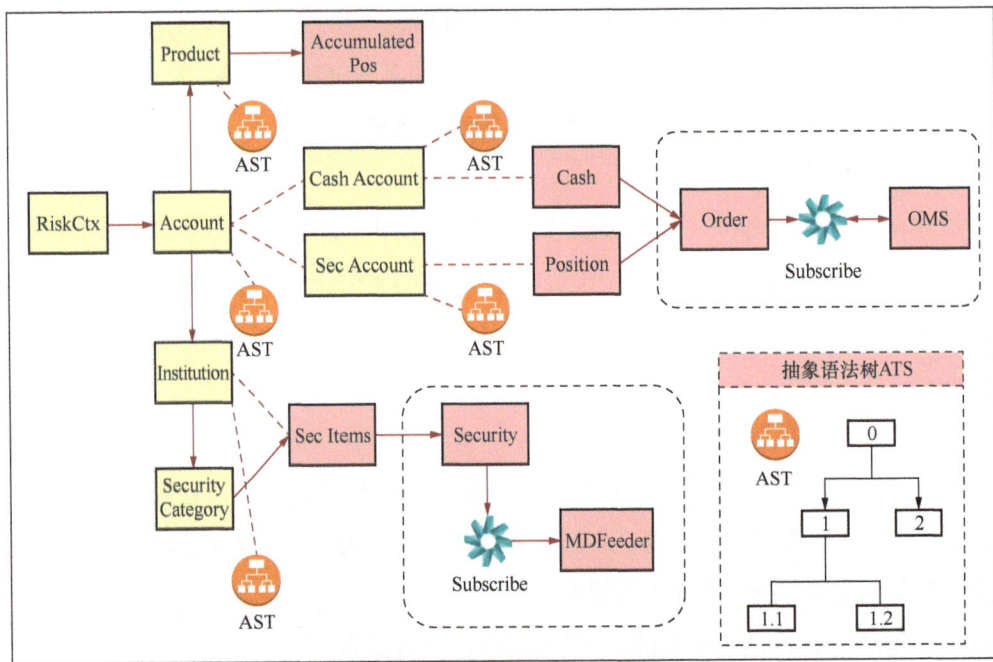

图1

（6）用组件化开发和单向数据流技术

交易大师采用了React虚拟DOM交互模式，解决了传统前端技术直接操作DOM结构完成对复杂页面交互处理时面临的代码维护成本大、开发效率低的问题。通过组件化开发，独立开发每块功能独立的组件，使得页面灵活，可插拔可复用。

2. 产品创新

（1）机构客户全角色、全业务、全流程的一站式服务

市场上主流的机构投资者包括银行、券商、保险、期货等资产管理公司、公募基金、私募基金、信托机构、机构自营等机构。常见的机构在投资管理中设有投资研究岗、投资经理、投资顾问、交易员、风控员、资金管理等岗位，系统中包含日常所需的投资研究、策略构建、资产配置、组合管理、指令下达、交易执行、归因分析等一系列功能。整体来说，机构投资者管理的资产类别繁多，投资策略复杂，要求严格风控且对交易效率有极致的追求，

本系统基于这样的需求，打破传统系统的束缚，为机构投资者提供一站式的服务。

（2）跨资产投资组合的交易管理

交易大师提供了完善的跨资产投资组合的交易管理，渗透于整个投资流程，通过完善的跨资产头寸管理、精准的资券控制与风险管理、投资组合的投后分析，帮助机构投资者全面管理跨资产的投资组合。

（3）行业内首次将国内5家货币中介的行情进行了接入，对相关数据进行整合、清洗和加工

交易大师在5家中介行情之上，定义了全局最优行情，用于自定义指标的计算。交易大师在债券条款的基础上，加工了十几类债券筛选项，用户可以精确订阅到自己关心的债券列表。

（4）支持跨市场、跨品种、跨期限套利行情监控

交易大师允许用户自定义套利合约，设置套利公式及阈值，实时监控套利行情，并在触发阈值后发出交易信息；同时，系统会根据用户设置的套利合约实时回放历史行情，并生成走势图。

（5）自主开发独有的做市交易引擎

支持期货自动做市策略、基金自动做市策略和债券xbond交易自动做市策略等，在实现高效灵敏的做市功能基础上，还提供了对冲机制和做市监控。

（6）独创性支持跨资产指标风控管理

支持监控股指期货的风控指标，当触发风控阈值后，禁止交易股票现货。当用户进行关联资产的套利交易时，可以依照资产之间的内在价值关联性进行跨资产的风险控制。

（7）多层级多维度的灵活风险管理体系

交易大师的风险管理贯穿投前、投中和投后各业务流程，并支持对机构、产品、投组、用户不同的层级进行分层设置和管理，涵盖信用风险、合规风险、市场风险、流动性风险和操作风险等，提供精准的控制粒度独创性地支持跨资产指标风控管理。

应 用 落 地

交易大师自上线以来，一直稳定地承载着公司机构投资者业务的开展，产生了良好的效益，已支持银行/券商资管公司、公募基金、私募基金、信托基金、机构自营等客户群体。

在经济效益方面，交易大师管理的资产规模已逾千亿，日交易笔数超过15万笔。

在管理效益方面，交易大师支持机构内部包括投资经理、资金管理员、风控员、交易员等在内的各类用户角色，在一套平台终端内即可满足机构管理业务流程需求，提升了机构投资管理的效率。

在社会效益方面，交易大师在业内具有典型示范效应，更全面、更深入、更智能的平台建设方案也推动着业内信息系统服务水平的提升。

招商证券充分认识到合规对于中国资本市场健康发展的重要意义，在建设交易大师时将合规性放在了首要位置。交易大师提供了完整的用户控制策略，包括机构投资者合法MAC/IP登录认证、最小角色权限控制、系统操作留痕等，保证客户能够安全有效登录系统，在符合职责权限的原则下完成工作。其次，交易大师针对系统的各类行为进行了日志保留，包括系统故障日志、业务留痕日志以及系统运维日志等，做到及时记录系统运行期间的状态，保证故障发生时能够快速定位解决问题。

案例35 安信证券——交易业务智能实时风控系统

安信证券股份有限公司

案例背景

近年来，证券行业进入了跨越发展期，行业规模、结构、格局等都发生了巨大变化，呈现出业务多元化、经营特色化等新特点，行业的广度和深度都得到了极大的拓展，客户的交易业务种类趋于复杂和多样化，同时监管对于交易业务特别是对各种融资类业务的风险控制要求与关注日益加强。随着2015年股灾的发生以及各种融资类业务的迅猛发展，依法监管、从严监管、全面监管成为行业新常态。

伴随着上述变化，对于证券公司而言，一方面需要贴合监管要求、加强自身风控能力、保障公司债权安全；另一方面需要应对由于业务扩张带来的需手工特殊处理的流程和日常参数日渐增多的问题。面对以上要求，券商需通过技术手段实现各类交易业务的一站式智能实时风控管理，实现权限、资金、股份等操作类业务的集约化和流程的自动化，以达到提高风险控制效率和业务办理效率的目标。

在此背景和目标下，安信证券自主研发了"交易业务智能实时风控系统"，通过科技赋能的方式，实现增能提效，提高公司的风险控制能力。

案 例 概 述

1. 交易业务智能实时风控系统整体架构（见图1）

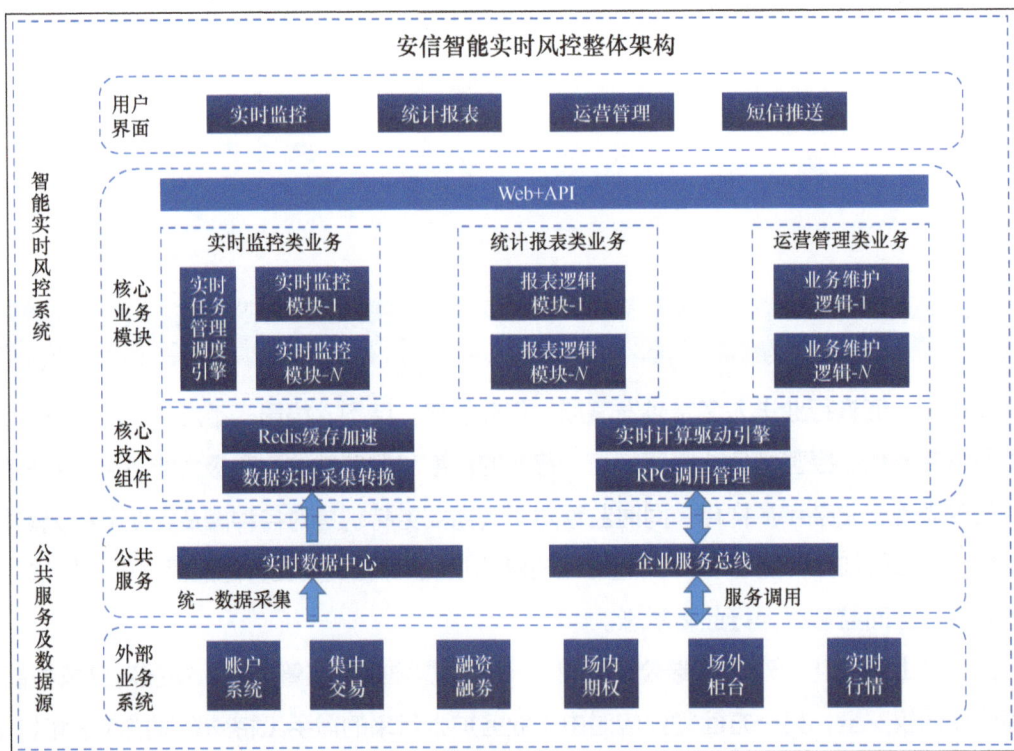

图1

安信智能实时风控系统由安信证券自主研发。该系统整体为B/S架构，系统基于Spring+Spring MVC+MyBatis经典架构开发，前后端代码完全分离。系统使用Redis内存数据库做数据缓存，加速数据的访问速度；通过数据实时采集转换模块，将各业务系统的必要数据实时同步到系统并进行格式转换，规避不同业务系统数据定义的差异；通过实时任务管理调度引擎、实时计算引擎，支持对各类盯盘风控任务进行管理调度，并在各风控任务中根据行情变化等数据进行实时计算。

系统设计遵从小工具、大系统的原则，在数百种业务使用流程中总结归纳出实时监控计算、周期统计报表、统一运营管理维护三大类业务场景，并设计底层实现方案，形成架构基础，在此基础之上不断根据业务要求添加工具，在不断提升系统功能丰富度的同时保持系统架构稳定。

系统通过服务划分实现不同业务之间的有效隔离，降低系统开发实现的复杂度及服务之间的耦合关系，提升系统的可拓展性及伸缩能力。

2. 交易业务智能实时风控系统解决了两大问题

① 实现了对各类交易业务风险点的实时监测，在业务范围上全面覆盖监管及公司个性化监测要求，在时效上实现监控报警实时化。系统功能包括实时盯盘、数据指标分析、合规风控管理、风险预警指标、科创板监控以及可视化风控报表自动生成等，详细的功能如图2所示。

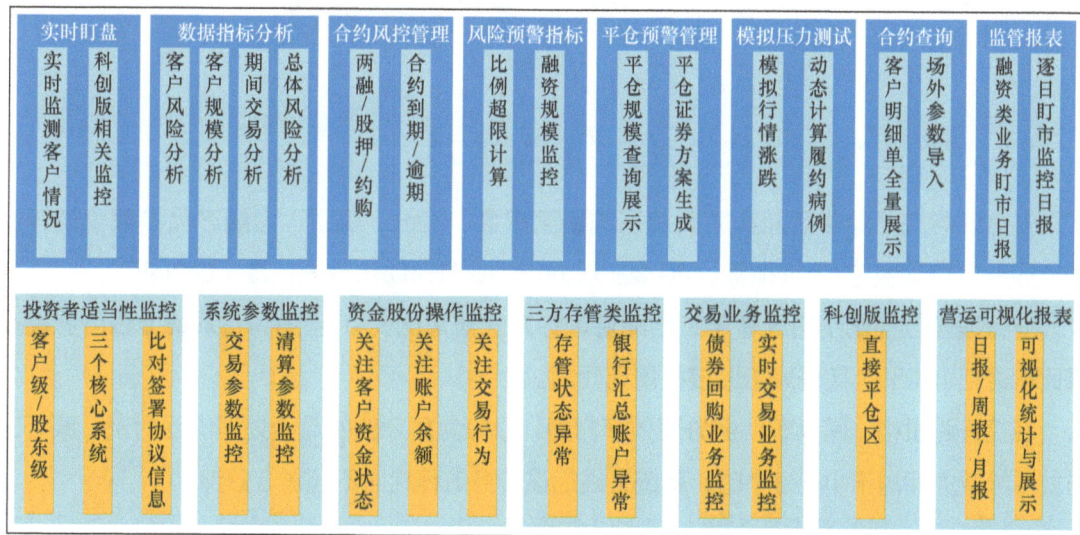

图2

② 将跨机构、跨系统业务协同办理流程整合为标准的自动化流程，解决总部及各分支机构的柜面操作沟通效率低、协同性不佳的问题，并通过系统的自动化校验机制保障业务执行的准确性，降低业务操作风险。系统涵盖了参数自动化、资金股份调整自动化、权限自动化和协助司法扣划自动化等业务，业务覆盖较为齐全，如图3所示。

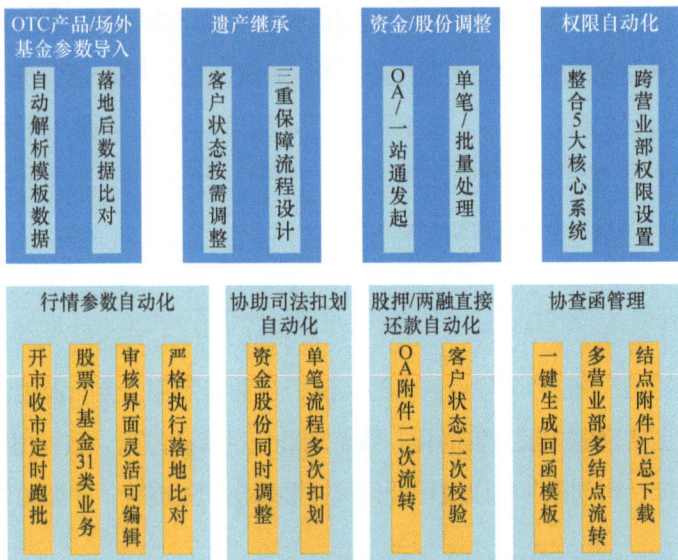

OTC产品/场外基金参数导入		遗产继承		资金/股份调整		权限自动化	
自动解析模板数据	落地后数据比对	客户状态按需调整	三重保障流程设计	OA/一站通发起	单笔/批量处理	整合5大核心系统	跨营业部权限设置

行情参数自动化				协助司法扣划自动化		股押/两融直接还款自动化		协查函管理		
开市收市定时跑批	股票/基金31类业务	审核界面灵活可编辑	严格执行落地比对	资金股份同时调整	单笔流程多次扣划	OA附件二次流转	客户状态二次校验	一键生成回函模板	多营业部多结点流转	结点附件汇总下载

图3

3. 交易业务智能实时风控系统应用成效概述

安信证券交易业务智能实时风控系统覆盖资金、股份、权限、金融产品参数管理等业务，涉及202项监控/查询指标、20类主流操作类业务自动化流程，具体成效如下。

业务报警监控比例由原有手工定期查询的方式报警比例不足10%，系统上线后监控报警比例达到100%，实现风险监控报警无死角。

在提升跨机构、跨系统业务办理效率方面，以较为复杂的协查函处理流程为例，原手工方式单笔业务耗时不小于3小时，系统上线后该业务流程耗时不超过5分钟。

解 决 难 点

痛点一： 开发商提供的业务系统风控功能单一且极不完善，难以满足日益趋严的风险控制需要。

方案： 因为业务系统的风控指标多样、变化较为频繁，而且需要跨多种业务系统进行合并的计算，所以需要以自主研发形式建立集中式业务风险监控。相应各个环节的系统解决方案如下。

通过实时数据采集转换组件解决多数据源的汇总转换问题。该组件与实时数据中心对接，实时采集各业务系统的数据，并将数据进行一致性转换，从而确保数据的完整性。

开发实时任务调度管理模块，将业务监控实现逻辑与任务调度管理分离。业务监控实现逻辑可根据业务需求进行拓展，任务调度管理模块可根据监控频率等规则进行灵活配置。

将风险计算任务与实时监控报警通知分离。风险计算任务将计算结果缓存入 Redis 内存数据库，利用 Redis 高效的读取能力支持监控报警的高频发送。

痛点二：随着交易业务种类日趋复杂与多样，需要手工处理的业务日渐增多，操作隐患急剧增加。

方案：由业务种类日趋复杂且需跨系统操作带来的效率低下、人工操作风险增加的问题可以通过以下方式解决。

系统将不同的业务种类封装为相互隔离的模块，通过模块化设计降低单个业务的复杂程度，降低业务间的相互影响。

通过工作流引擎实现管理任务的自动化流转，支持灵活配置审核节点，并通过自动复核对跨系统的数据一致性进行复核。

提供文件接口，方便用户进行批量的参数设置等管理工作。系统对文件接口勾稽校验后进行批量处理，并通过服务总线推送到各业务系统，实现无缝连接。该方式取代了90%的人工操作，缩短了95%以上的业务全流程办理时间，大幅提高了业务办理效率，保障了操作的标准化和规范性。

创 新 亮 点

在业务方面，该系统开创性地实现了跨多套系统的业务串联以及数据整合，实现了针对各类交易业务的实时监控，并将风险预警的发现、推送、反馈与记录形成一站式闭环管理，有效地提高了业务的风控成效与沟通效率。与行业通常采用的基于核心柜台系统实现相关功能模块的方案相比，本系统在易用性、功能完备性方面具有明显优势，详细对比如表1所示。

表 1

分类		交易业务智能实时风控系统	核心柜台系统
业务覆盖		融资融券、股票质押、约定购回、行权融资一站式管理	各业务分别管理
风控指标	实时盯盘	自动刷新、突出显示	手工查询，导出后筛选
	科创板监控	兼具自动刷新与手工查询功能，可汇总监控，合并集中度	手工查询，集中度无汇总查询功能
	监控预警	可自动触发短信	需另登录短信平台
	盯市设置	股押个性化盯市，三线自动更新	无个性化盯市及三线查询
	数据查询	多菜单汇总查询，可查历史记录	需分别查询，无历史记录
风险管理环节		风险发现、记录、推送与反馈，一站式闭环管理	仅可发现风险，无闭环管理

在技术实现方面，该系统有如下创新亮点。

① 系统层次划分清晰，针对业务实现所需技术要求形成基础框架，并在此之上实现业务逻辑模块。基础框架保持一致、稳定，对快速实现业务提供了保障。

② 数据采集、风控计算、报警通知等模块实时高效。实时数据中心将各业务系统的数据实时汇总，数据采集转换模块支持从实时数据中心高频度进行采集转换，保障数据的时效性；任务调度管理模块可灵活配置任务调度频率等参数，满足不同的监控需求；系统采用分布式的部署模式，可根据需求灵活地扩充计算节点，保障系统处理能力。风控计算与报警通知模块分离，并通过 Redis 内存数据库交换数据，做到不因报警频度的提高而影响整体计算能力。

③ 通过业务流程整合实现监管、控制的一体化，形成业务闭环。本系统从业务管理维度对流程进行整合，并通过企业服务总线与多业务系统实现无缝对接，将风险管控保障与后续跟踪处置整合、将总部运营管理任务派发与分支机构跟进处置相整合，实现业务闭环管理，提升系统的易用系统，提高业务办理效率。

④ 引入三重保障闭环机制。本系统引入了三重保障流程机制——事前审核、事中复核、事后保障，有效地降低了业务办理风险，保障了业务管理的准确性，同时确保了资金、股份

相关变动的严谨和准确度。

■ 事前审核（将拟调整内容与系统内数据进行比较，校验客户是否满足办理此项业务的要求）。

■ 事中复核（考虑到在审核环节和执行环节期间客户账户发生变化的可能，在变化动作落地到相应系统之前再次校验客户业务办理资格）。

■ 事后保障（完成调整动作后，系统将会自动将执行结果与预期结果进行比对，并实时推送比对结果）。

应 用 落 地

本系统以交易业务实时风控和自动化业务功能为主，主要服务于安信证券总部业务部门和分支机构，为公司在加强风险监控工作的广度与深度、提升风险控制的效率与能力以及实现智能化风险管理上起到了积极的推动作用。以下均为成功落地案例。

1. 实时盯盘

实时展示特定维持担保比例区间的客户信息，并对维持担保比例低于监控阈值、科创板集中度超出公司限额的客户进行突出显示，支持一键通知客户，为盯市工作提供了极大的便利。

2. 股票质押合约查询

本功能将其他担保物价值、场外质押市值与主副合约合并管理等个性化盯市因素纳入风控分析，更贴合股押业务实际的风控需求。同时，一站式风控功能极大地节省了盯市管理的成本，且更能满足复杂的市场环境与严格的监管规则对融资业务风控的时效性和准确性要求。

3. 科创板监控查询

基于科创板与普通股票的差异，为对持有科创板股票的客户实施针对性管理，本系统专设科创板监控查询功能，按照集中度和维保比例对客户信息进行筛选和排序，弥补了传统柜台系统在科创板查询功能上的短板，实现科创板监控的全面性。

4. 各类风控报表

本系统对普通报表进行了组件的统一封装，对复杂报表的前端展示和后台处理进行了创新的技术设计与实现。如图4所示，这些报表为风控人员进行组内汇报、监管部门反馈和客户风险跟踪提供了重要的数据来源。

融资类业务逐日盯市日报

填报单位：	证券金融部		
填报日期：	2019-10-11	监控人：	张书欣
三项融资业务（融资融券、股票质押、约定购回，仅限自有资金出资）			
一、单客户三项融资业务规模前五名（按本金计）			
融资人名称	三项融资业务规模	履约保障比例	单客户三项融资业务规模与净资本的比例	预警指标（%）
--	--	--	--	
--	--	--	--	
--	--	--	--	4.00
--	--	--	--	
--	--	--	--	

二、总三项融资业务（按本金计；股押含自有出资及纾困）		
总三项融资业务规模	总三项融资业务规模与净资本的比例	预警指标（%）
--	--	320.00

自有资金参与融资类业务行业集中度前三名		
行业名称（按证监会2012行业划分-大类标准）	单行业合计融资类业务规模（按本金计）	预警业务规模
--	--	3,000,000,000.00
--	--	3,000,000,000.00
--	--	3,000,000,000.00

自有资金参与融资类业务质押标的集中度前三名		
证券代码	证券简称	质押股数占总股本比例
--	--	--
--	--	--
--	--	--

股票质押式回购		
一、按市场类型划分的待购回交易规模		
市场类型	待购回交易规模（按本金计）	业务规模限额

图4

5. 实时交易业务监控

该类监控包括实时交易类和质押债券类业务，其特点是对实时性要求较高，风控人员需第一时间掌握每笔业务的关键信息。因此，当触发报警时，关键信息（如存管银行、资产账户、证券代码、交易方向、成交金额、交易时间等）会实时精准地推送给风控人员。

6. 行情参数设置自动化

本功能在每个交易日开市前和收市后自动生成业务流程，参数岗人员在前端即可查看所有待设置的参数信息，在核对后一键落地。该功能大幅减少了参数岗的工作量，取代了大量的手工设置操作，提高了参数设置的时效性和准确性，成为交易参数设置的利器。

7. 操作员权限自动化

该功能将所有核心系统的权限申请功能集成于一站式流程中，流程审批通过后权限自动落地到各个核心系统中，大幅减少了操作员权限设置的工作量，降低了权限管理差错的风险。

8. 系统合规性说明

本系统符合安信证券合规性相关规定：

① 用户以部门为单位，每部门设置1名超级管理员，负责为该部门其他用户统一分配权限。

② 每名用户由超级管理员按需分配操作员岗位、菜单、指标和机构访问权限。

③ 超级管理员密码、底层数据库密码定期更换。

④ 系统前后端数据加密传输。

⑤ 按公司安全部门要求，定期处理系统漏洞。

案例36　联合风控系统

北京根网科技有限公司

案 例 背 景

伴随金融市场强监管环境的到来，金融业粗放的扩张阶段进入尾声，市场和监管环境的变化，使得风险管理逐步在实践中成为金融机构的核心组成部分，"依法监管、从严监管、全面监管"成为全年监管政策的主旋律。

据不完全统计，2016—2019年，证监会分别开出罚单218张、249张、310张以及292张（见图1），始终保持较高水准，罚款金额也逐年快速上升。2019年11月，证监会主席易会满在文章中明确表示"加大稽查执法力度，严厉打击各类资本市场违法违规行为，持续优化市场环境"。

图1

除了宏观政策的不断趋严外，券商自身在过去几年也一直在致力于业务的多元化。根据数据统计，从2015年开始，经济业务在证券行业资产规模分布逐步降低，其他业务逐渐上升，进入2018年，证券行业业务结构更加均衡，多年来券商多元化布局成效初现，多元化收入有利于提升券商业绩的稳定性（见图2）。

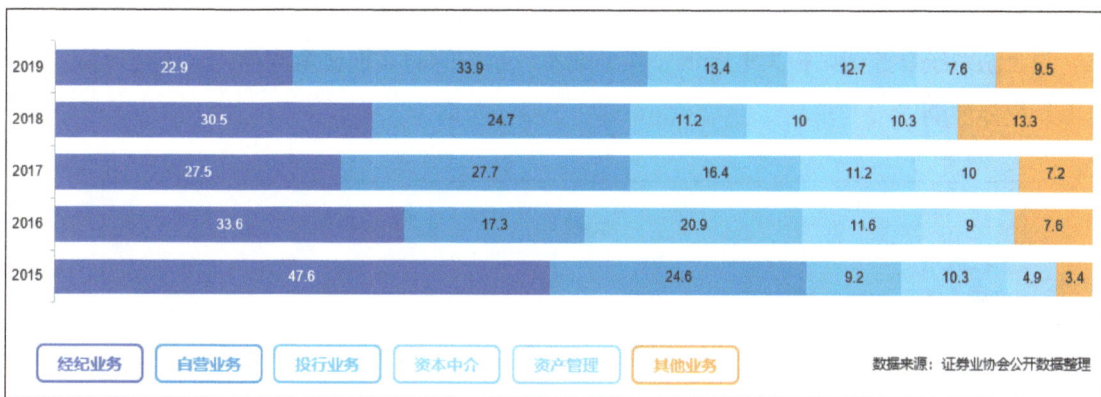

	经纪业务	自营业务	投行业务	资本中介	资产管理	其他业务
2019	22.9	33.9	13.4	12.7	7.6	9.5
2018	30.5	24.7	11.2	10	10.3	13.3
2017	27.5	27.7	16.4	11.2	10	7.2
2016	33.6	17.3	20.9	11.6	9	7.6
2015	47.6	24.6	9.2	10.3	4.9	3.4

数据来源：证券业协会公开数据整理

图2

需要注意的是，业务多元化到给券商丰厚收益的同时，也对券商的风险控制能力提出了更高的要求。

券商目前的风控形势大部分仍处在"低效高耗"的状态下。其中，"低效"指的是大部分券商风控都是分散的，既在业务上分散（各部门风控各自为政，相对独立），也在技术上分散（各业务部门使用不同供应商提供的系统，技术体系不同，数据相互隔离），不仅管理效率不高，还会存在长久风险。

"高耗"指的是为了符合政策的要求，在"低效"的背景下，大部分券商只能依靠内部制度以及大量人力来保障交易合规。同时，还会存在部分风控点要在不同交易系统实现，重复开发，消耗资金。

因此，综合以上背景，无论是从业务角度还是技术角度，券商都需要一套"高层次"（公司级统一联合风控）、"控得住"（保证交易合规）、"全覆盖"（能够覆盖券商自身业务范围）的风控系统。

案 例 概 述

根网联合风控系统（URMS）是可拓展的券商公司级风控系统平台。如图3所示，在业务层面，URMS覆盖了市场上主要的风控要求，且配置灵活。支持风险事前控制，在满足交易合规的同时最大化地贴近券商实际业务场景；在技术层面，URMS支持异构跨系统接入，且上游系统零改造，极大地降低了实施成本。系统同时实现了全内存化、流式计算、保证系统整体性能。

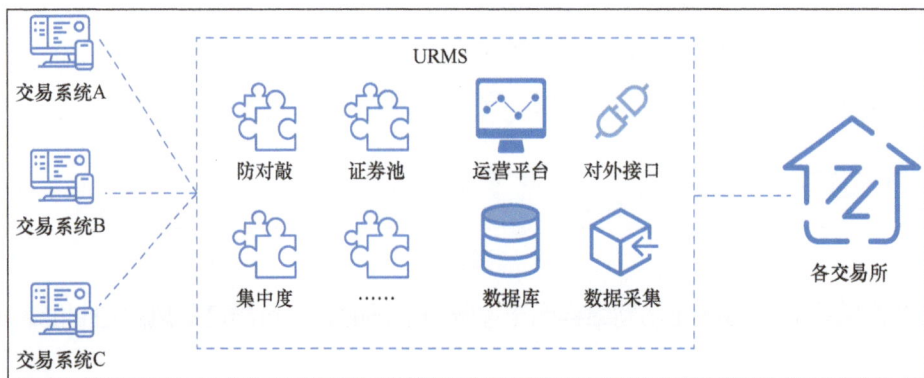

图3

如图4所示，URMS目前已经支持了包括防对敲、集中度、证券池在内的主要风控指标，业务品类涵盖了现货以及期货，业务覆盖全面。

在风控点配置方面，URMS支持风控阈值、风控维度等多个指标自定义；支持事前交易控制、事中风险提醒以及事后数据统计3种风控模式。完整、灵活的风控体系，使得风险控制更加贴合实际业务场景的需要，在保证业务合规的同时，极大地提升了交易效率。

在技术层面，URMS采用全内存化以及流式计算技术，以最大化地保证系统整体性能，目前系统全风控流程性能控制在1ms以下，单位时间穿透量达到20000笔。

除此之外，URMS作为国内最早实现异构跨系统的解决方案，在多年的业务及技术积累之下，已经与国内主要交易系统、主要交易所实现了成熟、稳定对接，如图5所示。

并且基于交易代理通道技术，上游交易系统可以实现零改造对接，极大地降低了实施复杂度。

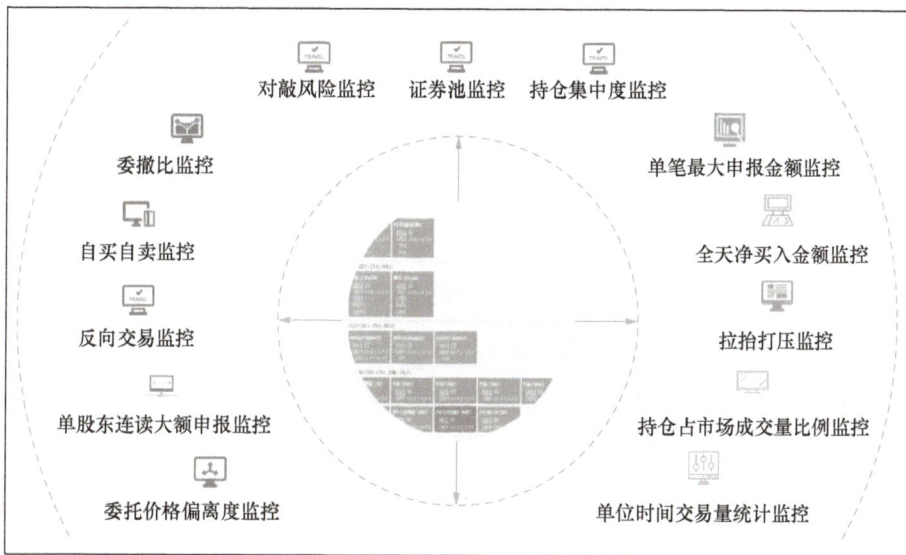

图4

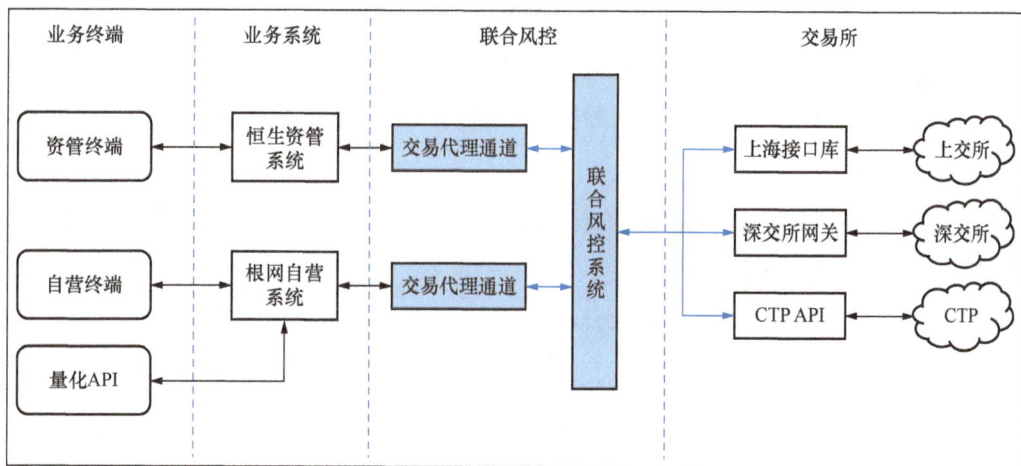

图5

根网联合风控系统基于成熟先进的解决方案，在同时兼顾业务需求与系统性能的情况下，将交易与风控解耦，完善优化系统接口，提升整体业务效率，为券商公司级统一风控平台打下坚实基础。

解 决 难 点

1. 业务难点

风控点自身业务复杂度：每一个风控点背后都有一套复杂的业务逻辑，需要系统开发人员对相关业务具备深刻理解，以便保证每个风控点的有效性。

券商自身个性化需求：不同券商对风控规则的理解不同，并且券商可能也有自身的风控要求，因此系统需要能够尽量满足券商的自身业务需求。

完整覆盖：随着券商业务多元化的不断深入，系统需要覆盖的业务品种越来越多、越来越复杂。

2. 技术难点

与上游各交易系统对接：内部存在多套供应商的系统在券商中是普遍现象，因此为能够获取尽量全的交易数据以实现公司级风控，需要能够打破各系统间的数据隔离，实现上游的数据对接。

与下游各交易所对接：系统需要与包括上交所、深交所、各期货交易所在内的国内各交易系统进行数据对接，保证交易送达。

系统拓展性：无论是政策法规还是券商内部要求，风控需求都在不断拓展和变化，系统需要充分考虑风控点的易拓展性。

系统性能：风控环节是整个交易过程的一个环节，需要做到高性能，降低对整个交易过程性能的影响。

安全设计：因为风控系统所处环节相对比较敏感，决定委托是否要报送，所以要有充足的安全策略保证自身的高可用性以及稳定性，避免影响整体交易。

创 新 亮 点

1. 交易代理通道技术

如图6所示，根网联合风控系统首先通过数据采集器（Collector）采集各个交易系统的交易数据，然后反馈给联合风控系统进行风险控制，实现跨系统风控。

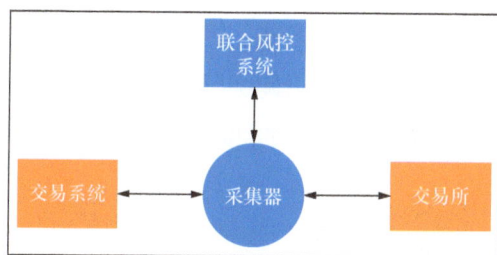

图6

尽管各个交易系统的架构各不相同，但是在报盘/回报过程中，因为各交易所的数据交互规则是统一的，所以各交易系统在报盘/回报环节也是统一的。采集器就是通过模拟各交易所数据接口的方式，在报盘/回报环节收集交易数据，并传递给联合风控系统进行风控检查。

这种方式基于成熟的交易所接口，可以保证交易数据的真实性和完整性；同时可以避免第三方交易系统改造，有效降低整体工作量，避免了涉及多方系统改造，其次引起的一系列影响和风险。

目前根网通过该技术已经实现了与国内各主流交易系统的稳定对接。

2. 全内存化+流式指标计算

根网联合风控系统已经实现了全内存化运转以及流式指标计算，充分利用硬件性能，提升风控系统计算、判断性能。目前系统平均延迟可以维持在1ms左右，单位时间吞吐量超过2万笔。

3. 插件化开发

根网联合风控系统基于插件化开发，不同的风控点是不同的风控插件，如果需要新风控点补充，则只需要接入插件，再进行简单配置；如果某风控点需要下线，则只需要下线插件，再进行简单配置，有效降低了系统的实施难度。

4. 分布式部署

系统支持跨地域多机房的分布式部署方式。将事前风控这类需要高性能的风控点部署在券商各交易所所在地的机房，在物理上降低网络延时；将事中以及时后这类无须高及时性的风控点部署在券商所在地，进行有效管理，如图7所示。

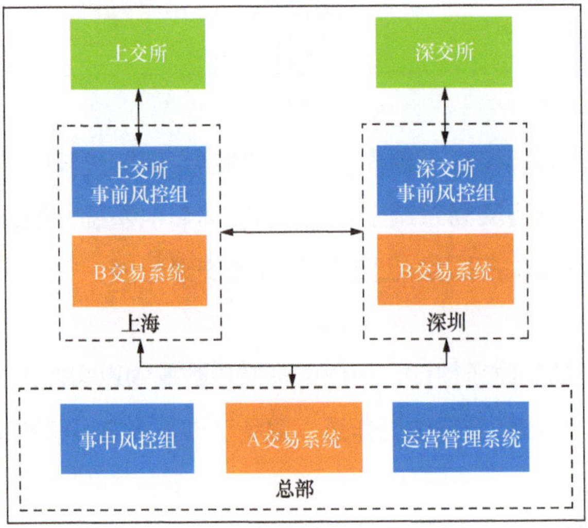

图7

5. 自动化测试

系统提供自动化测试组件，系统上线后支持自动化测试，降低实施难度与测试效果。

6. 安全设计

为了提升系统的高可用性，系统具备如下安全设计，以保证系统的高可用性。

（1）通过策略

在异常情况下，TP接收到交易系统发来的订单后，直接将该订单转发至交易所，不对订单内容做任何变动，等待URMS恢复之后再进行风控检查，优先保证交易的连续性，如图8所示。

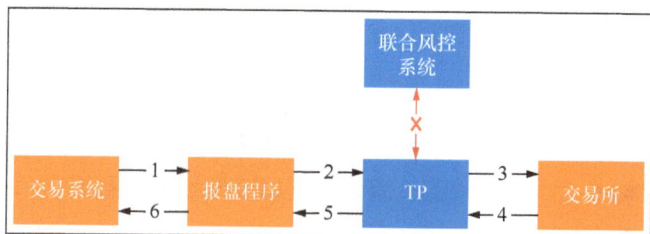

图8

具体流程如下。

① 交易系统生成订单，发送至报盘程序。

② 报盘程序将订单发送至TP。

③ TP直接将订单转发至交易所。

④ 交易所返回成交信息至TP。

⑤ TP将成交信息直接转发至报盘程序。

⑥ 报盘程序将成交信息返回给交易系统。

（2）拒单策略

在异常情况下，TP接收到交易系统发来的订单后，直接将订单拒单，不发送至交易所，优先保证合规安全性，如图9所示。

具体流程如下：

① 交易系统生成订单，发送至报盘程序。

② 报盘程序将订单发送至TP，TP接收订单后直接拒单。

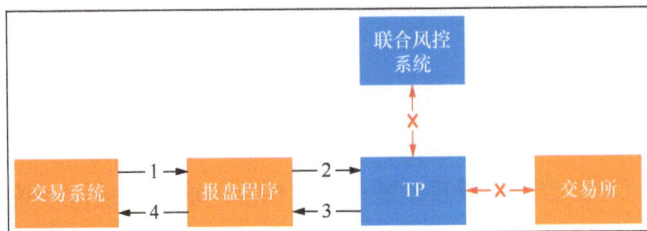

图9

③ TP返回拒单信息给报盘程序。

④ 报盘程序将拒单信息返回给交易系统。

（3）其他策略

在交易系统报盘机与交易所接口（或交易所网关）之间只做一个订单路由通道，原始订单不做任何修改，仅翻译出风控需要的关键订单信息发送给风控系统。

联合风控系统具有排队机技术，支持主备双活模式部署，系统任何单节点程序或机器发生故障，仍可保证整个风控系统的正常运行。

对第三方系统完全透明，对接联合风控的系统免修改，避免了代码开发带来的风险。

联合风控系统的集成化监控视图，采用 B/S 架构，拥有监控报警机制，支持声音、邮件等通知方式。

7. 控制灵活

系统支持从"交易席位""股东账户""账户组"（将不同的资金账号根据实际业务需求自定义组合）三个维度进行控制。同时，系统支持豁免账户机制，即某个风控点对某些账户不生效。

通过多维度控制以及豁免账户机制，不同级别组织（公司级、各部门）可以根据自身业务需求进行灵活的范围控制，构建起"公司-部门"级完善的风控体系，如图10所示。

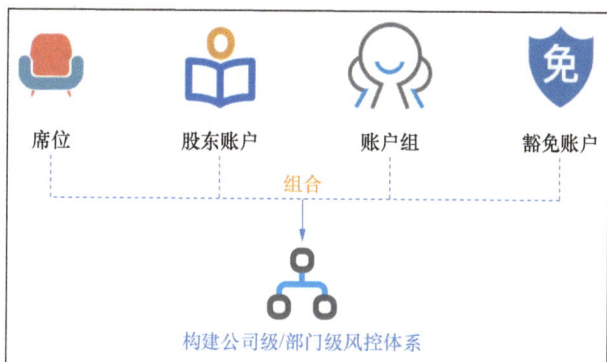

图 10

应 用 落 地

目前根网联合风控系统已经在多家券商上线使用（部分典型客户见图11），是市场上上线客户最多、技术及行业积累最多、解决方案最成熟的联合风控解决方案。

图 11

2017年6月联合风控产品在中信建投部署正式投入生产使用，产品稳定，运行平稳。系统凭借高速总线、极速计算、复杂事件处理等前沿技术，能及时有效地预警多类业务风险，并能根据预先设置的流程自动处置风险。联合风控系统协助中信建投提升了事前、事中、事后的风控管理水平，在业务合规方面发挥了积极作用。

客户采取了分布式部署方式，在上海和深圳分别部署了联合风控系统，沪市交易由上海URMS检查，深市交易由深圳URMS检查，该方案可以在部署层面最大化地保证交易效率。图12为部署方式概要图。

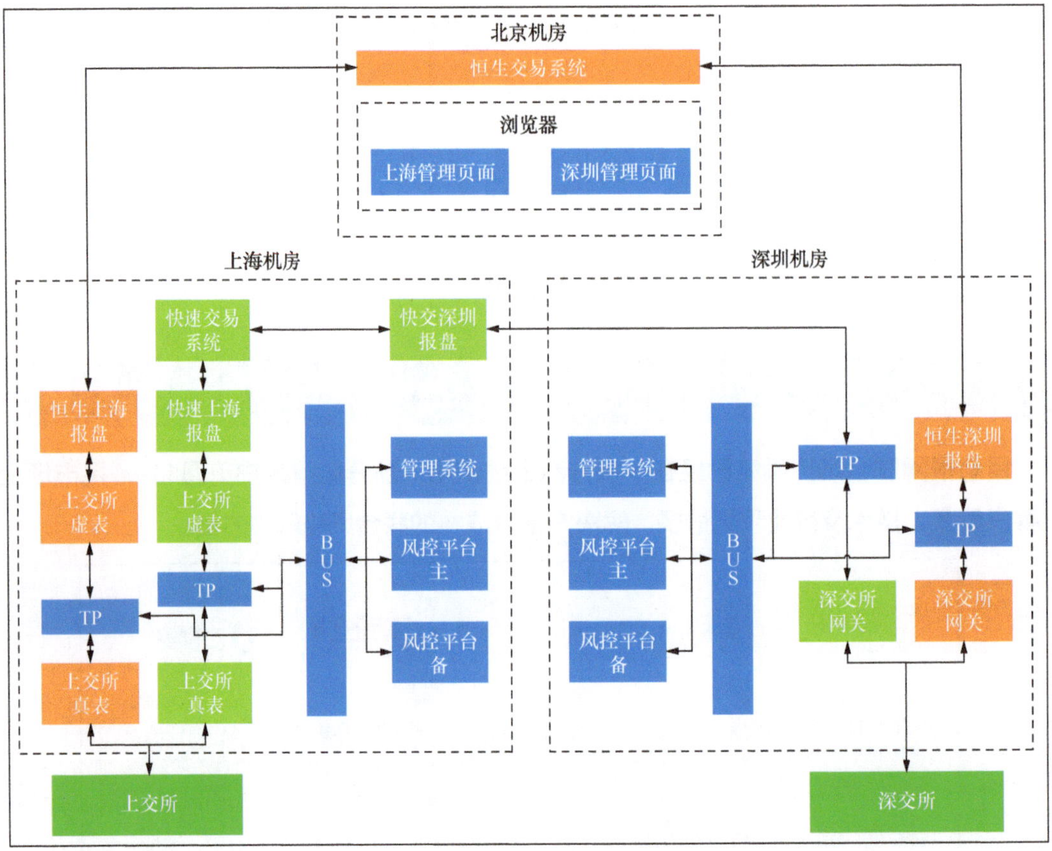

图12

案例37　方正证券——极速交易系统

福建顶点软件股份有限公司

案 例 背 景

　　传统的集中交易模式在当前经济、金融市场活跃的大环境下，在一定程度上已经无法满足部分证券交易的各种机构以及其客户对交易的需求。随着证券交易业务的不断发展，参与证券交易的各种机构客户及高端客户的日益增多，为高端客户提供差异化服务，通过迅速、灵活的部署为高端客户程序化交易、策略交易等高频交易需求提供独立、快速的交易通道，成为目前证券行业的热门话题。方正证券自主研发的策略交易平台与HTS系统极速交易通道的对接正好映证了这一关系。

案 例 概 述

　　如图1所示，方正证券HTS极速交易系统成功地实现了与集中交易柜台的对接。在测试过程中，上万客户数据、几十万条数据信息在几分钟内实现了跨系统迁移，真正意义上实现了异构平台间数据对接的稳定与高效。

　　在安全设计上，HTS交易系统涉及核心的机密数据，系统的保密性和抗攻击性是系统性能的重要指标之一。在HTS交易系统中，从多个层次考虑建设一个完整的安全体系，包括技术安全设计、应用系统安全设计、辅助的安全产品支持。同时在容灾设计上，也支持从数据库落地数据进行数据的恢复，并且中间件服务全部采用主备配置，极大程度上进行了灾备。在交易上，微秒级的处理速度也较传统集中交易柜台有极大的提升，真正意义上满足了客户对高效、安全的需求。

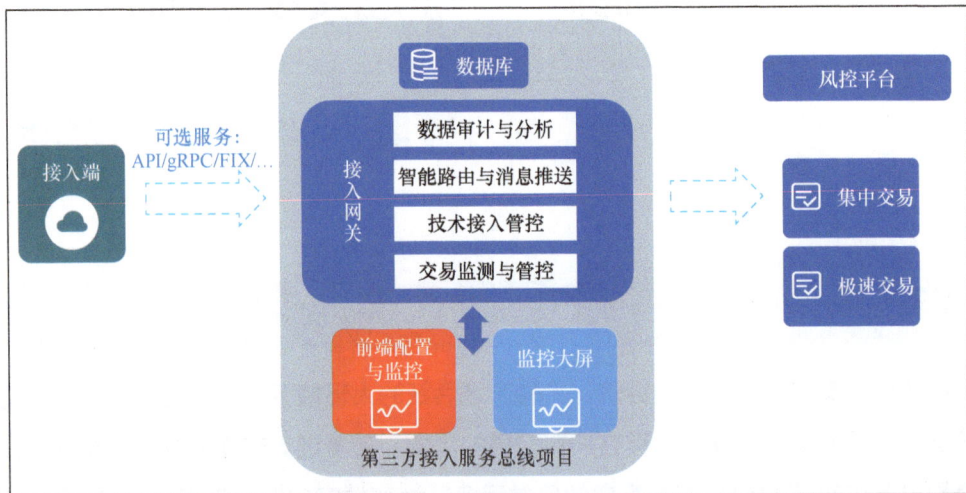

图1

解 决 难 点

　　传统集中交易业务范围广泛，数据量庞大，讲究的是稳定性与并发性。随着证券市场的业务不断创新和发展，券商各种机构客户和高端客户日益增多，传统集中交易系统在速度上、个性化交易服务上无法满足这些高端投资者和机构投资者的交易需求。HTS交易系统解决了这一问题。整套系统的核心交易逻辑全部采用自主研发的内存数据库，结合不断优化过来的底层通信和应用框架真正构建了速度更快、逻辑更优的内存交易系统。同时异构平台的对接也是极大的难点。通过HTS开发团队多年经验累积，与诸多异构平台的对接整理，系统性地构成了一套多变的对接体系，使得HTS系统本身在保证自身优势的前提下也能可靠、稳定地对接各种异构平台，如图2所示。

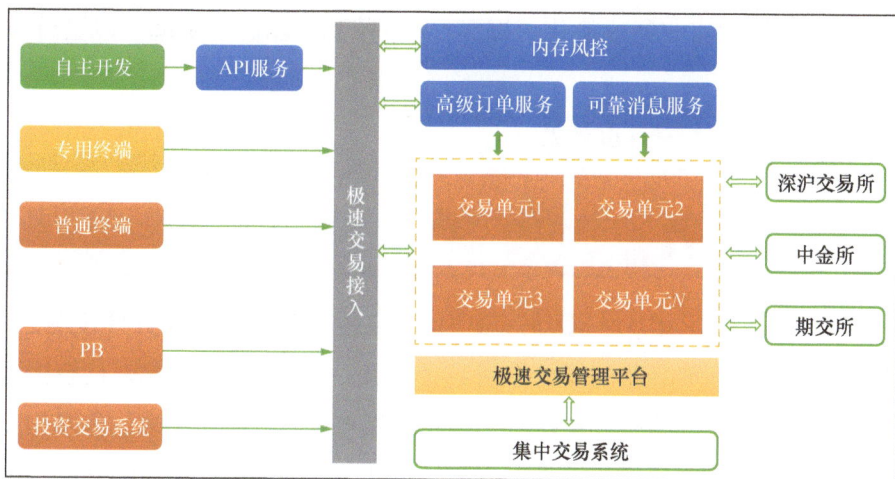

图2

创 新 亮 点

① HTS系统的普通证券交易业务可独立闭环运行，与集中交易系统实现零耦合，不但能减轻集中交易系统负担，还可为集中交易系统分散交易风险。

② 基于自主知识产权的新一代内存数据库HyperDB，提升事务并发能力以及在大量委托情况下的数据快速处理能力。

③ 在新版的HTS交易系统中，将管理、资金、交易划分为3个子系统，而内存则集中处理交易部分的逻辑，管理和资金两个子系统的数据大部分不需要内存数据库来进行维护，更进一步优化了系统的应用架构。高效架构提供更快的数据处理能力以及更稳定的架构，数据解析能力有了数量级的提速。

④ 系统全面升级成64位平台，更好地应对现阶段行业庞大的数据群体。此外，MQ集群的消息机制也让系统在灾备以及消息订阅等方面更加便捷，并且提供可靠消息服务，将所需消息数据更快推送，减少业务频繁查询中产生的耗时。

⑤ 低延时功能接口提供更快速的数据包处理方案，避免由于数据的组包、拆包而引起的耗时增加，同时系统结合CPU执行机制将接口性能做到最优。

⑥ 全业务模块机制将业务模块化，提高CPU预测判断的准确率，以更好地支持全业务。

⑦ 业务处理模块化，支持灰度升级。

应 用 落 地

"宁证云"项目于2019年5月30日完成落地，之后成为公司主要的HTS交易系统搭载新一代对接平台，继承了老版本的异构平台对接逻辑，并且进行了优化，在与异构平台对接的过程中除去了大部分的障碍。此外，HTS交易系统结合交易所下发的程序化风控的相关文件，在系统内部对相关的违规操作进行事前拦截。这些操作客户根据自身需求进行参数的设定以及是否开启对应开关。新一代交易系统应充分考虑采用更加低廉的软硬件，即用MySQL替代Oracle，用PC服务器替代IBM小型机、EMC等设备。同时，HTS系统可扩展性极强，支持横向业务展开，也支持多种灾备方案。管理数据库采用MySQL，相比Oracle成本降低，更易使用，开源数据库可分析内部实现逻辑排查性能相关问题，同时MySQL的主从同步也大大增加了系统的高可用性。交易上，将委托与申报逻辑在内存中进一步优化，相比上一代内存交易性能更佳。

HTS超极速交易系统业务功能齐备，支持沪深A股、创业板、港股通、CDR、沪伦通、债券、权证、投资基金、LOF、ETF、上证基金通、科创板等业务，并且在业务架构上实现业务模块化。

外围接入上支持量化平台、策略交易、PB、投资管理、网上交易等终端接入；提供支持Linux、Windows平台下的FIX API开发包，也提供基于业务层封装的类CTP开发接口，外围接入开发更便捷、高效。顶点超极速交易系统HTS V1.0是一套高性能交易系统，在基于全业务规则检查的情况下，全流程交易耗时上做到了极致，订单处理时间达微秒级，对程序化、量化、算法、高频交易及跨市场套利体验方面有显著的提升。系统在业务架构设计上采用松耦合、插件化业务模块的堆叠技术，为后续业务的扩展、系统的运维升级提供强大的架构支持。目前HTS交易系统已在多家券商实施生产部署。

第5章　金融基础软硬件

案例38　中国农业银行——金融云创新数据中心网络架构

华为技术有限公司

案 例 背 景

互联网、云等技术的发展对金融行业带来强烈冲击。银行传统的IT架构已经难以适应金融市场的业务高速发展，无法更好地服务于客户。科技对金融业务创新、提升用户体验和提高IT系统可靠性和可管理性有非常高的战略意义。

早于2016年，农业银行开始全力推动网络金融业务转型升级，重点打造智能化、个性化、场景化的全新金融生态系统，开启农业银行创新发展。中国农业银行金融业务转型升级的背后离不开一张承载业务的智能云数据中心网络。

案 例 概 述

华为助力中国农业银行积极开展金融云数据中心网络架构创新和部署商用。

华为联合中国农业银行从云化业务、智能运维、开放生态和网络安全4个维度对基础设施和应用进行系统梳理和规划，逐步有条不紊地完成整体基础网络改造和投入运行，实现数据中心一套网络架构支持SDN向云的平滑演进，通过两级Fabric架构聚焦应用，支持金融业务云化体验。

解 决 难 点

金融业务快速开展、互联网金融创新、组织架构变更和风险管理体系的完善、IT资源利用率的提升等成为网络转型升级的主要驱动因素。如图1所示，传统金融机构的IT基础设施是典型的竖井式架构。

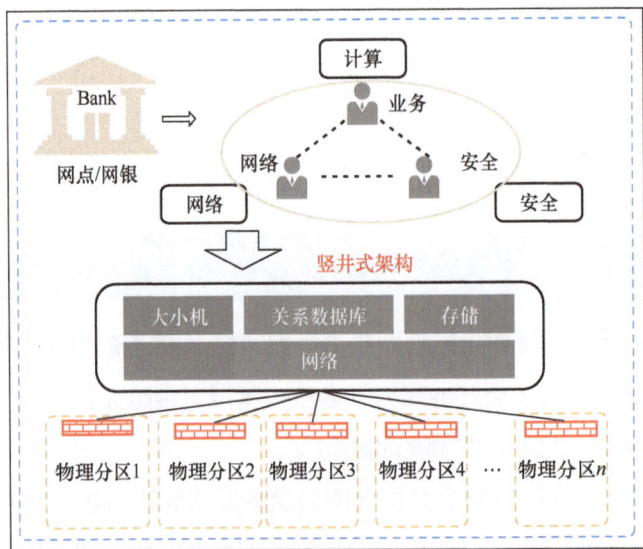

图1

基于此，农业银行在网络架构转型升级中主要面临三大问题。

● **资源池化不足**。传统STP组网，烟囱式架构，单分区规模小，无法支撑资源池化部署。分区较多，计算、存储和机柜资源被碎片化，利用率低。

● **灵活性和扩展性不足**。网络按物理分区建设，无法支持多业务共享，业务调整灵活性差。网络服务依赖硬件，资源扩展响应周期长。

● **运维管理复杂**。新应用上线、策略变更流程长，复杂易出错。系统与网络割裂，端到端的故障快速定位和性能监测能力不足。

创 新 亮 点

华为CloudFabric智简数据中心网络是业界领先的端到端解决方案，在联接性能、操作便捷性和运维管理上具有卓越的优势。

华为CloudFabric智简数据中心网络为中国农业银行金融网络带来以下变化。

（1）无缝云联接

SDN标准开放接口可以灵活对接OpenStack、K8S等多种云平台，Fabric架构通过Vxlan技术（见图2）构建一张Overlay虚拟网络，将整个数据中心虚拟成一个大型的交换机资源池给计算、存储资源提供交换能力，服务器不再需要感知自己的接入位置，网络资源可跟随计算资源进行弹性扩容。

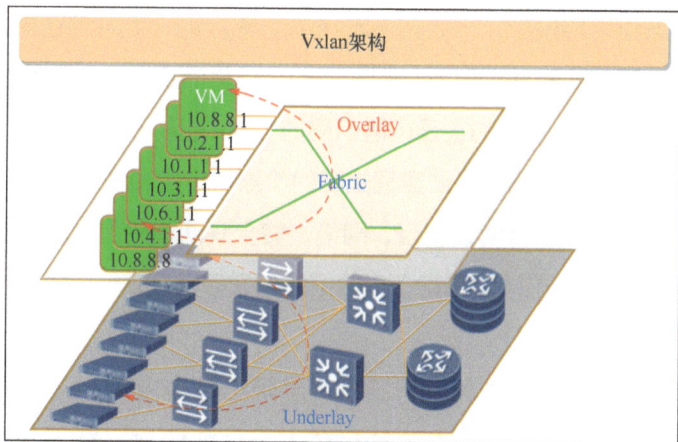

图2

中国农业银行构建两层Vxlan Fabric网络架构实现资源池化，为物理机、虚拟机或容器工作负载和应用提供超大带宽和智能无损的无缝云联接；网络自动化部署可以减少网络人员变更端口相关配置的重复劳动，网络人员更可聚焦网络优化等工作；SDN网络采用两级Fabric架构，通过VxLAN技术构建大二层网络、分布式VxLAN组网架构，可以支持业务灵活扩展；流量转发路径最优，消除了未知单播和广播流量，极大地增强了网络可靠性和扩展性。VxLAN业务网段的路由通过BGP EVPN打通，BGP EVPN作为VxLAN控制面，触发VTEP间自动建立VxLAN隧道，实现VxLAN和非VxLAN网络的互通，实现应用业务间高性能互访、虚拟机灵活迁移、网络资源自动适配。

（2）自动化部署

SDN方案将网络分为物理网络Underlay和逻辑网络Overlay，两者均可以实现自动化部署，通过Agile Controller-DCN的Zero Touch Provisioning功能实现Underlay网络即插即用。当设备规划完成后，无须到安装现场对设备进行软件调试，设备上电后即可被SDN控制器自动纳管，自动加入网络Fabric，完成Underlay网络搭建；通过Agile Controller-DCN的拖曳式界面化操作实现Overlay网络所见即所得自动布放，暨定义逻辑网络模型、通过虚拟安全域（Virtual Private Cloud，VPC）实现逻辑划分，提供安全的网络边界防护、不受限制的完整IP地址空间，以及基于VPC提供的一系列增值业务。SDN控制器支持自动化编排网络模型，一键式下发网络配置，实现了网络的灵活、快速、批量部署。随着业务增长，可将已有业务部署在新扩容的交换机节点上，并在传统业务迁移过程实现IP地址不变换，降低了老业务的上云风险。同时SDN控制器支持流量可视化、拓扑可视化和路径可视化，通过和分析器的联动实现故障的诊断、定位和恢复。

基于该系统，中国农业银行实现了云、网络、安全联动，进而实现自动化配置部署，未来可实现基于AI仿真的部署前校验和基于大数据的部署后验证。

（3）智能运维

基于Telemetry的数据采集和分析实现5层网络健康度可视化呈现和预测性维护，AI故障推理使能故障1分钟识别、3分钟定位和5分钟修复。智能云网络方案中部署FabricInsight智能网络分析平台，实现数据中心内部应用和网络的关联分析、故障快速感知与修复。FabricInsight采用大数据和机器学习算法训练网络行为模型，呈现设备、队列、端口的动态基线并主动监测异常，实现光模块等故障预测，转被动运维为主动运维，网络先于业务发现隐患。具体运维功能如下所示。

① 秒级故障感知。传统芯片基于TCP控制报文检测，AI芯片能覆盖控制报文和数据报

文的全流检测，包括UDP报文；基于Telemetry实时采集全量信息，快速感知网络健康度，包括流量可视化、流量统计及流的时延和丢包等质量。

② 分钟级故障定位。基于AI算法构建网络知识图谱，快速定位故障，结合AI芯片既可以识别业务通断类问题，又可以基于AI芯片识别业务偶发少量丢包等性能类问题，可以快速实现故障回放定位。

③ 分钟级故障修复。可以将行内历史故障场景及处理流程形成规则导入专家系统，基于特征进行故障现场收集和自动处置，实现分钟级修复，确保生产的安全运营。

④ 提出网络健康度概念。多维度实时评估网络状态，包括设备维度（如物理器件运行状态）、网络维度（如互联端口和队列状态）、路由协议分析维度、业务网络管理面和转发面维度等。

应 用 落 地

中国农业银行基于基础设施先行、兼顾可用性和安全性、业务应用改造和内外部协同等步骤实现从单中心到多中心，构建物理分散、逻辑集中的分布式云数据中心。创新的金融网络架构通过与中国农业银行自研云管理Portal对接，重构行业领先的IT服务能力。

目前该创新金融架构已在中国农业银行北京稻香湖数据中心、上海数据中心等规模部署，实现更多的业务创新、更快的用户体验、更高的系统可用性、更强的安全防护和网络品质。

案例39 中信银行——GoldenDB分布式数据库项目

中兴通讯股份有限公司

案 例 背 景

随着互联网金融的发展，金融传统IT架构面临着海量高并发的挑战和技术创新的要求，亟待将已有架构进行升级转型。

目前，绝大部分行业的数据库系统都采用DB2、Oracle、Sybase等传统关系型数据库，且均由国外厂商垄断。随着数据库技术和网络技术的发展，分布式数据库体系架构已经非常成熟，在数据库领域形成一个分支，凭借其分布式架构的安全性、可扩展性、低成本等特性在多个行业获得快速发展。

分布式数据库在实现数据库的独立性、数据共享、数据冗余、并发控制、完整性、安全性、事务处理等方面具有更鲜明的特点和优势，并已在各互联网企业得到了广泛的应用和商业验证。

银行的核心业务系统（以下简称"核心系统"）承载着存、贷、汇、银行卡、结算、客户开户、客户统一视图主要业务和产品的交易处理，以及全部银行业务的会计核算，是银行的"心脏"。一旦核心系统无法服务，就会导致整个银行对客交易体系瘫痪。对于银行核心系统来说，数据库是重中之重，可谓核心系统之"心"。然而，长期以来这颗心的跳动严重依赖于国外数据库技术，对我国金融业整体安全带来很大的技术风险。同时，受互联网金融快速发展的影响，国内总体消费模式和支付方式发生了翻天覆地的变化，银行交易量在近几年迅速增长，给银行核心系统的处理能力带来了巨大挑战。依靠传统技术实现的"集中式"架构已经满足不了业务发展的要求，分布式云计算架构成为未来银行IT架构的必然选择。

面对上述挑战以及为响应国家关键技术部署，中兴通讯适时启动了金融级交易型分布式的研发工作。与此同时，中信银行于2014年启动了基于IT架构分布式改造和小机下移的下一代银行业务系统的升级改造项目，大胆进行变革式改革与创新。

中兴通讯和中信银行借此契机形成战略合作，开启了自主可控的金融级交易型分布式数据库在金融行业的商用之路。历经5年，中兴通讯GoldenDB数据库已分阶段逐步从外围到核心应用于银行各个业务，并于2019年10月26日在信用卡核心系统成功上线投产，提供数据在不同场景下横向关联的穿透能力，全面面向卡中心客户服务、营销支撑、产品服务、信贷风险、运营支撑等条线提供不同时效、复杂场景的数据服务能力。

案 例 概 述

中兴通讯分布式数据库在中信银行的总行核心系统和信用卡核心系统数据库迁移两方面进行了实践，项目概况如下。

1. 中信银行总行核心系统数据库迁移

原有传统的IT架构面临着从AS/400集中架构向分布式架构转型的选择。从2015年开始，中信银行依次上线了冠字号业务系统、门户网站平台、金融同业平台、零售客户统一积分系统和总行对私电子渠道系统。

（1）中信银行冠字号系统

中信银行2015年年初启动将冠字号系统从DB2移植到用分布式数据库GoldenDB，移植过程中结合分布式数据库特性对原数据库表进行优化调整，增加了分片键和适当索引调整，于2015年9月成功上线。

（2）门户网站系统

门户网站系统的分布式数据库迁移是将门户网站部分功能迁移到分布式数据库，涉及模块主要有产品关注管理、用户消息管理、短网址管理、缴费订单管理和交易流水管理，是一个带有小额度的资金交易验证性系统，也是为分布式数据库研制推进举措之一。该业务系统于2016年年初改造完成并投产。

（3）金融同业平台

金融同业合作平台于2016年11月26日投产上线，陆续提供了同业理财、外汇交易、代开保函、代开信用证、同业存放等功能。

（4）零售客户统一积分系统

为满足中信银行信用卡"三年三倍增"的战略目标，将借记卡积分与信用卡积分融合，实现借记卡积分与信用卡积分归集至同一积分账户，共享同一积分兑换平台。该系统采用GoldenDB分布式数据库，基于哈希分片策略，实现系统整体负载均衡，满足后续系统发展需要。该零售客户统一积分系统于2017年8月18日上线。

（5）电子渠道（对私）业务处理平台

该系统涉及个人网银、手机银行、微信银行、门户网站、客服中心、网点柜面业务、第三方业务对接等30多个系统。

电子渠道（对私）业务处理平台基于AS400架构下的DB2数据库进行构建，切换到分布式数据库GoldenDB后，性能提升达5倍。该系统迁移采用灰度发布策略，并体现在迁移割接的过程中，极大地降低了迁移风险，是一次性上线成功的典范。

（6）总行核心业务系统

2017年启动总行核心X86分布式架构迁移预研，从2017年3月起进行数据库选型论证，并于2017年11月正式启动。总行核心下移是一个子系统多、依赖项目广的超复杂项目。该系统生产机房一主一备，同城机房和异地机房各两备，实现业务同城双活，已于2018年11月正式并网运行。

2. 中信银行信用卡核心系统数据库迁移

随着银行业数字化转型的加速，中信银行原有的信用卡业务系统已无法适应新业务的发展，新一代核心业务系统StarCard从2017年10月开始立项，经过数十轮的跟账验证、试运行、切换演练等，共历时两年（1年的开发、1年的验证），于2019年10月26日正式投产。新系统中信用卡有三大服务：授权服务、账户服务和数据服务。系统经过双十一、双十二和年终决算的考验，稳定运行至今。

系统总体设计为同城双活，设计容量可满足未来5~10年的业务发展，是原有业务系统容量的10倍。

解 决 难 点

难点一： 分布式事务下数据一致性、隔离性、原子性和持久性

在银行IT架构向分布式架构转型的过程中，最大的技术难点在于"数据持久化层"的分布式。之所以说是难点，是因为数据是有状态的，特别是银行核心系统保留的账务数据，在交易过程中会被不停地更改，这部分数据一旦被分布到多处存储，就会造成更改信息的不一致、更改信息不可见、读取信息不准确等一系列问题，也就是技术上经常说的分布式事务下数据一致性、隔离性、原子性和持久性的问题。

对策： 为解决上述技术难题，在分布式数据库中研发了"全局事务管理器"和"分布式隔离级别"。前者很好地解决了分布式事务一致性和隔离性问题，但仍然没有突破CAP理论，处理性能会受到影响。为解决性能问题，研发了"分布式RR（repeatable read）"和"分布式RC（read commit）"两个隔离级别，对明确不会产生分布式事务、不受分布式事务影响的请求，可以指定"分布式RC"隔离级别，从而确保分布式数据库的整体处理性能。

难点二： 安全可靠保障

金融级分布式数据库必须具备高并发处理、快速响应、实时一致、安全可靠等能力，才能满足银行账务核心、信用卡核心等大型交易系统的技术要求，从而实现中信银行IT架构从传统架构向分布式架构转型。其中，分布式事务的实时一致控制是分布式数据库研发工作面临的最大难题，也是分布式数据库能够在银行核心系统得到应用的基本前提条件。除此之外，金融级分布式数据库还应具备以下几个特点：支持两地三中心容灾、性能和容量可线性

扩展、自动化运维、支持银行切换日和日终批量处理。

对策：以上述功能要求作为目标，中兴通讯研发的分布式数据库包含数据客户端、前置中间件、数据存储节点、后置中间件和管理控制台5个子系统。

数据库客户端是供应用程序接入和使用平台服务的组件，提供标准JDBC接口，传统基于单机数据库的应用程序可以基本无缝迁移到分布式数据库，大幅简化既有应用系统的迁移工作。前置中间件是一组无状态的代理节点（又称计算节点），负责SQL解析、优化、路由、SQL执行结果汇总以及分布式事务调度。数据节点集群是真正用于数据存储的子系统，负责数据的存储、本地事务管理和已提交事务回滚等功能。后置中间件不涉及前端交易，主要用于处理数据导入/导出、备份恢复、数据重分布、集群容灾等辅助功能。管理控制台是平台管理和运维的操作界面，负责安装部署、配置管理、任务管理、DDL执行、告警管理和性能监控等功能。

创 新 亮 点

金融监管机构及工信部的领导对GoldenDB在中信银行信用卡核心系统成功投产给予高度肯定和评价。该数据库的成功研发和运行是推动金融行业信息化转型的重要一步。

中兴通讯GoldenDB分布式数据库项目攻克了分布式事务实时一致性控制与分布式隔离级别、高效可靠的容灾技术、全局一致的数据快照、不停服务的在线扩容、全局一致的备份恢复、多法人机制、分布式SQL语法以及分布式批处理等多项关键技术，满足金融业务对数据库一致性、安全可靠、高性能的要求。该系统的创新亮点如下。

1. 基于全局事务的强一致性分布式事务解决方案

分布式事务的核心问题是分布式环境下如何保证不同数据存储节点之间的数据一致性。银行业务逻辑相对复杂、数据一致性要求严格，同时银行应用迁移也要求分布式事务处理必须对业务透明，像使用传统集中数据库一样使用分布式数据库。中兴通讯在金融级分布式数据库的研发过程中，通过引入全局事务管理器管理全局事务，综合利用单机事务和全局事务来实现分布式事务；使用全局事务来保证写数据的全局一致性，通过分布式隔离级别来提高分布式事务的性能。不仅能够快速开发新业务，银行已有的应用系统也能够平滑迁移，几十年来积淀的应用资产得以继承。

2. 高效可靠的容灾技术

容灾是银行重要系统必须具备的能力，以确保灾难事故发生时客户的财产安全和服务要求得以保障。中兴通讯分布式数据库通过采用快同步复制、分组管理，支持同城和异地灾备体系建设，提升了业务连续性。比如，数据高可靠采用DB主备多副本，主备数据复制采用快同步复制技术，提升数据中心之间高延迟下的系统吞吐能力；对DB进行分组管理，确保同城RPO=0；对各个技术组件运行状态实时全面的监控，使之具备故障的快速感知和自动化切换能力。

3. 支持多法人机制

银行机构通常存在多个法人单位共用一套系统、不同法人之间的交易数据相互独立的情况。传统数据库一般采用集中方式部署，多个法人的数据存储在同一设备中，处理业务时相互影响，系统不能发挥最优性能，甚至降低处理效率。例如，在卸载数据时，不同的法人数据需要独立卸载，每次卸载数据都需要做大量重复过滤操作，效率低下，且影响在线交易处理。GoldenDB支持多种分表分库机制，支持按法人单位进行数据分片，对某法人数据的增、删、改、查或者数据卸载，在数据库层面透明地路由给对应的数据分片处理，极大提高了处理效率和处理性能，也降低了对在线业务的影响。

4. 提供日切数据准确快照

为了满足业务需求，银行客户每天需要将运营的数据按准确日期卸载出来，在业务7×24小时不停机的情况下，卸载当天完整的运营数据是一个难题。传统数据库无法为此提供一套通用的解决方案，各家银行只能自行设计各种不同的技术方案，对卸载数据做额外的增删操作，处理烦琐且效率低下。GoldenDB创新地实现了日切数据快照功能，从数据库中直接卸载出完整的日切数据，解决了银行多年来的痛点问题。

5. 支持复杂的批处理

银行业务中存在大量的批处理场景，逻辑复杂、性能要求高，GoldenDB支持数据批量加载、数据批量卸载、数据分块等优化技术，在总账核算、代发工资等典型日终批、联机批场景中做了针对性的优化支持。

应 用 落 地

中兴通讯GoldenDB数据库从架构设计到功能开发、应用落地，充分考虑了银行业务特点，涵盖银行特有的切日、结息、批量、多法人等业务场景，确保银行二十多年来积累下来的应用资产和稳定运行的业务逻辑得到保留。

自2015年以来，中兴通讯分布式数据库GoldenDB在中信银行的冠字号系统、门户网站系统、金融同业合作平台、零售客户统一积分系统等平台上线，具备全面替换银行交易类业务数据库的能力。2019年10月26日在中信银行信用卡中心完成核心业务投产，并顺利通过"双十一""双十二"和年终决算三大考验，持续稳定运行。

除了中信银行案例之外，中兴通讯分布式数据库GoldenDB的应用案例还包括以下场景。

1. 江苏银行事后监督系统分布式数据库

江苏银行事后监督系统于2016年11月启动建设，采用GoldenDB数据库替换现网运行7年的Oracle数据库。GoldenDB通过完善的导数工具及并行处理架构，实现高性能的数据处理；同时，基于对标准SQL和Oracle语法的兼容性支撑业务的快速迁移及上线。项目于2017年4月上线商用。

2.　江苏省农村信用社联合社分布式数据库

江苏省农村信用社于2016年启动分布式数据库建设，在强化传统电子银行优势的基础上，采用新架构建设互联网金融平台业务，实现"实体银行＋互联网金融平台"的经营模式，实现线上与线下互补共生。

3.　广东农村信用社档案管理系统

原有档案管理系统基于DB2建设，当数据库单表超过一定条数的时候，性能会急剧下降，因此广东农村信用社急需进行系统改造，以满足业务实际需要及系统后续扩展。本项目一方面对业务层面进行了分布式架构改造；另一方面通过分布式数据库改造，按照未来三年规划，从传统的DB2数据库改造为分布式数据库，整体云化部署弹性可扩容。

案例40　银行智能终端操作系统

北京红旗软件有限公司

案 例 背 景

随着电子计算机及操作应用系统的信息化发展，全球已经形成了以"互联网+"为基础的产业化体系。同时伴随计算机及其操作系统的广泛普及，计算机安全和病毒软件、病毒系统也时刻威胁并影响着世界各个区域的社会信息安全及人们的日常经济活动。如近些年全球所爆发的勒索病毒"WannaCry"已经蔓延至150个国家及地区，这种让计算机大规模遭受病毒感染的情况，无疑给世界各区域的政府、企业和个人用户开展经济活动、进行项目交流等造成了极为严重的信息安全风险。为此，不少国家和政府在对信息安全的管理上都建立了一些相应的信息安全管理机制，而各地政府、企业和个人也对信息安全的重视程度空前高涨。为了确保信息安全，让信息系统实现高效的管理，我国也在近些年在不同行业和领域中逐渐使用起更加安全的国产操作系统及终端设备。

Linux作为全球知名、稳定性较高的操作系统，在迎来前所未有利好机遇的同时，自然有责任和义务承担起保卫信息安全的重要使命。北京红旗软件有限公司作为Linux操作系统软件提供商的领导者，始终将系统安全和信息安全的问题摆在企业发展和产品应用的首要位置。

案 例 概 述

目前，全国各大金融银行共拥有智能终端（ATM/ITM）设备100多万台，而智能终端设备在信息安全保护、信息数据加密保护上却并没有建设出一整套有效的防护机制，全国金融智能终端设备亟需提高安全防护水平，保证金融安全。为此北京红旗软件有限公司基于金融银行自身的行业特殊性，并依据自身拥有的Linux操作系统特性，特别为国内银行及金融机构推出红旗银行智能终端操作系统，以期服务于全国各大银行。

2007年3月6日中国邮政储蓄银行正式成立，这是一家在邮政储蓄管理体制改革的基础上组建的商业银行，同时也是中国领先的大型零售银行，其定位为"服务社区、服务中小企业、服务三农"。红旗通过与中国邮政储蓄银行建立双向合作，率先在市场使用"红旗银行智能终端操作系统"后，极大地提高了中国邮政储蓄银行ATM/ITM设备的响应速度，为该银行开展更为便捷的业务活动建设有效的金融安全自助终端管理体系提供了条件。随后，红旗陆续与国内各大银行及金融机构建立起金融自助终端化服务，为金融行业实现Linux操作系统全覆盖、自助终端业务简化、金融安全等带来了安全保障。

截止到2019年年底，通过使用红旗银行智能终端操作系统的各地金融机构、银行在全国范围内已完成超过12万台银行ATM/ITM自助终端设备的安装与部署，可以说红旗银行智能终端操作系统的使用和应用不仅开创了Linux操作系统在银行金融终端领域超大规模部署和应用的国际先例，还让金融产业和信息技术产业实现了更为完整的融合，为银行实现金融自助终端领域的自动化提供了便利。

解 决 难 点

当前，世界经济正经历着全面融合、深度调整的时期。全球产业链的发展导向都时刻与先进的科学技术高度融合。在这种深度叠加和不断变革的时代环境下，无论是传统行业还是金融性行业，毫无疑问都在进行着不断地融合，朝着更加复杂的数字化、网络化、智能化方向嬗变与融汇。

　　信息技术作为当代最为重要的技术之一，对人们的日常生活和社会活动影响巨大。在金融信息系统的运行中，信息技术作为最为关键的基础设施，其在金融信息系统中直接关系到社会经济发展的稳定与安危，对社会活动、经济运行起着重要的作用。鉴于金融行业中金融科技所涉及的技术具有更新迭代快、易跨界、易混业等特点，可以快速实现对大数据分析、人工智能、区块链技术等前沿颠覆性科技与传统金融业务与场景的叠加融合，会导致金融学科的边界、研究范式不断被打破和被重构。金融科技在不断发展、不断完善、不断增强适应现代金融体系化的过程中也会因为过度增强技术的普适性，导致整个金融行业和金融业务领域的边界变得更加模糊，从而让金融业务的运转和金融市场管理机制变得更加复杂，进而影响到整个金融行业的安全性和稳定性，最终为金融机构或大型银行的金融治理带来挑战。

　　为此，金融科技的发展与使用必须以已建立起的现代化金融管理体系为依据，从而在适应当前复杂多变的社会环境和经济活动中不断发挥金融科技自身的优势，实现对金融业务的精准配置，完成金融资产的安全管理，推动金融业务流程简便化，提高金融服务的自动化、智能化，为建设安全、高效、低风险、稳定的金融管理体系创造条件，不断完善金融科技产业生态，着力增强金融系统竞争力。

　　尽管中国金融科技在市场规模、应用创新等方面处于全球前列，但同时自身也面临着基础软件和原始创新能力相对不足、核心技术特别是底层技术研发存在短板、领军型和复合型人才较为短缺、全链条专业配套服务有待加强等现实挑战。中国邮政储蓄银行业务具有种类繁多、设备分布范围广、设备数量巨大、使用环境恶劣、技术维护难度大等多个难点。为实现金融行业的产业整合和业务发展，金融机构必须在利用好金融科技的过程中，注重以业务经营和客户服务为宗旨，加强规范化管理为核心，不断提高设备的完好率和利用率，通过相对合理的资金、业务、技术投入，来取得设备最佳的投资效益，使设备经常保持良好的状态，充分发挥设备效能，确保业务安全、稳定地运行。

　　红旗银行智能终端操作系统应用于中国邮政储蓄银行，不仅实现了信息技术产品在金融领域的应用，还开创了 Linux 操作系统在银行 ATM/ITM 智能终端领域应用之先河。为适应和满足中国邮政储蓄银行在具体业务应用上的要求，北京红旗软件有限公司面对各种复杂的技术难题，知难而上，最终依托自身强大的研发能力和深厚的技术功底，采取"抓重点，逐一击破"的原则，完成了红旗银行智能操作系统在金融银行智能自助终端的应用。同时，随着北京红旗软件有限公司在研发领域的步步深入，企业研发产品也涵盖至移动前端、边缘云计算、信息安全、数据重构、流程自动化、智能感知、智能管控等多个领域，为企业更好地支持和服务其他行业奠定技术保障。

创 新 亮 点

创新作为企业的灵魂与使命，对企业的发展具有重要的意义。北京红旗软件有限公司提供的红旗银行智能终端操作系统基于红旗Linux操作系统自主研发而来，其产品与国外先进技术相比，具有一定的先进性。红旗银行智能终端操作系统重点在以下几方面进行了大胆的创新。

1. 全面的兼容性

在前期产品的研发过程中，本项目涉及广电运通、东方通信、怡化电脑、御银、恒银、新达通等多家厂商的ATM/ITM设备，因此设备种类和型号千差万别。为实现各类设备型号的统一，解决各类设备的兼容性问题，红旗对每个厂家的设备实行统一集中适配，并将适配过程中产生的各类问题进行了统一修改，从而保证了红旗智能终端操作系统与市面上几乎所有ATM/ITM设备的全面兼容。

2. 技术规范性

北京红旗软件有限公司严格依据《Linux操作系统跨平台接口规范开发》和《银行智能终端操作系统接口规范》编写了基于红旗银行智能终端操作系统之上的LFS 管理器，保证各个厂家以各种符合中国邮政储蓄银行规范的方式调用都能正常工作，在红旗银行智能终端操作系统上满足各个硬件厂家的需求和系统调用。

3. 系统精简

北京红旗软件有限公司通过建设红旗银行智能终端操作系统，针对银行自身的特点和中国邮政储蓄银行的业务建议，在所开发的ATM/ITM设备上进行了相关系统的精简和产品的优化，主要通过精简相关产品的内核配置以及一些关联应用程序，删除了一些不必要的基础软件，从而有效减少了对资源的耗用与占用。通过提升产品的基础性能和改善产品的技术适用性，实现了对银行智能终端操作系统的优化。此外，通过自定义禁用一些不必要的服务程序、禁用各类协议进程等来保障终端智能系统的高效性、安全性与稳定性，为设备长期服务（含升级）及长期使用提供了保障。

4. 操作优化

红旗银行智能终端操作系统为满足和实现银行自身业务的发展与变革，也在银行ATM/ITM设备上开发了专用模式来满足银行自身业务的需要，推动银行实现多样化业务活动。使用者通过启动智能终端操作系统进入该系统，能够进行相关的桌面操作与产品体验。需要说明的是，在专用模式下，系统禁止了右键操作、隐藏了桌面图标，适当地增加了查看系统软硬件信息和触摸屏校准等功能，从而让系统功能的使用更加有针对性和适应性。

5. 自动升级

红旗银行智能终端操作系统具有自动升级的功能。为方便银行开展各类业务活动，增强金融科技与金融业务、金融产品的兼容性，推动银行实现金融数字化、金融智能化、金融自动化，北京红旗软件有限公司对红旗银行智能终端操作系统特别开发出了独有的升级管理工具。银行后期可以通过使用银行ATM/ITM设备来完成对相关应用软件、程序及操作系统的自动化升级，大大简化了产品的技术维护难度和系统升级、更新的成本，并为银行开展安全高效的金融信息活动提供了便利。

6. 良好的使用性

为方便银行开展产品服务和金融业务活动，也为满足银行使用人员对应用终端操作系统的使用，本着"简便、易用、快捷"的开发原理，北京红旗软件有限公司在进行银行智能终端操作系统的过程中特别参照银行业务管理和金融业务机制流程的一些规定和规范，在开发产品的过程中，尽可能做到产品大众化、操作大众化，让银行及金融机构单位人员都能实现人人可操作、人人易操作。

应 用 落 地

作为中国最大的应用厂商，中国邮政使用的这套基于Linux操作系统的红旗银行智能终端操作系统，其技术先进性与使用规模在国内外均属于领先水平和先进地位。

自2002年中心局生产系统成功采用红旗Linux操作系统至今，部署的红旗Linux服务器操作系统已经超过20万台，从省会城市的数据中心到每一个村镇网点都运行着红旗Linux。

目前，中国邮政储蓄银行采用红旗银行智能终端操作系统以后，在国内已成功实现ATM/ITM应用系统的上线运行，并已完成超过12万台的红旗银行智能终端操作系统的规模化部署。这不仅推动了中国邮政在金融服务领域之外的探索与体验，同时也为金融服务行业与IT系统的信息化安全控制带来了重要的里程碑式发展，为后期Linux操作系统与金融系统间的自助服务应用管理开辟了广泛的市场空间，且为跨领域融合提供了一条非常重要的探索经验和实践道路，为操作系统在多领域、跨行业应用方面提供了更多的机会和可能。

红旗银行智能终端操作系统的跨界服务和红旗操作系统的研发应用，不仅推动了对金融领域及其他行业的业务融合，为客户节省了大量的资金投入及时间管理，还为国内信息化软件的发展、中国信息化水平的高效建设以及我国"互联网＋"领域的发展提供了更好的动力，对国产操作系统的振兴和民族科技的持续进步提供了更加雄厚的力量。

案例41　台州银行——网联支付系统

上海丛云信息科技有限公司

案例背景

移动互联网的兴起和发展开创了一个数据化时代，实时交易量和数据量呈爆发式增长，导致银行的IT技术架构不堪重负，尤其在"双十一""双十二""6·18"和春节期间，银行IT系统更是面临前所未有的处理压力。面对这样的新态势，在传统的IT体系架构中，集中式数据库系统的处理能力受制于单台硬件容量上限、扩容不方便、存在单点故障风险等弊病日益凸显，已无法满足业务的要求。

分布式架构相比集中式系统具有高并发、高弹性、高可靠、低成本等技术优势，因此分布式的IT架构也被越来越多的金融机构所认同和接受，人民银行也多次强调银行业要加快分布式架构转型。

目前，分布式数据库解决方案已经呈现百花齐放的态势，从技术路线来说，OLTP（联机事务处理）分布式数据库产品路线分为两大类——原生分布式数据库和数据库中间件解决方案。严格来说，数据库中间件解决方案不是数据库产品，其实现的核心是基于开源数据库的上层搭建一层代理组件，相比原生分布式数据库来说，技术实现门槛低，这类产品的厂家众多。这种方案其实和初期一些DBA在人工规划数据分区解决数据库性能的朴素思想是一致的，而后在互联网企业逐步实现为组件化产品。

案 例 概 述

台州银行的网联支付系统，自2018年4月投产以来，稳定运行一年多，整体开发成本无变化，且运维成本下降，充分满足7×24小时运行，性能处理能力大幅提升。

OBASE数据库使用标准SQL，开发简单，数据吞吐量能够满足未来大规模增长的存储和交易需求。既能够满足大数据量存储和处理要求，又能够满足未来数据量增长的灵活扩容要求，可随时在线一键式横向扩容，支撑未来长期的历史数据处理能力的要求。

台州银行超级网银，不仅能够满足高并发、高性能、高可靠的要求，而且有专业的数据库源码级技术服务支撑，用起来更放心、安心。

解 决 难 点

总的来说，数据库中间件在中国互联网快速爆发阶段，确实解决了互联网行业面临的巨大交易量处理能力问题，有其自身价值。但是对于复杂的场景（比如金融行业），却有一定的技术局限性，例如对于数据切分规则制订、数据高可靠性、跨节点多表JOIN性能和安全性、跨节点分布式事物一致性和性能、全局一致性快照、应用开发的侵入性等存在着一些问题。自主研发的OBASE产品（产品架构见图1）要满足金融级别OLTP分布式关系型数据库系统，那么产品设计的主要目标需要涉及以下几个方面。

① 强一致性：提供金融级别的ACID基本要求。

② 高可靠性：系统无单点，提升系统可靠性和服务连续性。

③ 高性能：充分调度多机资源并行计算，支持高并发。

④ 高弹性：提供在线一键式横向扩容、缩容能力，数据自动实现重分布。

⑤ 分布式数据一致性：实现Paxos保证分布式数据一致性，主节点发生故障10秒内完成自动切换且数据不丢失。

⑥ 多活部署：数据库层提供多中心数据实时同步，且可通过流量分配来保障7×24小时无间断服务。

⑦ 标准访问接口：兼容SQL92标准，对应用开发无侵入，支持DB2、Oracle、MySQL特性，同时支持建表以及SQL语句支持回切。

⑧ 低成本：基于PC Server，通过合理分布式架构设计保障高可靠，整体配套成本低。

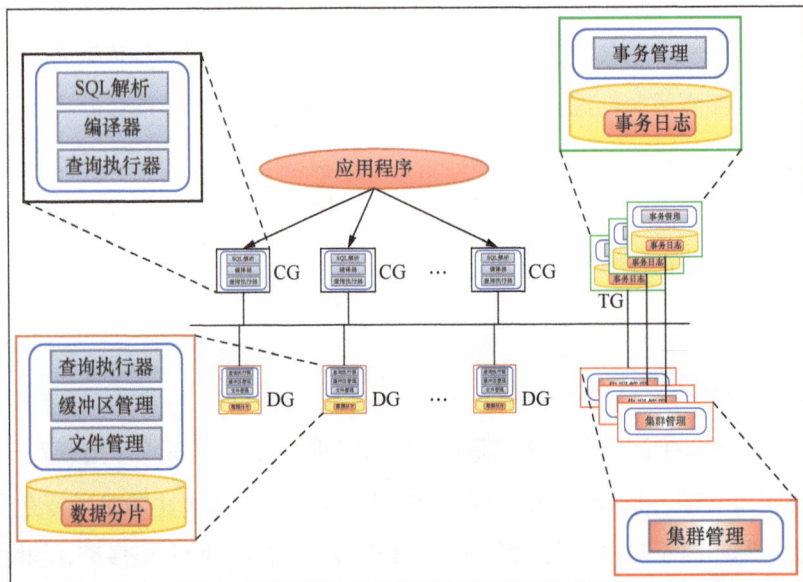

图1

创 新 亮 点

OBASE作为一款金融级别的OLTP关系型原生分布式数据库，与同类产品相比，其创新亮点、主要优势涉及以下几个方面。

1. 兼容SQL92标准

OBASE SQL集是SQL92标准的一个子集，兼容绝大部分常用SQL语法，同时实现了DB2、Oracle、MySQL某些特有语法，可基本做到平滑迁移。例如，某城市商业银行的一个交易系统先在OBASE上开发，后从OBASE平滑切回Oracle的实际反向切换，整个切换上线过程都是由银行IT部技术人员独立完成的，不需要厂商人员现场支持。

2. 高可用特性

OBASE是原生分布式自主开发数据库的优秀产品，从产品技术架构方面避免了传统集中式数据库单点故障，系统无单点、数据多副本冗余存储，管理节点基于Paxos协议自动选主，在主节点失效的情况下能自动恢复。事务节点TG与传统数据库采用相同的WAL日志策略，基于Quorum提交协议，在主机日志同步到半数以上的备机时才可以提交事务，在半数以上备机有效的场景下保证不丢失数据。

3. 高弹性

OBASE提供在线横向扩展能力，通过简单的横向扩展提升系统的处理能力。随着业务负载的增加，可以随时一键式向集群中添加数据节点DG分担负载。当DG节点下线导致副本丢失时，系统会自动进行数据分片的复制和迁移，以实现负载均衡和容错，整个过程无须人工干预，对业务也完全透明。例如，在网联支付系统上线后，某城商行的系统性能大幅超出实际业务交易量，可以直接在线操作使一台数据节点下线，并将其挪为其他系统使用，整个过程无任何风险。

4. 对应用无侵入性

OBASE是原生的自主研发的分布式数据库系统，不是数据库中间件，具有纯粹的关系模型，没有分库分表的限制，没有Join限制，扩容和迁移对业务无影响，无须考虑容灾。对开发人员来说，它就是一款类似集中式数据库DB2、Oracle一样的关系型数据库。

5. 多活部署

现有银行IT系统的数据主要运行在一个主数据中心，为了保障数据安全，监管要求必须在异地建设备份数据中心，然后通过购买额外的数据同步服务和设备进行数据复制同步。这种方式主要有以下几点问题：第一，一旦主数据中心出现故障，备数据中心很难保证数据一致性和服务连续性；第二，备数据中心的资源只有在主数据中心发生故障时才有可能提供服务，绝大部分时间会处于闲置状态，存在极大的资源浪费；第三，要实现主数据中心与备数据中心之间的同步，除了需要购买额外的服务和设备，同时还要配备专门的技术人员，相关的操作复杂并且操作风险高。

OBASE 分布式数据库可以解决业界这一难点，OBASE 支持多地多数据中心部署，数据中心之间通过 OBASE 内部数据同步机制实现跨数据中心的实时同步，真正保证数据中心之间的数据一致性和服务连续性。此外，OBASE 还提供数据中心之间的流量配比，可便捷控制各数据中心的访问流量，这样即使数据中心发生故障、设备更换、数据库软件升级，也可以通过数据中心之间的流量切换，提供真正意义上的 7×24 小时服务。

6. 服务支持能力

OBASE 从产品设计、技术研发到客户支持，都由自身核心团队自始至终全部承担，可以根据客户要求进行产品研发升级，一旦在使用过程遇到问题就可以立即跟进解决。

其他产品由于受国外产品或开源限制，国内不能彻底掌握，一旦发生故障很难及时解决，甚至无法解决。同时国外厂商一般需要提取数据库日志发往国外实验室进行研究，不仅流程周期长，还存在安全风险。

7. 成本优势

OBASE 对应用开发无侵入性，且系统运维与业务部署隔离，互不干扰，系统自治程度高，自动完成数据分片、复制、迁移，可以自动管理系统内的各个节点，大大降低了应用系统的开发效率，并且减少了运维的工作量投入。

OBASE 使用 PC 服务器集群取代高端硬件设备，与传统小型机、大型机架构对比，能大幅降低整体配套成本。此外，由于 OBASE 在架构和性能上的优势，面对同样的交易压力和可靠性要求，OBASE 需要的 PC 服务器节点数更少，甚至数据节点不需要配置 Raid 卡。

由于数据库系统的更新比较频繁，对硬盘损耗很大，因此OBASE对磁盘读写进行了优化，使磁盘的使用寿命延长、损坏率降低，有效降低了存储的成本。

应 用 落 地

OBASE是一款完全自主研发的国内分布式数据库，真正做到高可靠、高性能、高弹性、易使用、低成本、多活部署的分布式数据库。OBASE目前已成功应用于城商行、省农信、农商行等核心交易型系统，真正替换了Oracle和DB2。公司高度重视产品研发和技术积累，积极探索和多所高校建立深度合作关系，依托科研院校的研究成果，共建科研成果转换平台，推动公司产品技术不断发展，掌握技术领先优势，为客户解决在数据库这一关键领域的问题，给客户带来实实在在的价值。

案例42　招商基金——基于分布式架构的新一代软件定义存储平台

深信服科技股份有限公司

案 例 背 景

在当前全面步入数字化的背景下，众多用户的数字化转型仍面临"慢"的现状。这主要缘于部分用户的数字化转型平台缺乏先进性，即缺乏智能的核心与敏捷的架构。这体现在以下几个方面。

第一，在传统的IT 基础设施建设模式中，企业分类规划和搭建计算、存储、网络、安全和平台服务环境时，需要关注的内容模块繁杂，非常依赖人的统筹规划能力，容易因为片面求稳求全而拉长建设和调试周期。架构一旦稳定后，对各类资源的再次调整和扩展需要不同程度地改变架构，这涉及不同设备的配置修改和重新测试，风险不可控。

第二，传统的IT 架构存在一定程度的专有性，例如网络厂商的硬件设备和软件之间存在强耦合，使用不同厂商的网络产品就需要部署不同的软件进行控制和管理，企业往往需要同时维护多套软件平台。

第三，随着数字化转型不断深入，云、网环境的大量实用化使安全问题被重新审视，传统安全域的概念被弱化，新的安全威胁层出不穷。

以传统IT基础架构为鉴，深信服认为理想的数字化转型平台应该是敏捷、智能和安全的。首先，其可以快速按需搭建、灵活调整、便于扩展，适应未来企业对高效、便捷和快速迭代能力的要求；其次，平台应能在运行、运营和维护过程中充分体现智能性和自主能力，并与未来的人工智能、边缘计算、云原生架构等相适应，成为与新技术、新架构协同发展的动力源；此外，通过开放、共生的思想，平台还可以快速利用标准化的成果，满足用户对安全、可控的要求。

作为区别于传统 IT 基础架构的新一代架构思想体现者，软件定义基础架构几乎满足了企业对数字化转型平台基本能力的各种苛刻要求。软件定义基础架构在计算、存储、网络和终端领域的各类应用很好地诠释了其在控制、交互和信息采集等方面的统筹能力和卓越成效，也对企业数字化转型所需要的敏捷、智能、高效、安全等特性做出了理想的响应。

案 例 概 述

在传统服务器的本地硬盘存储模式中，存储系统还是处于依附于服务器的从属设备地位，如数据库服务器、OA 服务器都直接使用本级的内置硬盘进行存储数据。经过详细的调研和分析，我们认为主要需要解决如下问题和困难。

1. 存储性能、容量不足

目前，本地服务器存储的方式一般只能插几块盘，在性能和容量方面较难支撑信息系统的正常运行，且数据管理和业务应用混杂在一起，数据管理效率低下，随着单位信息化的不断发展和业务数据的增加，这种形式显然是不能满足需求的。

2. 业务连续性差

因为服务器在设计时也没有考虑设备的硬件冗余，所以存在单点故障，一旦接口、电源、内存条等部件出现故障，就会导致设备停机，影响业务系统的正常运行。

3. 扩展能力差

服务器内置硬盘的存储方式受空间和接口数量的限制基本不具备扩展能力，要增加存储空间，必须更新或增加服务器和存储设备，这就会造成投资浪费。

4. 空间利用率低

服务器内置磁盘和直接连接的方式都严重制约了存储空间的共享能力，即使硬盘有多余的空间也很难提供给其他服务器直接使用。

5. 管理复杂烦琐

存储系统体系架构的落后导致存储设备重复投资较明显。

通过上述分析我们可以看出，当信息系统的应用系统和数据的数量已经累积到一定水平时，必须在存储系统的体系架构层次上做出合理的调整。应用系统的正常运行离不开数据存储等系统的支撑，为了更好地保障应用系统的运行，特别是一些重要的核心业务系统，必须对单位应用系统的特点加以分析，配置系统正常运行所需要的专业存储设备对相关业务数据进行整合，建立一个资源共享存储平台，供前端服务器统一访问，避免投资浪费并简化系统架构。

解 决 难 点

深信服aStor-EDS软件定义统一存储系统，采用全对称分布式架构（见图1），支持数千节点集群部署，支持EB级存储空间、1000万IOPS高性能支撑，内置AI智能云脑技术，可感知业务数据，能够实现数据的全生命周期管理。支持数千节点集群部署，在灵活扩展的同时保持更高的性能，实现了一套硬件资源池上同时提供块、文件、对象3种存储服务，真正实现了一个平台全面支撑块、文件、对象存储，为用户提供新IT时代的云数据存储资源。

1. 特性一：管理极简

（1）架构极简

EDS 提供一体机部署方案，可实现在30分钟内上架部署，扩容只需添加相应节点，存储系统即自动完成数据融合和性能平衡，无须人工干预。

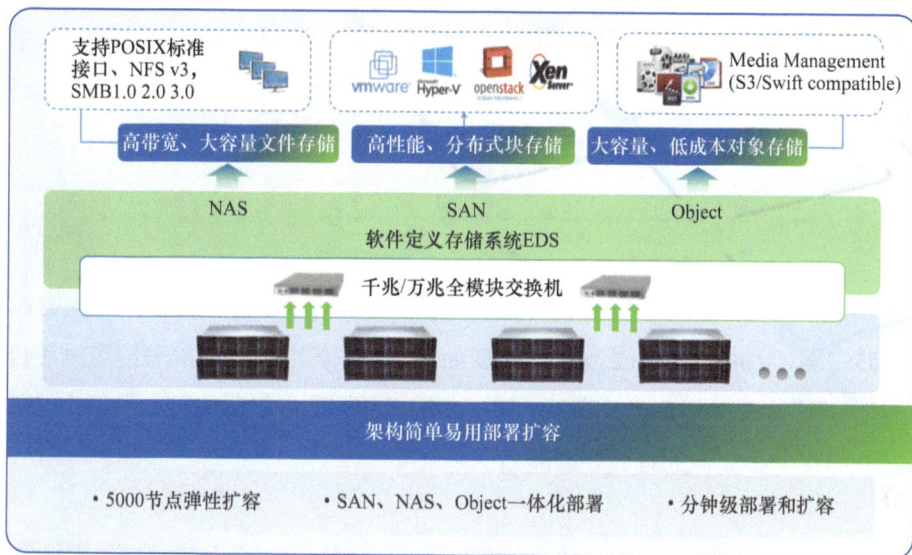

图1

（2）运维极简

如图2所示，EDS 内置AI（人工智能）技术，辅助运维管理。例如，一键检测功能可以实现集群的全环境扫描，挖掘故障风险点；故障自愈功能可实现磁盘或节点损坏时，数据自动修复均衡，无须人工干预。

图2

2. 特性二：高可靠

深信服EDS在提供纠删码、副本等数据保护机制外，还增加了主动防御能力来保障平台高可靠性。通过AI运算模块可以实现对亚健康状态的检测，并及时提出预警和修复意见，防患于未然，避免突发故障造成的业务访问中断。

3. 特性三：高性能

EDS具备业务感知能力，通过智能分层处理机制和获得专利的调度算法来提高数据在缓存盘上的命中率，因此发挥出固态硬盘100%的性能，IOPS的性能表现可媲美传统中高端存储。另外，EDS通过分布式数据库来解决海量元数据横向扩展瓶颈，在最小3节点集群下提供超过100亿个小文件的高效处理能力。

创 新 亮 点

深信服企业级分布式存储aStor-EDS内置AI大脑，可以灵敏感知业务数据，判断写入数据类型给予最佳的处理方式；判断即将读取的数据并给予最优的性能资源。另外，可以实现自我管理，包括温冷数据的转化，将冷数据归档甚至断电休眠，从而降低使用成本，同时基于AI大脑实现简化运维。深信服基于大量的错误代码数据进行建模学习，训练AI模块的错误预警机制，可实现对存储的全集群监控、故障预警。

深信服企业级分布式存储aStor-EDS的技术优势如下。

1. 优势一：统一存储支撑多业务负载

通过云存储引擎，EDS可同时提供块、文件、对象3种存储服务，满足结构化及非结构化数据场景下的多业务负载需求。同时在多业务下响应复杂存储需求、承载核心业务、多中心数据存储、运维管理的可视化4种能力。

2. 优势二：简化数据管理

EDS内置AI云脑，可实现向上的业务感知，自动配置数据处理方式，从而自动提升存储性能。同时向下智能监控存储状态，可实现智能性能规划、智能故障诊断、智能数据管理，使存储设备在发挥价值的同时降低运维管理难度。

3. 优势三：多维度保障数据安全

EDS从数据的存储、使用等多个维度出发，通过对用户的权限管理从源头实现数据的安全防护，通过数据加密及访问审计实现数据的窃取不可用、丢失可溯源。

4. 优势四：助力数据发挥更大价值

在大数据挖掘、数据分析等新业务部署方面，在灾备中心、混合云、云备份等新架构的建设需求下，EDS可实现在一套平台内提供多级的数据复制管理，复制数据可直接上传至公有云做备份或用于业务容灾备份、大数据挖掘等。

5. 优势五：资源共享、灵活匹配

EDS真正实现了云数据中心存储层云化，采用"标准X86硬件＋存储软件"的方式，可同时满足块、文件、对象、HDFS等多业务系统存储需求。磁盘空间（SSD、SAS、SATA）、链路带宽都将以资源的方式灵活向上提供服务，打破存储孤岛，实现数据共享，同时实现存储融合使用，提升资源利用率。

6. 优势六：对接云管平台，实现统一云管理

EDS可全面对接云管平台，支持通过用户现有云管理平台统一管理与调配存储资源，帮助用户根据不同业务系统的需求及时分配更合适的存储资源。同时相对于传统存储无法对接云管理平台的弊端，能够有效降低管理难度与成本。

7. 优势七：灵活扩展以满足数据中心未来发展需要

EDS采用分布式架构、全对称式元数据管理，具备天生的灵活扩展优势。通过Scale-Out方式实现扩展，在用户性能、容量不足时，仅需增加标准X86存储节点即可满足扩展要求。"线性扩展＋按需扩容"的方式不仅可以保护用户之前的投资，还无须用户做超前投资，在大幅降低扩容成本的同时，还避免了之前的投资浪费，满足云数据中心未来业务多元化的扩容需求。

应 用 落 地

招商基金是一家业务快速发展的创新型金融公司，同时也驱动了金融信息技术创新：在PAAS层（朱雀平台）实现IT运维自动化，面向开发的DevOps自动化流水线，面向应用的全栈监控系统；在IAAS层（玄武平台），定义了标准的对外资源服务统一接口，数据调用传输平台，实现了X86服务器为主转向虚拟化为主的大规模云平台计算资源池，并且在某些业务场景下引入了更加轻量化的容器，数据类型也比以前更加丰富，由以数据库为主结构化数据向以由大量快速增长的非结构化数据和半结构化数据等多类型数据混合。加上PAAS层和IAAS层的不断演进，随着自研应用系统微服务化改造不断演进，对存储的扩展性、易用性、开放性、性能、大规模管理、面向开发人员的友好程度等方面提出了更高的要求。

招商基金的存储设备主要以SAN/NAS为主，少量数据存储在服务器本地硬盘，其中SAN和虚拟化共同承载生产类IT以数据库为主的结构化数据，NAS存储和服务器承载非结构化数据，原有存储架构如图3所示。

在非结构化数据的存储、管理以及对应用程序的界面友好性方面备受挑战和困扰。

① 问题一：海量小文件存取性能问题。

招商基金的生产系统产生大量的小文件，这些以文档、图片等KB级的大小不等的文件目前主要是存储在Windows Server或者NAS上，通过CIFS和NFS协议共享给主机应用系统，而他们本质上都是文件系统，文件系统在海量小文件存储场景下性能会随文件数量规模快速增长而出现指数级的大幅度时延上升，主要的原因是文件系统在数据的索引组织上的复杂性以及文件系统数据和元数据无法解耦而互相掣肘导致的。

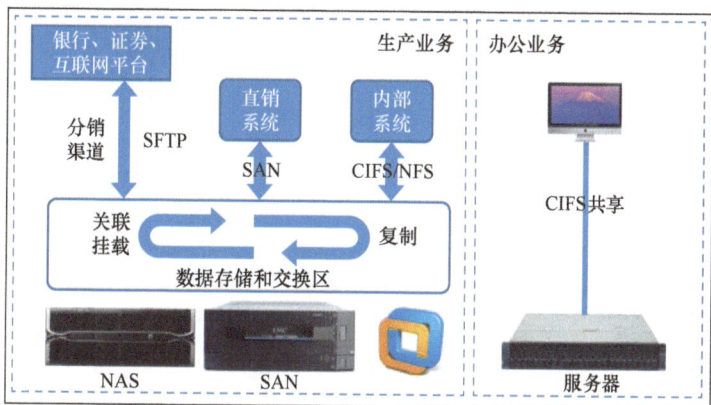

图3

② 问题二：SAN/NAS无法快速支撑微服务化落地。

NAS存储是当前一种普遍使用的文件类数据存储方式，通过主机端和共享服务端预先挂载关联。这种紧耦合的方式会带来如下问题：计算层无论是虚拟化还是容器，都无法实现快速的弹性扩展；NAS存储对应用开发来说不够友好不够便捷；权限管理十分复杂，某些NAS产品有强制IP地址授权的访问控制方式，在容器随时启动、随时销毁的应用场景里很难使用；为了在应用实例之间共享数据，挂载点通常需要映射多个客户端并设置多种不同的访问授权，复杂的管理关系使得授权关系的管理难以实施，数据安全成为隐忧点。

③ 问题三：采用mount挂载盘方式带来的管理复杂性和稳定性问题。

NAS存储mount挂载的方式在管理复杂性方面的问题是：主机和NAS存储之间的挂载关联关系比较复杂，这种蜘蛛网一样的复杂关联关系只能由管理员通过手工记录的方式才能对应管理起来，维护十分不便；存储挂载是一种长连接的网络通信方式，因此容易受到网络链路不稳定的影响，具体表现为连接断开、应用无法存储数据，需要管理员手动重新挂载，业务连续性受到较大影响。

深信服基于分布式架构的新一代软件定义统一存储平台解决方案。基于对业务的深入理解，深信服和客户一同规划建设了基于分布式架构的金融云统一存储平台，统一存储架构如图4所示。

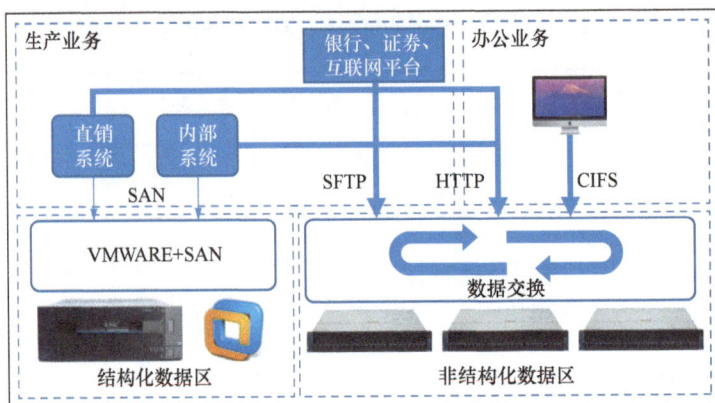

图4

该平台支撑了客户大量内外部应用系统的非结构化数据存储和共享交换，相比传统阵列存储有限的扩展能力和复杂的资源使用和管理，可轻松扩展至PB级规模，在存储资源的调度、分配以及数据管理的灵活性和便捷性等方面相比传统阵列存储都有较大优势。

优势一：深信服EDS存储采用元数据和数据分离架构的设计。

文件系统中文件的文件名、文件大小、执行权限等元数据存储在深信服独立研发的分布式Key-Value数据库存储系统Phxkv中。分布式Key-Value数据库是承载文件和对象存储元数据的重要组件。在海量文件存储场景下，该数据库是决定文件/对象存储的规模、性能以及稳定可靠性的天花板。EDS目前最小3节点规模下已经突破了100亿文件存储的规格。

优势二：EDS对象存储支撑了招商基金业务系统微服务转变。

EDS对象存储支持应用系统基于HTTP协议的S3接口访问存储系统，S3接口有如下几个明显优势。

① 无须挂载，支持应用层实现无状态化。一次访问一次连接，不需要建立长时间的连接，而且采用HTTP协议，跟主机形态无关，无论是X86服务器、虚拟机还是容器；跟操作系统无关，无论是Windows、Linux还是K8S，应用程序在任何平台运行都可以通过统一的语言调用标准的SDK接口完成对象存储的访问。

② 计算和存储解耦，运维管理复杂性极大降低。对象存储实现了计算和存储的完全解

耦，主机应用程序访问存储的方式极为简单，只需要知道对象存储对外的统一且唯一的域名或者IP地址和自己的用户空间即可，甚至不需要知道存储的具体位置、是否在同一个数据中心。对存储运维管理员来说，存储的扩容、升级、老旧设备替换等一系列运维工作都可以在无须通知用户并让用户在没有感知的情况下完成，管理员无须管理用户面的各种资源，可专注于存储的稳定可靠性、性能、资源池管理等重要的工作。

案例43 银行业应用性能管理解决方案

北京宝兰德软件股份有限公司

案 例 背 景

随着银行业务的快速发展，业务系统数量连年增加，技术发展日新月异，分布式架构、云计算等技术在银行核心业务系统大规模部署，应用系统从最开始的集中式静态化部署不断演化为面向业务服务的复杂系统。随之带来的挑战就是IT运维的难度呈指数级增长、如何在繁杂的大规模部署环境中准确定位应用性能瓶颈、如何针对应用交付全链路进行跟踪和分析，以确保银行应用的高性能、高效率，提高客户满意度。这时需要采用新的技术手段来诊断和分析影响银行业应用性能和可用性的关键因素，并给出相应的解决方案。

案 例 概 述

基于对银行业IT运维的深刻理解，宝兰德研发并实施了应用性能监控解决方案WebGate。宝兰德WebGate通过对应用实施完全无侵入式的监控，自动采集数十种银行业应用性能相关的指标数据，包括应用的响应时间、并发用户数、TPS、平均响应时间、活动请求数、请求速率、活动SQL数、线程数等性能指标，通过集中收集和实时分析，对应用的性能提供全方位的诊断分析。通过WebGate可以快速针对银行业的业务应用性能进行性能分析、质量分析，快速定位异常原因，并且提供AI中台，基于AI技术支撑异常检测、根因分析、动态基线等银行业传统运维软件很难完成的关键运维应用。

2016年在某银行成功上线，管理规模超过1000个业务应用服务实例。

解 决 难 点

宝兰德WebGate应用性能解决方案自动采集数十种应用性能相关的指标数据，对于银行业的应用运行进行实时监控，并且通过分析这些指标信息，运维人员对应用的运行信息和健康状况一目了然，对于异常、故障等情况可以进行可视化诊断分析，提高了运维相应效率。WebGate应用性能管理提供AI支撑能力，AI平台内置了对于智能运维常见算法和模型的支持，针对运维场景内置了相应的AI服务，如根源分析和异常检测、故障自愈智能决策算法等AI应用能力。

1. 实时监控

WebGate通过综合面板画面对各种实时信息进行监控，通过对应用服务器（WAS）、应用实时监控，实现系统在性能、可用性上全方面的跟踪，能够及时发现故障、确定故障影响严重性并定位故障的根本原因；对出现瓶颈问题的原因进行分析，以最快的速度对出现性能下降的应用程序和性能问题事件进行直观的确认。

实时监控能对应用监控如下应用性能指标。

■ Web请求现状/Web请求排队现状。

■ 当前数据库连接现状/数据库连接排队现状。

■ 堆内存使用情况。

■ 应用程序线程信息。

■ 应用程序平均响应时间。

■ Web请求响应时间分布图。

■ 不同时间段的访问数统计。

■ 实时Web请求列表。

■ 应用服务业务量。

■ J2EE 服务器组件的状态监视。

2. 性能分析

WebGate 可以通过已经保存的数据对应用程序的详细内容和 SQL Query 进行分析。此外，通过使用各 J2EE 区间的性能曲线图对各应用程序的不同区间性能进行确认，还可以立即发现性能方面是否存在问题。使用调用件数和响应时间分布曲线图可以对当前正在运行的服务中工作量最大的应用程序做出诊断。

（1）应用程序/SQL 性能分析

加载各服务器一天的监控数据，就可以对运行的所有应用程序详细信息进行分析。

（2）监测分析

在监控分析中，可以通过在实时监控时保存的快照数据对所需时间点的状况进行再现分析。可以按日期、时间收集以 10 分钟为单位保存的快照数据，对所需时间点的状况进行再现分析。与在综合面板上看到的实时监控环境一样，除了应用程序的运行情况之外，还可以对该时间点的 J2EE 服务器的堆内存使用量、TPS 等信息进行查看，根据当时的运行情况进行分析。同时显示当时 Active Request、Active DB Connection、终端用户并发用户数、Java Heap Memory 使用率、TPS 现状等指标。

（3）性能问题诊断

WebGate 对有可能导致性能和品质问题的应用程序进行集中分析，通过对应用程序性能问题的诊断分析，确保可以开发出更高品质的应用程序。比如要对应用进行内存泄露问题分析，可以方便地通过性能诊断视图查看可能的泄露点和可能的原因。

（4）多实例信息总览

WebGate 信息总览页面能够看到所有实例的状态、IP、CPU 使用率、堆内存、会话数、活动请求数、TPS 及不同实例状态之间的比例情况。

（5）服务实例详细信息汇总

通过实例信息汇总页面可以查看单个实例的多个指标信息（见图 1），根据不同指标综合判断当前实例的健康情况。

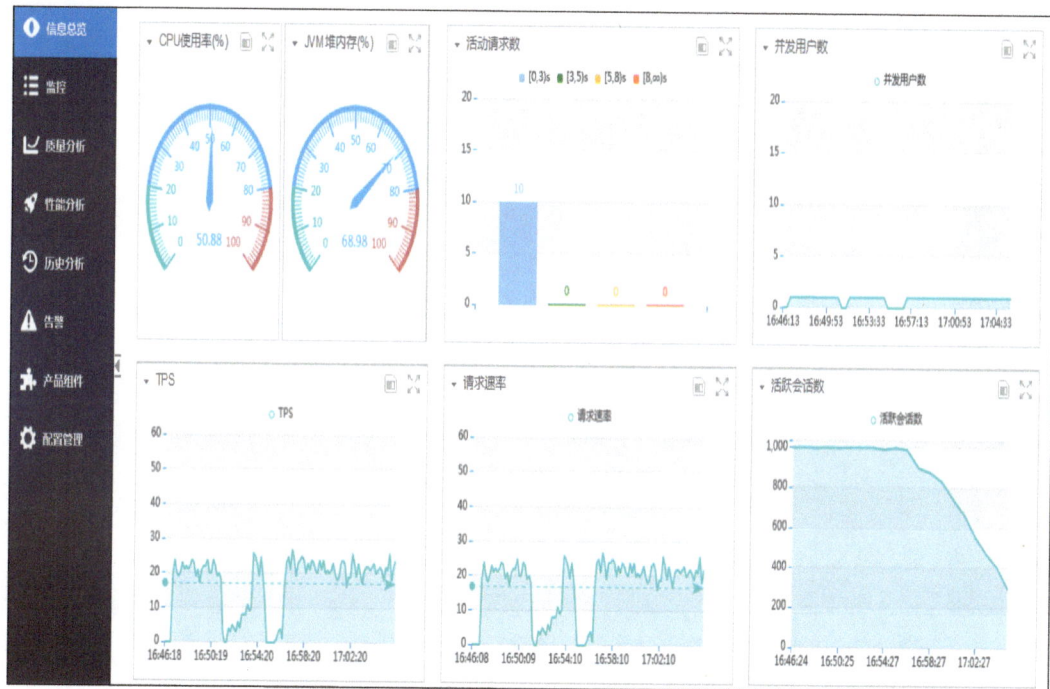

图 1

（6）快速定位性能最慢的业务处理

通过直观的 TOP10 事务页面，可以查看某段时间内一个实例中执行时间最长的业务请求或者 SQL 语句是哪些（见图 2），并查看业务请求执行过程、步骤，这样可以方便地快速发现业务性能下降的原因。通过慢 SQL 分析，可以及时发现数据库访问性能问题，为 DBA 发现数据库问题提供可靠线索和优化依据。

3. WebGate 的技术特性

（1）端到端监控

WebGate 是宝兰德提供的面向数据中心实现端到端 APM 的平台产品。通过大数据技术构建存储分析平台，通过提供丰富的采集机制实现对数据中心业务系统的全面应用性能分析管理，比如对业务系统涉及的各主机、网络、中间件、其他业务模块实现统一的性能分析。

图2

（2）低性能开销、可扩展

为了降低对业务系统的性能开销，WebGate采用了分层的技术架构和可定制化的采集技术实现，通过动态监控技术可以实现在必要的时候采集必需的信息，降低信息采集的负载。

（3）可靠易用

WebGate监控平台充分考虑了现场业务系统使用和部署的要求。

平台本身各组件均采用去中心化的架构确保平台的可靠性。核心的各组件均提供可靠性运行保障。在平台本身性能需要扩展的时候可以方便地进行扩充，无须人工干预和配置。

对基于Java技术的服务可以进行深度方法级别的在线监控和分析，通过直观的界面可以直接看到Java应用内部的运行过程。

兼容异构平台下的统一监控，支持HP-UX、Liunx、AIX、Windows、Solaris等主流系统及龙芯、神威、飞腾等相应国内操作系统的部署，支持各主流版本的JDK。

平台提供了丰富的权限配置管理，提供统一的单点登录操作，可以给不同的人员赋予不同的操作和查看权限。通过单一的登录操作，可以实现在相应权限下对所有目标的监控管理。

（4）无侵入、方法级别的应用性能监控

WebGate Agent探针采用完全无侵入式的、字节码级别修改的方式来提取应用的性能指标，被监控应用无须做任何更改即可轻松实现被监控；WebGate Agent的监控粒度深入至方法级别，自动跟踪方法的执行链，并计算方法的执行时间和提取各类参数，帮助用户快速定位应用性能瓶颈的真实所在。

（5）全面、多维度的应用性能管理

WebGate应用性能管理平台自动采集数十种应用性能相关的指标数据，包括应用的响应时间、并发用户数、TPS、平均响应时间、活动请求数、请求速率、活动SQL数、线程数、活动数据库连接、已分配数据库连接、TOP 10线程信息、活动Socket信息、文件句柄信息、JVM内存/GC详细信息等。通过这些指标信息，用户对应用的运行信息和健康状况一目了然。

（6）支持分布式、大规模实施监控

WebGate应用性能管理平台在设计上遵循分布式、去中心化及核心组件无状态化等原则，平台中的所有组件均可按需任意水平扩展。WebGate Agent和WebGate Collector之间支持自动发现、动态负载均衡和自动故障转移，使得构建于以上设计和技术之上的WebGate应用性能管理平台可轻松对上万级别实例实施监控。

（7）基于大数据存储、实时流式分析

WebGate应用性能管理平台对监控数据的存储和分析基于Hadoop生态圈的相关技术，数据存储采用分布式、列式数据库HBase，实时分析采用基于内存计算的集群计算引擎Spark，使得WebGate应用性能管理平台具备海量监控数据的存储和分析能力。

创 新 亮 点

WebGate 在该案例中构建的是国内银行业智能化应用性能监控的首创型应用案例，其正在成为银行 IT 运维的重要支撑平台，为银行业务的连续性、可用性提供底层能力支撑。

1. 解决泄漏导致的 OOM 问题

通过 WebGate 内存泄漏功能定位到部分业务系统的 pstmt 对象存在未关闭的问题，长时间运行容易造成 OOM 风险，且会浪费数据库服务端资源。根据 WebGate 采集的堆栈信息进一步诊断发现是数据库驱动本地提供的 pstmt 缓存机制有问题，去掉驱动本身的 pstmt 缓存配置后，问题得以解决。部分截图如图 3 所示。

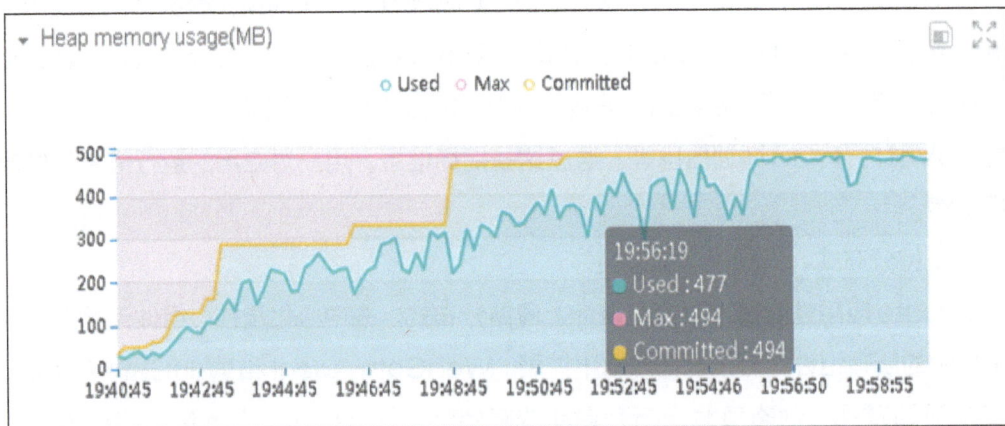

图3

2. 第三方组件异常导致系统故障

其中一个业务系统每隔一段时间访问速度就会变慢，持续几分钟后又恢复正常，问题难以稳定复现和定位。使用 WebGate 监控后，发现业务系统访问慢时 full gc 很频繁，但是堆内存远没有达到峰值，另外 NIO Direct Memory 变化较大，通过 top 10 线程发现在这段时间里线程集中在 NIO DirectByteBuffer 的频繁申请上。进一步诊断，得知在 NIO Direct

Memory不足时，JDK会显示执行System.gc()强制释放空间，导致频繁full gc。经过简单分析，发现该问题属于java_memcached-release_2.5.1.jar的bug，升级memcached到2.6.1后，问题得以解决，部分截图如图4所示。

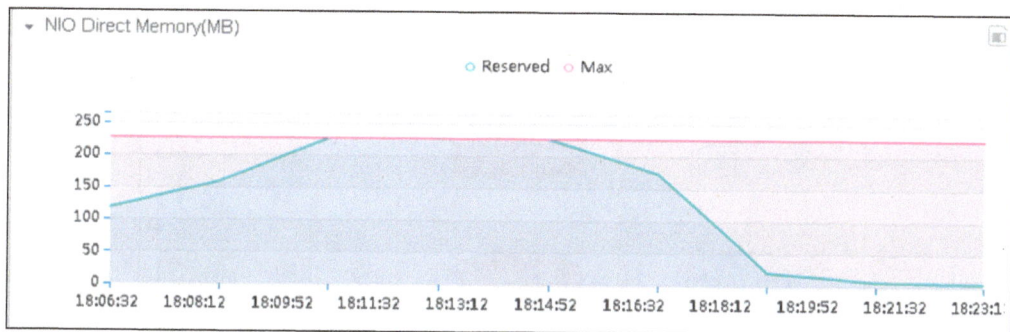

图4

3. 面向业务交付链的智能化拓扑

针对复杂部署架构的应用，WebGate为光大银行提供智能拓扑功能，以直观图形化的方式展示各类拓扑图，包括应用拓扑、请求流拓扑以及资源拓扑等一系列自动形成的拓扑图（见图5）。

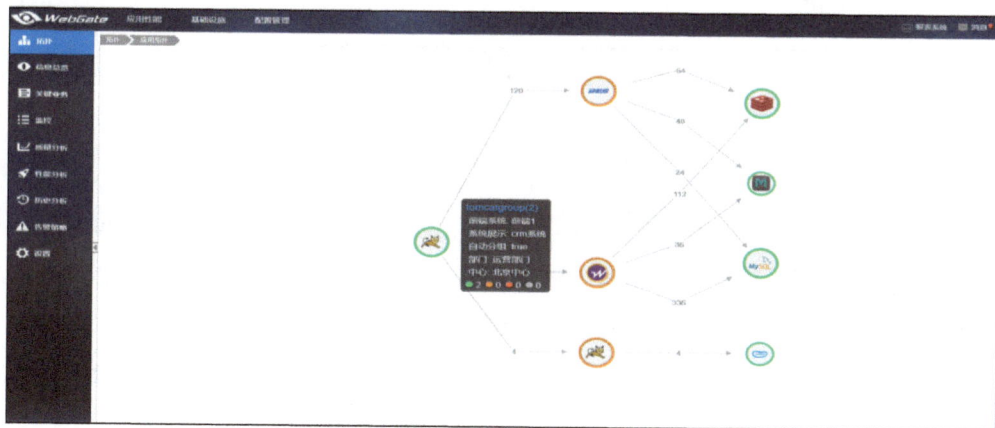

图5

4. 动态基线

WebGate的动态基线功能（见图6）作为异常判定和告警的基础，能够根据需要提前统计计算和持久化各种基线信息，通过大数据平台实时或离线统计指标数据的任意指定时间范围内的基线（比如日基线、周基线、月基线等）。基线统计的起始时间和时间范围可以根据用户的需要灵活配置，并持久化存储随时作为历史数据分析查看。

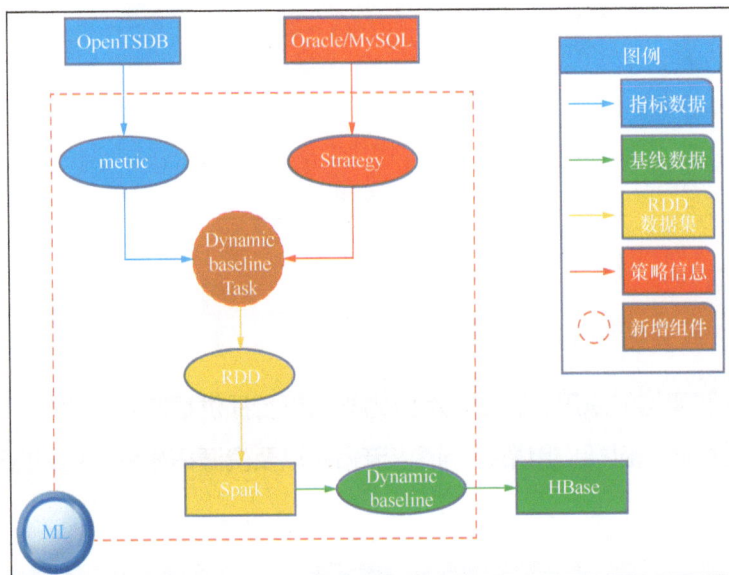

图6

5. 故障定位

WebGate平台提供特定业务场景故障定位：依托采集的各类运维数据和应用系统调用关系，对于特定的业务场景，平台通过智能告警并结合人工智能算法快速实现故障辅助定位，能将故障范围缩小到系统某个节点的某个实例。

平台无监督故障定位：依托历史和实时数据，通过机器学习算法进行不断学习，实现隐含规则的自动学习和高知识粒度的学习推理，实现故障自动定位。

多指标关联分析是分析指标关联性的一种有效方案，将在产生告警后自动分析多个指标之间的关联关系。通过关联关系可以分析告警关联的异常指标，主要是通过同步采集各项指标的数据来完成，即采集同一时刻各项指标的数据，这样的数据格式有利于多指标之间进行关联分析（相关性分析），最终的表现形式是相关系数矩阵热力图。

根据各项指标数据之间的相关系数矩阵，很清晰直观地展示各个指标之间的相关性强弱，根据实际生产数据的指标数来分析。采用机器学习算法无监督kmeans进行聚类，然后对每个类别中心进行相关性分析，再为每个类别进行业务解释，得出不同业务类别的指标之间的关联性。使用自动的关联分析不再需要人工的对比和分析，在发生异常时自动对异常指标进行关联分析，方便定义异常和进行根源分析。

应 用 落 地

宝兰德应用性能管理解决方案为某大型股份制银行建立全行级智能化APM平台，基于宝兰德自主研发的APM综合监控、AI服务平台、运维可视化等技术产品在内的一体化智能运维解决方案，为其搭建新一代IT运维管理平台，实现对应用系统的全面监控，弥补现有监控手段的不足，解决跨厂商零散监控的局面，实现分布式环境下故障实例的快速定位，随时随地掌握系统的健康状况，提前预警，减少故障发生率。

WebGate基于人工智能算法，通过异常发现、事件发现、事件关联分析的思路，挖掘故障可能根因，并结合历史处置信息（如ITIL变更单、知识库等），自动推荐最佳解决方案，实现故障准确定位与故障自愈。

可 推 广 性

宝兰德应用性能管理解决方案对应用代码无侵入，简单配置即可完成对于IT系统的全面监控；集成AI平台能够为客户提供故障定位与故障自愈、告警降噪、动态基线等智能化应用功能，极大地提高业务连续性，降低IT运维成本。在金融业具备良好的可复制性及可推广性。

案例44 普华＆用友——金融项目解决方案

普华基础软件股份有限公司

案 例 背 景

金融是现代经济的"血液"。伴随着信息通信技术的发展和普及应用，金融业高度依赖信息网络和信息系统，金融业关键信息基础设施已成为经济社会运行的神经中枢。近年来，金融业信息化水平持续提升，进程不断加快，取得了积极成效。但是，目前金融业信息系统面临的安全风险挑战仍十分严峻。为贯彻落实上级相关政策指导、切实加强金融行业信息技术安全建设，本文将从信息基础设施的角度对相关国内的信息技术产品进行一个比较全面、客观的分析，为行业各界提供切实有效的参考意见。

企业为进一步加强数字信息化建设，逐渐向云端化架构布局的同时，更要注重软硬件自我技术支撑，才能构建更加稳定、可控的数字化业务体系。为实现整体业务的云端化迁移，普华基础软件联合用友网络科技等国内信息化软硬件品牌企业，协同组建工作组，着力打造基于用友业务应用的自我技术融合适配，实现了新形势下技术创新的云端化整合。

在项目中，普华依托自身在Linux领域的技术优势，以及云端化建设的丰富经验，协同人大金仓、兆芯等厂商，实现了用友金融应用业务的体系化适配和迁移，开创了金融行业重要业务应用在自主技术架构下布局的先例，为金融行业今后信息化转型建设提供了技术依据。

案 例 概 述

普华云操作系统是面向政府、军队、教育、金融、电信、交通、能源等行业打造的一款企业级全栈化容器部署及管理平台，适用于各国内平台架构的裸金属等基础设施，可用于微服务化支撑等多种应用场景，为企业提供可伸缩、可扩展、高可用的新型服务部署和管理模式。普华云操作系统不仅提供了简洁易用的 Web 图形，还内置了资源丰富的应用商店，大大降低了规模化应用部署及管理的难度。

普华云操作系统具备容器集群资源的统一管理、主机资源的统一管理、容器的调度管理等功能，能够降低业务宕机的可能性、增强整体系统的健壮性。普华云操作系统还可以提供集群的一键导入工具，已有的集群环境无须重新搭建，应用也无须重新部署，即可通过一键操作将已有的集群导入云操作系统进行统一管理，实现数据中心各系统的集中化管理，助力企业信息化进程。

普华＆用友以"虚拟化、云计算"为基础技术架构，以按需服务为设计原则，以提升公众服务能力为目标，构建了资源共享、业务协同的金融数字化统一云管理平台。通过普华云操作系统的容器化管理技术对底层软硬件的整合，打通了应用迁移过程中最难解决的硬件兼容性、软件适配、数据迁移、应用迁移开发等诸多难题，集中建设了机房、网络、安全保障、存储灾备、信息资源、运维等信息化基础资源，为用友金融业务的数据业务层、应用展现层、客户交付层提供了"大信息支撑，大平台服务"保障，降低用友在应用平台迁移、适配、业务流程改造等方面的难度，从而有效避免了重复投资建设，完成了金融服务信息化体系建设。

解 决 难 点

金融项目解决方案的实施必须考虑到安全性、规范性、扩展性、防御保护能力和实用性等原则。

● **安全性：** 应用系统建设应在基于基础软硬件环境和应用支撑软件的基础上，结合安全防护手段实现信息安全。

● **规范性**：应用系统的建设遵循业务、技术、运维等标准规范建设，实现系统间的互联互通。

● **扩展性**：根据实际工作需要，采取"改建结合、合理过渡"的方式进行办公应用的适度扩展，既保护原有投资又实现办公业务的一体化运行。

● **防御保护能力**：金融行业的IT环境是较为复杂的网络，在设计整个安全系统时，应采用多级纵深防御保护原则，采用多种安全手段，从多方面、多角度来实现信息系统的等级保护建设。

● **实用性**：能够最大限度地满足实际环境的需要，充分考虑金融信息系统上应用业务的特殊性，把满足业务需求作为设计的第一要素。

为实现普华＆用友金融项目的整体移植，主要解决几个方面的问题：拆解架构、确定移植的可操作性，应用系统具备容器微服务化、可移植性和跨平台特性。选用普华云管理平台部署业务云容器化应用，融合普华服务器操作系统作为一款企业级通用操作系统软件，实现平台的技术迁移。保证业务数据稳定安全，实现由单一系统到容器集群体系的提升。采用云端的业务模式，在业务管理上突破了空间的限制，实现了财务管理在分布异构环境下的信息和资源共享。分别从服务器配置、平台配置、安全机制管理等方面实现了数据库、中间件等应用在平台上的移植开发等。

创 新 亮 点

金融业务系统上云迁移是业务能力云化的第一步，虽然各行各业都在大力推进信息化转型，但不可否认的是，自研的软硬件平台在稳定性、兼容性等方面还存在诸多问题，特别是芯片对虚拟化技术的支持不足，直接影响了金融应用向云平台进行迁移的进程。

普华结合自身在操作系统领域的研发能力，绕开虚拟化在芯片层的短板，结合最新的容器技术，将容器以及先进的容器编排技术迁移到芯片上，利用强大的容器应用编排及集群管理技术来充分地弥补和降低软硬件导致的技术风险。利用云操作系统平台为用友金融应用提供可靠、稳定的统一容器管理和开发平台，将业务应用全部实现容器化管理，实现快速弹性部署，降低金融应用的迁移开发和部署难度。具有如下优势。

1. 更高效地利用系统资源

容器不再需要硬件虚拟化技术来运行完整的操作系统产生额外的开销，多系统资源的利用率大大提高。相比传统的虚拟机技术，一个配置相同的服务器主机往往可以同时运行更多数量的应用。

2. 更快速的启动时间

容器直接运行于宿主机内核，无须启动完整的操作系统，可以做到在秒级甚至毫秒级的时间里启动应用，大大减少应用的开发、测试、部署以及业务上线后异常恢复的时间。

3. 提供完全一致的运行环境

容器镜像提供了完整的运行时环境，确保应用在生命周期的各个阶段保持运行环境的一致。

4. 更轻松地迁移／维护和扩展

容器镜像保证了运行环境的一致性，使得应用迁移变得更加简单，同时容器底层的AUFS文件系统使扩展容器镜像也变得简单。

业务系统上云迁移将业务系统的IT架构改为可线性伸缩的服务集群架构，这一改进主要通过平台层搭建基于反向代理、负载均衡、容器集群调度管理等组成的PaaS平台，因此平台层改动较大，业务应用层的改动相对较少。系统的扩展颗粒度细化到服务级，可支持大规模并发访问，并支持服务故障的高可靠保障。同时，在运维方面可实现基于服务质量（SLA）的自动化部署和弹性伸缩，并进一步提升了基础设施利用率、降低了成本。

对业务应用系统来说，基于容器（Docker）镜像封装部署，并支持容器（Docker）

集群。

① 将业务功能与存储分开，落地存储（数据库、文件等）需要改到独立的指定目录中；共性支撑平台提供开发目录规范，区分静态资源存放位置和数据资源位置；需要处理多实例读写共享文件时的互斥问题。

② 支持容器（Docker）镜像封装，对应用进行重新封装打包，并在打包时进行私有端口声明。

③ 规范数据源配置，从原来手动配置改为采用公共配置中心，应用服务器厂商需要内置提供自动化数据源配置能力。

④ 规范安装部署配置，应支持静默安装或通过命令行操作配置，服务端本地没有图形界面程序。

⑤ 支持服务可快速升级，实现配置关系不动，只升级功能体的效果，要求应用对于功能体升级没有额外要求，确保配置的数据存储能够向前兼容，支持在不丢失数据的前提下进行数据库升级。

⑥ 基于统一日志和监控接口实现无侵入式网络调用链，主要将调用桩内置于应用服务器中，应用服务器需支持会话共享，提供日志收集和监控功能，应用系统的运行环境应使用共性支撑平台提供的定制应用服务器。

普华＆用友金融预算解决方案可有效避免系统潜在风险，保证业务数据稳定安全，实现由单一系统到容器集群体系的提升，为金融机构提供"咨询+IT"一体化的解决方案，并实现基于灵活可配置的技术架构。

普华＆用友金融财务解决方案在业务管理上突破了空间的限制，实现了财务管理在分布异构环境下的信息和资源共享，采用云端的业务模式，针对业务进入虚拟化、模块化、容器化，软件的部署、升级、维护和数据备份只需要在管理节点统一完成即可，客户端实现"零维护"，降低企业运维成本，提供企业工作效率。另外，针对金融行业的特殊性，系统采用了多种安全机制进行防范，保证了业务数据的安全性，促使业务系统的顺利运行。

普华＆用友金融人力资本管理解决方案为金融机构提供全生命周期的人力资本管理解决方案，在提升员工满意度和人力资本价值的同时，创造员工与企业和谐共赢。围绕核心人力管理、劳动力管理、人才管理、人力决策分析，形成全方位一体化管理模式。

应 用 落 地

普华&用友金融项目分别从服务器配置、平台配置、安全机制管理等方面实现了数据库、中间件等应用在行业平台上的移植开发等，融合了3套金融行业的关键业务解决方案，包括以下几个方面。

1. 金融预算解决方案

定位助力金融领域的"转型创新与价值经营"，实现价值经营与可持续发展；以信息技术和管理软件为手段，满足金融领域客户、外部监管和内部转型创新的要求。

2. 金融财务管理解决方案

定位于金融行业的垂直化财务管理等，以进一步提高金融业务的财务管理水平，解决由于金融行业财务的不断发展造成旧的业务系统在对总公司和分公司的管理中偶有断层的问题。

3. 金融人力资源管理解决方案

围绕核心人力管理、劳动力管理、人才管理、人力决策分析，形成全方位一体化的管理模式，为金融机构提供全生命周期的人力资本管理，以提升员工满意度和人力资本价值。

案例45　Shepherd助力保险公司IT自动化运营

上海倚博信息科技有限公司

案 例 背 景

全球金融业正处于一个颠覆和重塑的时期。近年来，银行、保险、证券、期货、基金等金融机构逐渐意识到将传统金融与科技融合才是保证企业稳步发展的源动力，这也已经成为传统金融机构和新型互联网金融共同的创新、改革方向。

A保险公司作为一家成立20多年的大型金融机构，自然也处于创新、改革的路上，随着业务不断的发展，诸多关于流程规范、工具应用等方面的困扰逐渐体现。成立于2007年的上海倚博信息科技有限公司，自成立以来就一直专注于助力广大保险、银行、基金等金融机构优化IT运营能力、夯实金融科技基础，成为各大金融厂商转型金融科技的核心动力与催化剂。这也正是本次与A保险公司合作之根本。

A保险公司在实际运营中发现的诸多痛点如下。

● 在日常IT资产的配置和管理过程中，空闲机器未纳入管理，业务关系没有显性化的展示，资源利用率和容量规划不合理。

● A保险公司目前采取的传统手动部署的方式，随着业务系统越来越多，需求频繁的变更，发布越来越频繁。与此同时，系统模块逐渐增多，关系结构也日趋复杂，其中需要根据不同的环境进行不同的配置，原有技术架构改造困难，并需要制订一套自动化发布工具来解决特定项目的发布。

● 各类业务系统不断交付测试，原有的测试环境已不能满足现有的生产要求，需要进行重构升级，原有的手工部署方式已经无法满足响应快速交付的需求，需引入自动化平台产品和高效的管理流程来提升测试架构的适配性，改善测试环境，自动化部署，以提升生产效率。

案 例 概 述

倚博科技通过与大量金融客户长期、深度、稳固的合作，基于对金融企业在数据中心运营不同阶段、不同场景中关键痛点的深刻理解和钻研，自主研发了能够满足金融行业IT管理的监管控一体化的产品Shepherd，本次致力于针对A保险公司的痛点，有针对性地提出了解决方案并实施落地。其中Shepherd产品的CMDB、持续交付模块已经投入到使用当中，帮助A保险公司实现了引入自动化平台，从而通过高效的管理流程来改善现有痛点，提高企业生产力。

解 决 难 点

倚博科技针对A保险公司的痛点与现状进行了细致化的梳理与分析，发现问题出现在日常IT资产和配置管理、内部系统环境及应用发布三大方向。

内部系统环境现状是从环境申请到部署验证，一套应用一人全程操作，无法估量的组织协调及等候时间，且大量的信息都在手工维护，非常耗力耗时，如图1所示。

应用发布现状是每到版本发布日将会有20个系统等待发布，需人工逐一操作，无法并行操作，无法并发处理独立的资源占用，现状如图2所示。

在日常IT资产和配置管理方面也同样是采用手工录入CMDB数据，不但无法保证配置数据的准确性，而且当业务系统出现了问题进行排查时也无法通过可视化拓扑方式查看资源间的关联关系。

针对上述痛点，倚博科技结合Shepherd产品中的CMDB、持续交付、资源环境管理3

个模块，从咨询角度出发做出了相应的解决方案，并设定了如下目标。

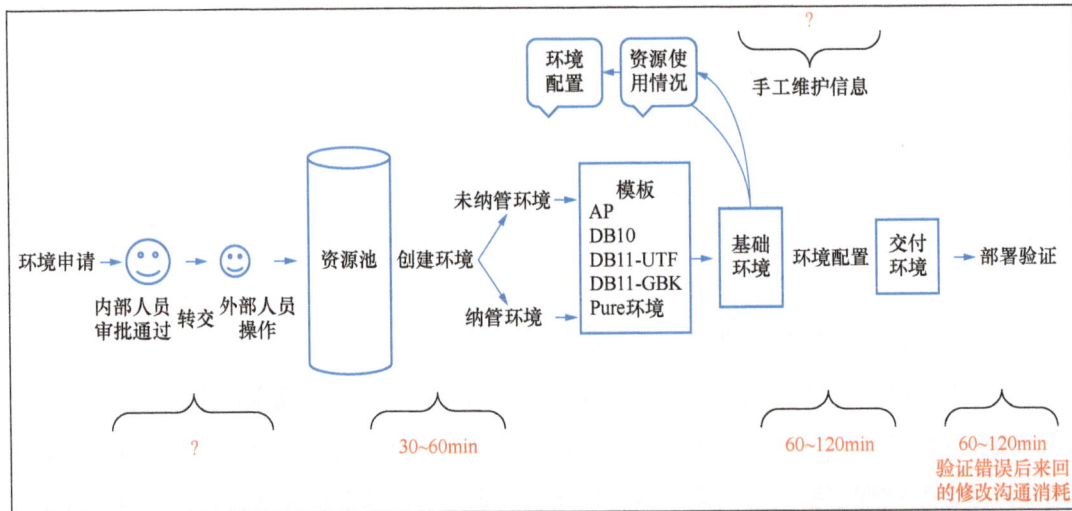

图1

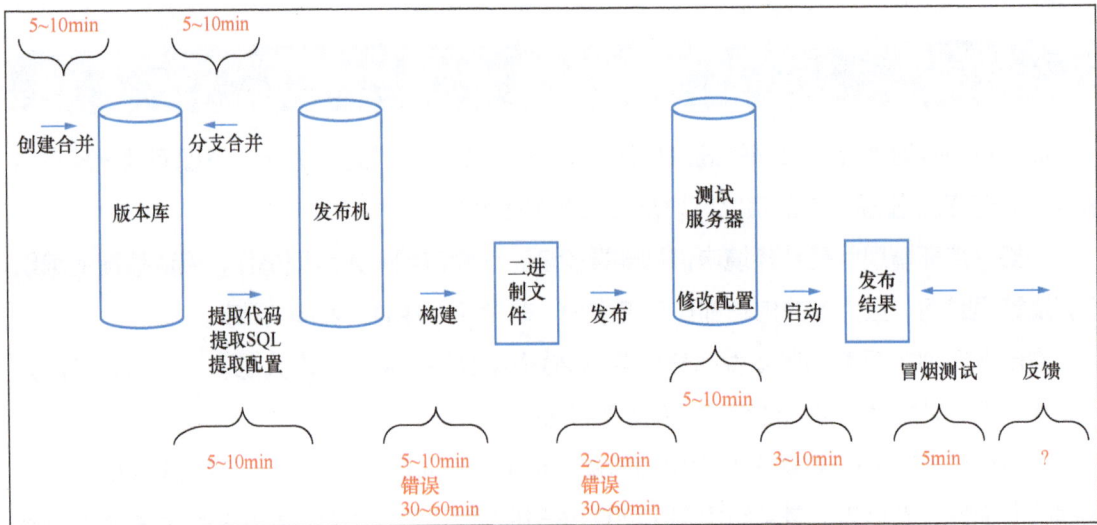

图2

■ 制订测试环境管理办法。

■ 完善配置管理办法。

■ 设立环境架构技术标准。

■ 按照规划并结合实际完成测试环境新架构的搭建。

■ 引入shepherd持续交付模块，实现自动发布。

■ 引入shepherd具备动态建模能力的资产配置管理库，即CMDB。

■ 引入shepherd资源环境管理来提高环境交付效率。

■ 完成测试环境与生产环境的配置，以及应用和数据的同步。

■ 将20个系统纳入工具管理范围。

首先针对上述目标梳理了相应的管理办法（见表1），帮助A保险公司规范了多方面的管理流程，在配套管理流程实现的基础上搭建好CMDB、持续交付、资源环境管理工具。

表 1

环境配置管理	环境配置基线	梳理日常工作中的基本配置项
		根据实际及最佳实践给出标准
	配置联通性标准	尽可能梳理统一配置项
		测试方法定义并脚本化
基础软件管理	中间件变更规范	生产标准操作脚本化
		识别环境差异
		定制测试环境特有操作并脚本化
	数据库变更规范	生产标准操作脚本化
		识别环境差异
		定制测试环境特有操作并脚本化
	操作系变更规范	生产标准操作脚本化
		识别环境差异
		定制测试环境特有操作并脚本化
环境权限管理	环境权限划分	定义角色

续表

CMDB	配置管理规范	定义CI
		数据格式化及初始导入
	资源回收	资源回收触发及流程定义
部门管理办法	流程梳理	部门输入流程
		定义输出内容
		文档编写

创 新 亮 点

　　本次A保险公司与倚博科技的合力协作不仅实现了创收，还实现了从手动部署到自动部署，配置管理从混乱到清晰，管理流程更简洁清晰。

　　Shepherd产品是上海倚博信息科技有限公司为了适应金融保险行业运维业务变化，符合该行业特征，满足客户实际需求而研发的软件，定位于金融保险行业内的开发与自动化运维一体化场景，主要为该行业内的客户提供DevOps关键转型支撑和提升自动化运维效率的平台与工具。Shepherd以ITOM领域内的监管控一体化为主要研究方向，整合监控平台进行大屏展示，结合ITSM等相关工具进行管理，产品主要集中在自动化控制领域的研究和实现，如图3所示。

　　Shepherd帮助A保险公司成功搭建了资源配置管理体系，依托于倚博科技对金融业务领域应用CMDB的深刻研究，倚博科技认为CMDB作为ITIL和DevOps流程中的重要基础组件，是实现全面IT资产管理和全流程自动化过程的基础，在产品应用中是重要的入口和基础信息汇总点。随着互联网、云服务、虚拟化等技术的不断演进，传统企业既要面对数量众多的资产进行有效管理，又要面对业务及应用数据的不断变化与更新，对基础数据的保存和更新既要做到稳定，又要敏捷地对其变化做出反馈，在数据运维上需要做到双态运维，新型DevOps管理理念和运维形态的变化，促使CMDB也在不断变化和发展，CMDB原先的资产管理已经向资源管理转移，既能管理IT架构内的相关设备及资产，又能管理应用配置，并且能够及时发现和变更资源的相关状态，从而达到高效率管理和自动化运维。

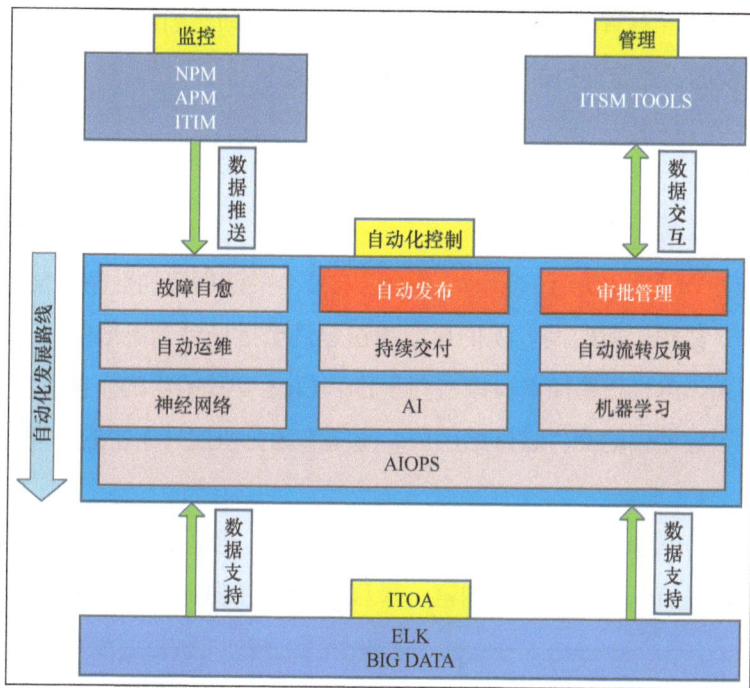

图3

Shepherd CMDB产品结合了金融行业的业务分析，拥有CI类型自定义、结构关系可视化、自动发现、智能抓取、多种格式录入等功能。三大亮点如图4所示。

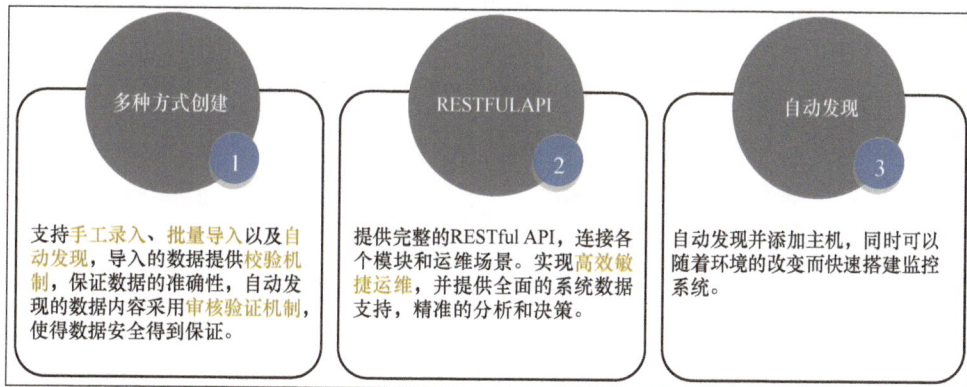

图4

同时，Shepherd产品持续交付模块也助力了A保险公司DevOps的实践。倚博科技认为传统IT项目管理模式有其时代背景，越来越难适应快速创新周期，传统软件研发和交付过程无法满足业务快速、稳定交付的要求，存在以下痛点。

- 效率低，存在浪费。
- 反馈慢，质量保证不全。
- 故障多，操作耗时长。

每年的State of DevOps Report都会公布4个关键指标的数据：部署频率、周期时间、部署失败率、故障修复时间。我们可以通过这几个指标看到高效能IT组织和低效能IT组织的差异非常大，这也正是倚博科技致力于DevOps实践的目的所在。实践DevOps能够持续且快速、可靠地自动交付软件给用户，赢得市场竞争提升研发的时间，极大化增值活动产出。

持续交付作为Devops中的重要环节，如图5所示，完全涵盖软件的生产过程。实现该过程的持续自动化是Devops的重要内容，是Devops工具链自动化的最佳切入点。

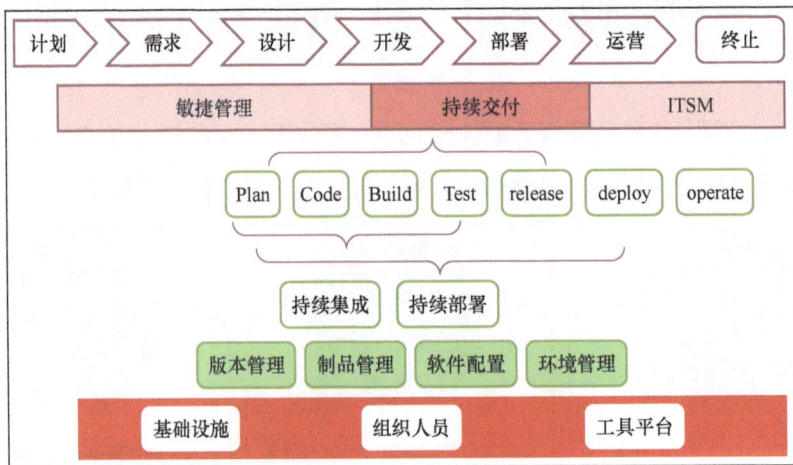

图5

Shepherd 持续交付模块拥有定时自动发布、自定义脚本标签、一次构建多次部署、智能大屏分析等功能。三大亮点如图6所示。

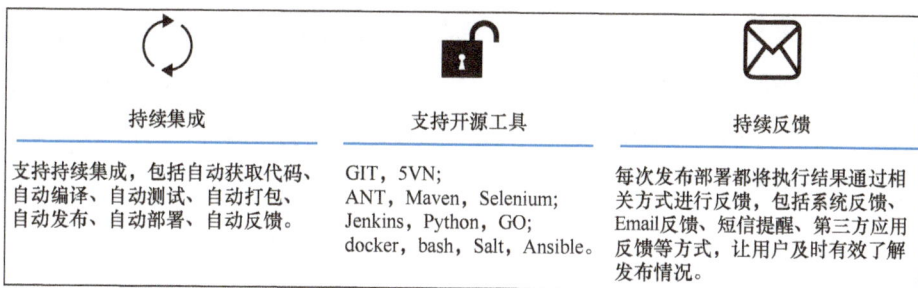

持续集成	支持开源工具	持续反馈
支持持续集成，包括自动获取代码、自动编译、自动测试、自动打包、自动发布、自动部署、自动反馈。	GIT, 5VN; ANT, Maven, Selenium; Jenkins, Python, GO; docker, bash, Salt, Ansible。	每次发布部署都将执行结果通过相关方式进行反馈，包括系统反馈、Email反馈、短信提醒、第三方应用反馈等方式，让用户及时有效了解发布情况。

图6

应 用 落 地

A保险公司使用Shepherd CMDB后，对IT资产和配置进行了一次梳理，并且把纸质台账转化成数据库管理，保障了台账的实时性和一致性，并且通过配置管理把各业务系统的逻辑关系和约束关系显性化。

在持续交付方面，帮助A保险公司制订发布相关规范，发布脚本代码规范，结合Shepherd，对发布流程和代码进行规范和控制，大大提升了代码的安全性和发布效率，减少了等待沟通的时间，如图7所示。

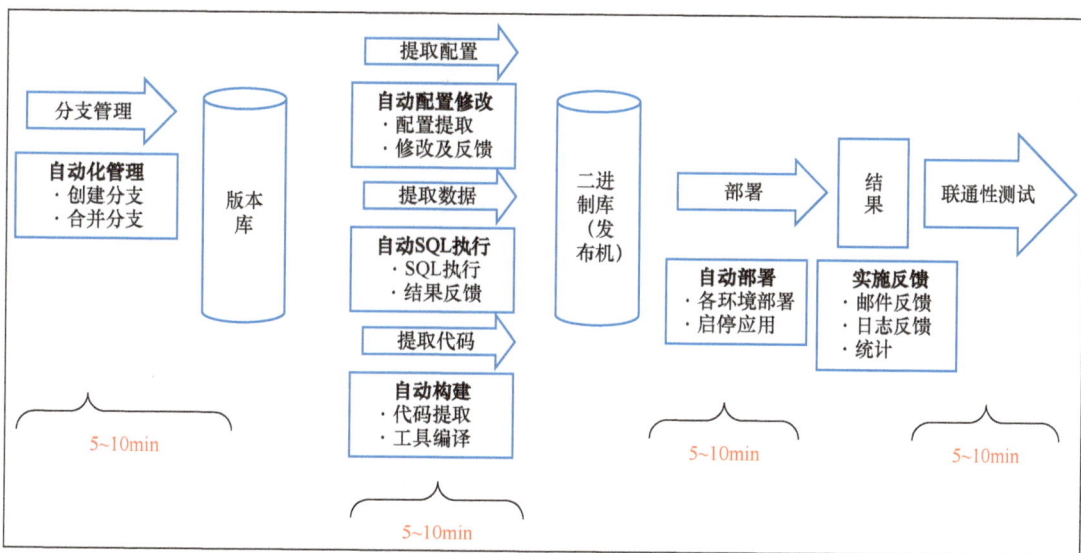

图7

当资源环境管理模块实施后，环境管理全程无守候时间，可多环境并行操作，通过自动化环境部署实现VMware虚拟环境的快速交付，业务发布效率提升30%，准确率提升50%，测试环境交付时间从2周提升到4小时。经过这一次能力提升，为企业极大化增值活动产出做出了很大的贡献，如图8所示。

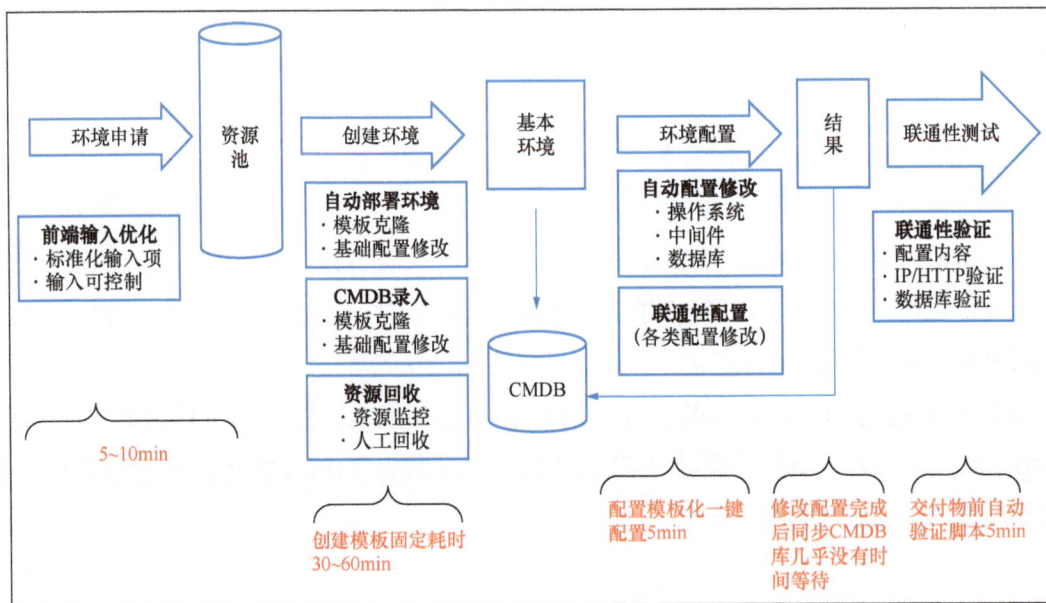

图8